Deutsche Liebeslyrik

Deutsche Liebeslyrik

Herausgegeben von
Hans Wagener

Philipp Reclam jun. Stuttgart

Für Marlene

Universal-Bibliothek Nr. 7759 [5]
Alle Rechte vorbehalten. © 1982 Philipp Reclam jun. Stuttgart
Satz: Alfred Utesch GmbH, Hamburg
Druck und Bindung: Reclam, Ditzingen. Printed in Germany 1984
ISBN 3-15-007759-1 (kart.)   ISBN 3-15-027759-0 (geb.)

ANONYM

Dû bist mîn, ich bin dîn:
des solt dû gewis sîn.
dû bist beslozzen
in mînem herzen:
verlorn ist daz slüzzelîn:
dû muost immer drinne sîn.

Du bist mein, ich bin dein:
dessen sollst du gewiß sein.
Du bist verschlossen
in meinem Herzen:
verloren ist das Schlüsselein:
du mußt für immer drinnen sein.

Wær diu werlt alliu mîn
von dem mere unz an den Rîn,
des wolt ich mich darben,
daz diu künegîn von Engellant
   læge an mînem arme.

Tougen minne diu ist guot,
si kan geben hôhen muot.
der sol man sich vlîzen.
swer mit triwen der niht phliget,
   dem sol man daz verwîzen.

Ob alle Welt mein wäre
vom Meere bis zum Rhein,
darauf wollt ich verzichten,
wenn – die Königin von England
   in meinem Arme läge.

Heimliche Minne, die ist gut,
die kann hohen Mut verleihen,
um die soll man sich bemühn.
Wenn einer sich dieser nicht treulich widmet,
 so ist er zu tadeln.

DER VON KÜRENBERG

»Ich zôch mir einen valken   mêre danne ein jâr.
dô ich in gezamete   als ich in wolte hân
und ich im sîn gevidere   mit golde wol bewant,
er huop sich ûf vil hôhe   und flouc in anderiu lant.

Sît sach ich den valken   schône fliegen:
er fuorte an sînem fuoze   sîdîne riemen,
und was im sîn gevidere   alrôt guldîn.
got sende si zesamene   die gerne geliep wellen sîn!«

»Ich zog mir einen Falken länger als ein Jahr.
Als ich ihn gezähmt, wie ich ihn haben wollte,
und sein Gefieder mit Gold geschmückt hatte,
hob er sich hoch auf und flog in andere Lande.

Seither sah ich den Falken schön fliegen:
er führte an seinem Fuße seidene Fesseln
und sein Gefieder war ganz rotgolden.
Gott sende sie zusammen, die einander gerne liebhaben
                                    wollen.«

Wîp unde vederspil   diu werdent lîhte zam:
swer si ze rehte lucket,   sô suochent si den man.
als warb ein schœne ritter   umb eine frouwen guot.
als ich dar an gedenke,   sô stêt wol hôhe mîn muot.

Frauen und Falken, die lassen sich leicht zähmen:
wer sie richtig lockt – so kommen sie dem Mann entgegen.
So hat ein schöner Ritter um eine edle Dame geworben.
Denk ich daran, bin ich wohl hohen Mutes.

Der tunkele sterne   sam der birget sich,
als tuo du, frouwe schœne,   sô du sehest mich,
sô lâ du dîniu ougen gên   an einen andern man.
son weiz doch lützel iemen   wiez undr uns zwein ist
                                        getân.

Wie der dunkle Stern sich verbirgt,
so tu du, schöne Frau, wenn du mich siehst:
laß deine Augen dann zu einem andern Manne gehn.
So weiß doch nie jemand, wie's zwischen uns zwein steht.

DIETMAR VON EIST

Ez stuont ein frouwe alleine
und warte uber heide
und warte ire liebe,
so gesach si valken fliegen.
»sô wol dir, valke, daz du bist!
du fliugest swar dir liep ist:
du erkiusest dir in dem walde
einen boum der dir gevalle.
alsô hân ouch ich getân:
ich erkôs mir selbe einen man,
den erwelten mîniu ougen.
daz nîdent schœne frouwen.
owê wan lânt si mir mîn liep?
jô 'ngerte ich ir dekeiner trûtes niet.«

Es stand eine Frau allein
und spähte über die Heide
und spähte nach ihrem Geliebten,
da sah sie Falken fliegen.
»Wohl dir, Falke, daß du bist!
Du fliegst, wohin dir lieb ist:
du wählst dir im Walde
einen Baum, der dir gefällt.
So habe auch ich getan:
Ich wählte mir selbst einen Freund.
Den haben meine Augen erkoren.
Neidig sind darüber schöne Frauen.
O weh, wann lassen sie mir meinen Geliebten?
Begehrte ich doch keinen ihrer Lieblinge.«

»Slâfst du, friedel ziere?
man weckt uns leider schiere:
ein vogellîn sô wol getân
daz ist der linden an daz zwî gegân.«

»Ich was vil sanfte entslâfen:
nu rüefstu kint Wâfen.
liep âne leit mac niht gesîn.
swaz du gebiutst, daz leiste ich, friundin mîn.«

Diu frouwe begunde weinen.
»du rîtst und lâst mich eine.
wenne wilt du wider her zuo mir?
owê du füerst mîn fröide sament dir!«

»Schläfst du, mein schöner Liebster?
Bald wird man uns leider wecken.
Ein Vögelchen, ein wohlgestaltes,
ist auf der Linde Zweig gekommen.«

»Ich war sanft eingeschlafen:
nun rufst du, Kind, mich auf!

Lieb ohne Leid, das kann nicht sein.
Was immer du befiehlst, das tu ich, meine Freundin.«

Die Frau begann zu weinen.
»Du reitest und läßt mich allein.
Wann willst du wieder her zu mir?
O weh, du nimmst mein Glück zugleich mit dir!«

KAISER HEINRICH

»Rîtest du nu hinnen,   der aller liebste man,
der beste in mînen sinnen   für al deich ie gewan.
kumest du mir niht schiere,   sô vliuse ich mînen lîp:
den möhte in al der welte
got niemer mir vergelten«   sprach daz minneclîche
                wîp.

Wol dir, geselle guote,   deich ie bî dir gelac.
du wonest mir in dem muote   die naht und ouch den
                tac.
du zierest mîne sinne   und bist mir dar zuo holt:
nu merke et wiech daz meine:
als edelez gesteine,   swâ man daz leit in daz golt.

»Reitest du nun von hinnen, du von allen liebster Mann?
Du bist in meinen Sinnen vor allem, was ich je gewann.
Kommst du mir nicht bald, so verlier ich mein Leben:
das möchte mir in aller Welt
Gott nicht mehr zurückgeben«, so sprach die liebliche Frau.

Dank sei dir, Gefährtin, gute, daß ich je bei dir lag.
Du wohnst in meinem Mute Nacht und Tag.
Du verschönst meine Sinne und bist mir hold dazu:
nun seht, wie ich das meine:
wie edles Gestein, wo man's in Gold faßt.

FRIEDRICH VON HAUSEN

Deich von der guoten schiet
und ich zir niht ensprach
alsô mir wære liep,
des lîde ich ungemach.
daz liez ich durch die diet
von der mir nît geschach.
ich wünsche ir anders niet,
wan der die helle brach,
der füege ir wê unt ach.

»Si wænent hüeten mîn
die sîn doch niht bestât,
und tuont ir nîden schîn;
daz wênic si vervât.
si möhten ê den Rîn
gekêren in den Pfât,
ê ich mich iemer sîn
getrôste, swiez ergât,
der mir gedienet hât.«

Daß ich von der Edlen schied
und ihr nicht sagte,
wie sie mir lieb sei,
das macht mir Kummer.
Ich unterließ es der Leute wegen,
die mir mißgünstig waren.
Ich wünsche ihnen anderes nicht,
als daß, der die Hölle gebrochen,
ihnen Weh und Ach bereite.

»Sie wollen mir aufpassen,
und es geht sie doch nichts an;
sie zeigen ihren Neid,
aber er verfängt ihnen wenig.
Sie könnten eher den Rhein
in den Po verwandeln,

bevor ich je auf ihn
verzichte, wie's auch komme,
der mir gedient hat.«

Mîn herze und mîn lîp diu wellent scheiden,
diu mit ein ander varnt nu mange zît.
der lîp wil gerne vehten an die heiden:
sô hât iedoch daz herze erwelt ein wîp
vor al der werlt. daz müet mich iemer sît,
daz si ein ander niene volgent beide.
mir habent diu ougen vil getân ze leide.
got eine müeze scheiden noch den strît.

Ich wânde ledic sîn von solher swære,
dô ich daz kriuze in gotes êre nam.
ez wære ouch reht deiz herze als ê dâ wære,
wan daz sîn stætekeit im sîn verban.
ich solte sîn ze rehte ein lebendic man,
ob ez den tumben willen sîn verbære.
nu sihe ich wol daz im ist gar unmære
wie ez mir an dem ende süle ergân.

Sît ich dich, herze, niht wol mac erwenden,
dun wellest mich vil trûreclîchen lân,
sô bite ich got daz er dich ruoche senden
an eine stat dâ man dich wol enpfâ.
owê wie sol ez armen dir ergân!
wie torstest eine an solhe nôt ernenden?
wer sol dir dîne sorge helfen enden
mit solhen triuwen als ich hân getân?

Mein Herz und mein Leib wollen sich trennen,
die miteinander lange Zeit gezogen sind.
Der Leib will gerne gegen die Heiden kämpfen:
dagegen hat das Herz eine Frau vorgezogen

vor der ganzen Welt. Es plagt mich seither,
daß sie nicht einig sind.
Mir haben meine Augen viel zuleid getan!
Gott allein möge den Streit noch schlichten!

Ich glaubte frei zu sein von solchem Kummer,
da ich das Kreuz zu Gottes Ehre nahm.
Es wäre auch richtig, daß das Herz dabei wäre,
nur daß ihm seine Treue das verbietet.
Ich würde recht ein lebendiger Mann sein,
wenn es seinen törichten Willen unterließe.
Nun seh ich wohl, daß ihm ganz gleichgültig ist,
wie es mir schließlich ergehen soll.

Da ich dich, Herz, nicht davon abbringen kann,
mich sehr schmerzlich zu verlassen,
so bitte ich Gott, er wolle dich senden
an einen Ort, da man dich wohl empfängt.
O weh, wie soll es dir, du Armes, gehen!
Wie durftest du allein dich zu solcher Gefahr erkühnen?
Wer soll dir helfen, deine Sorgen zu beenden,
mit solcher Treue, wie ich getan habe?

HEINRICH VON VELDEKE

Tristrant mûste âne sînen danc
stâde sîn der koninginnen,
want poisûn heme dâr tû dwanc
mêre dan dî cracht der minnen.
des sal mich dî gûde danc
weten dat ich nîne gedranc
sulic pîment ende ich sî minne
bat dan hê, ende mach dat sîn.
wale gedâne, valsches âne,
lât mich wesen dîn
ende wis dû mîn.

Sint dî sunne heren lîchten schîn
tût den kalden hevet geneiget
ende dî cleine vogelîn
heres sanges sîn gesweiget,
trûrech is dat herte mîn,
want et wele nû winter sîn,
dê uns sîne cracht erzeiget
ane den blûmen, dî men sît
lîchter varwe   erblîken garwe;
dâ van mich geschît
leit ende lîves nît.

Tristan mußte unfreiwillig
der Königin treu sein,
denn ein Gifttrank zwang ihn dazu
mehr als die Kraft der Liebe.
So soll mir die Gute Dank
wissen, daß ich nie getrunken
solchen Mischwein und sie liebe
mehr als jener, wenn das sein kann.
Wohlbeschaffne, ohne Falsch du,
laß mich dein sein
und sei mein.

Seit die Sonne ihren hellen Schein
der Kälte geneigt hat
und die kleinen Vögel
mit ihrem Gesang verstummt sind,
ist traurig mein Herz,
denn es will nun Winter sein,
der uns seine Macht erzeigt
an den Blumen, deren
lichte Farbe man ganz erbleichen sieht.
Leid wird mir davon
und keine Freude.

HARTMANN VON AUE

Ich var mit iuwern hulden, herren unde mâge:
liut unde lant diu müezen sælic sîn.
es ist unnôt daz iemen mîner verte vrâge:
ich sage wol für wâr die reise mîn.
mich vienc diu Minne und lie mich vrî ûf mîne
                              sicherheit.
nu hât sî mir enboten bî ir liebe daz ich var.
ez ist unwendic: ich muoz endelîchen dar:
wie kûme ich bræche mîne triuwe und mînen eit!

Sich rüemet manger waz er dur die Minne tæte:
wâ sint diu werc? die rede hœre ich wol.
doch sæhe ich gerne dazs ir eteslîchen bæte
daz er ir diente als ich ir dienen sol.
ez ist geminnet, der sich dur die Minne ellenden
                                muoz.
nû seht wies mich ûz mîner zungen ziuhet über mer.
und lebt mîn herre, Salatîn und al sîn her
dienbræhten mich von Vranken niemer einen fuoz.

Ir minnesinger, iu muoz ofte misselingen:
daz iu den schaden tuot daz ist der wân.
ich wil mich rüemen, ich mac wol von minne singen,
sît mich diu minne hât und ich sî hân.
daz ich dâ wil, seht daz wil alse gerne haben mich:
sô müezt ab ir verliesen under wîlen wânes vil:
ir ringent umbe liep daz iuwer niht enwil:
wan mügt ir armen minnen solhe minne als ich?

Ich ziehe mit eurer Gunst, Herren und Verwandte:
Land und Leuten wünsche ich alles Glück.
Es ist nicht nötig, daß man nach meiner Fahrt frage:
ich will meine Reise wahrlich wohl erklären.
Mich fing die Liebe und ließ mich auf mein Gelöbnis hin frei.

Nun hat sie mir die Fahrt bei ihrer Gnade geboten.
Es ist nicht mehr zu wenden: endlich muß ich hin:
wie ungern bräche ich meine Treue und meinen Eid!

Es rühmt sich mancher, was er um der Liebe willen tun
                                                   wolle:
Wo sind die Taten? Die Worte höre ich wohl.
Doch gerne säh ich, daß sie manchen bäte,
ihr so zu dienen, wie ich ihr dienen werde.
Geliebt ist, wer für Liebe in die Fremde fahren muß.
Nun seht, wie sie mich aus meiner Heimat über Meer zieht.
Wie aber mein Herr noch lebte, so hätten mich Saladin und
sein ganzes Heer keinen Fuß breit aus Frankenland gebracht.

Ihr Liebessänger, ihr müßt oft erfolglos sein:
was euch so schadet, ist der Wahn.
Ich will mich rühmen, daß ich wohl von Liebe singen kann,
seit mich die Liebe und ich sie ergriffen.
Was ich da will, seht, das will ebenso gern mich haben:
dagegen geht euch jeweils viel von eurem Wahn verloren.
Ihr ringt um Glück, das nichts von euch wissen will:
wann mögt ihr Armen solche Liebe lieben wie ich?

REINMAR VON HAGENAU

Waz ich nu niuwer mære sage
desn darf mich nieman frâgen: ich enbin niht vrô.
die friunt verdriuzet mîner klage.
des man ze vil gehœret, dem ist allem sô.
nu hân ich es beidiu schaden unde spot.
waz mir doch leides unverdienet, daz erkenne got,
und âne schult geschiht!
ichn gelige herzeliebe bî,
    son hât an mîner vröide nieman niht.

Die hôhgemuoten zîhent mich,
ich minne niht sô sêre als ich gebâre ein wîp.
si liegent unde unêrent sich:
si was mir ie gelîcher mâze sô der lîp.
nie getrôste si dar under mir den muot.
der ungenâden muoz ich, und des si mir noch getuot,
erbeiten als ich mac.
mir ist eteswenne wol gewesen:
    gewinne ab ich nu niemer guoten tac?

Sô wol dir, wîp, wie reine ein nam!
wie sanfte er doch z'erkennen und ze nennen ist!
ez wart nie niht sô lobesam,
swâ duz an rehte güete kêrest, sô du bist.
dîn lop nieman mit rede volenden kan.
swes du mit triuwen phligest, wol im, derst ein sælic
                                  man
und mac vil gerne leben.
du gîst al der werlde hôhen muot:
    wan maht och mir ein lützel fröiden geben?

Zwei dinc hân ich mir für geleit,
diu strîtent mit gedanken in dem herzen mîn:
ob ich ir hôhen werdekeit
mit mînem willen wolte lâzen minre sîn,
ode ob ich daz welle daz sie grœzer sî
und si vil sælic wîp stê mîn und aller manne vrî.
diu tuont mir beidiu wê:
ich enwirde ir lasters niemer vrô;
    vergât si mich, daz klage ich iemer mê.

Ob ich nu tuon und hân getân
daz ich von rehte in ir hulden solte sîn,
und si vor aller werlde hân,
waz mac ich des, vergizzet si dar under mîn?
swer nu giht daz ich ze spotte künne klagen,
der lâze im mîne rede beide singen unde sagen
. . . . . .

unde merke wa ich ie spræche ein wort,
    ezn læge ê i'z gespræche herzen bî.

Was ich Neues zu verkünden habe,
danach braucht niemand mich zu fragen: fröhlich bin ich
                                                  nicht.
Die Freunde verdrießt meine Klage.
Was man zu oft hört, damit ist es immer so.
Nun habe ich den Schaden und den Spott dazu.
Welch Leid mir doch unverdient – Gott erkenne es! –
und ohne Schuld geschieht!
Ich liege denn bei meiner Herzgeliebten,
    so wird von mir niemand irgendeine Freude haben.

Die Hochgemuten bezichtigen mich,
ich liebe jene Frau nicht so sehr, wie ich vorgebe.
Sie lügen und entehren sich:
Sie galt mir immer gleich viel wie mein Leben.
Dabei hat sie mir nie den Sinn getröstet.
Dies Unheil muß ich, wie alles, was sie mir noch antun wird,
erdulden, so gut ich kann.
Mir ist bisweilen wohl gewesen:
    Ist mir nun kein guter Tag mehr beschieden?

Wohl dir – Frau! –, welch reines Wort!
Wie sanft es zu erfassen und zu nennen ist!
Es hat nie ein so rühmliches gegeben,
wie du, wenn du zu rechter Güte dich entschlossen, bist!
Dein Lob kann niemand mit Worten zu Ende bringen.
Wem du in Treuen dich zuwendest, wohl ihm, er ist
                                                  glücklich,
und er kann freudig leben.
Du gibst aller Welt hohen Mut:
    Wann magst du auch mir ein wenig Freude geben?

Zwei Dinge habe ich mir vorgestellt,
die streiten in den Gedanken meines Herzens:
Ob ich freiwillig wollte,
ihr hoher Wert sei geringer,
oder ob ich wollte, er sei noch größer
und sie bleibe – selige Frau! – frei von mir und allen
                                                  Männern.

Beides tut mir weh:
ihrer Unehre würde ich nie froh –
  entgeht sie mir, dann klag ich um so mehr.

Wenn ich nun handle und gehandelt habe,
daß ich mit Recht ihre Gunst verdient haben sollte,
und sie höher halte als alle Welt,
was kann ich dafür, vergißt sie mich dabei?
Wer immer sagt, daß ich zum Scherze klage,
dem sei meine Antwort gesungen und gesagt
....
und er merke auf, ob ich je ein Wort gesprochen,
  das nicht, bevor ich's sprach, an meinem Herzen lag.

HEINRICH VON MORUNGEN

Owê, –
Sol aber mir iemer mê
  geliuhten dur die naht
noch wîzer danne ein snê
  ir lîp vil wol geslaht?
    Der trouc diu ougen mîn.
    ich wânde, ez solde sîn
    des liehten mânen schîn.
      Dô tagte ez.

»Owê, –
Sol aber er iemer mê
  den morgen hie betagen?
als uns diu naht engê,
  daz wir niht durfen klagen:
    ›Owê, nu ist ez tac,‹
    als er mit klage pflac,
    dô er jungest bî mir lac.
      Dô tagte ez.«

Owê, –
Si kuste âne zal
    in dem slâfe mich.
dô vielen hin ze tal
    ir trehene nider sich.
        Iedoch getrôste ich sie,
        daz sî ir weinen lie
        und mich al umbevie.
            Dô tagte ez.

»Owê, –
Daz er sô dicke sich
    bî mir ersehen hât!
als er endahte mich,
    sô wolt er sunder wât
        Mîn arme schouwen blôz.
        ez was ein wunder grôz,
        daz in des nie verdrôz.
            Dô tagte ez.«

O weh, soll mir denn nie mehr
leuchten durch die Nacht
noch weißer als Schnee
ihr schöngestalter Leib?
Der trog meine Augen:
ich wähnte, es sei
des lichten Mondes Schein –
    da ward es Tag.

»O weh, wird er denn nie mehr
hier bis zum Morgen weilen?
So mög die Nacht vergehn,
daß wir nicht klagen müssen:
›O weh, nun ist es Tag‹,
wie er es klagend tat,
als er jüngst bei mir lag.«
    Da ward es Tag.

O weh, sie küßte ungezählt
im Schlafe mich.

Da fielen niederwärts
die Tränen ihr dahin,
doch tröstete ich sie,
daß sie ihr Weinen ließ
und mich ganz umfing.
   Da ward es Tag.

»O weh, daß er so oft
in meinen Anblick sich verlor!
Wie er die Decke mir nahm,
da wollte er ohne Kleid
mich Arme sehn entblößt.
Es war ein Wunder groß,
daß er's nicht müde ward.«
   Da ward es Tag.

Vil süeziu senftiu toeterinne,
   war umbe welt ir toeten mir den lîp,
und ich iuch sô herzeclîchen minne,
   zwâre vrouwe, vür elliu wîp?
      Waenent ir, ob ir mich toetet,
         daz ich iuch iemer mêr beschouwe?
      nein, iuwer minne hât mich des ernoetet,
         daz iuwer sêle ist mîner sêle vrouwe.
            sol mir hie niht guot geschehen
               von iuwerm werden lîbe,
            sô muoz mîn sêle iu des verjehen,
               dazs iuwerre sêle dienet dort als einem
                                    reinen wîbe.

O süße, sanfte Töterin,
warum wollt Ihr mein Leben töten,
wo ich Euch so von Herzen liebe,
in Wahrheit, Herrin, über alle Frauen?
Wähnt Ihr... wenn Ihr mich tötet,
daß ich Euch dann nie mehr schauen werde?
Nein, die Liebe zu Euch hat mich gezwungen,
daß Eure Seele meiner Seele Herrin ist.

Soll mir hier kein Glück geschehn
von Euerm edlen Leib,
so sichert Euch doch meine Seele zu,
daß sie dort Eurer Seele dienen wird wie einer reinen Frau.

WOLFRAM VON ESCHENBACH

»Sîne klâwen
durh die wolken sint geslagen,
er stîget ûf mit grôzer kraft,
ich sih in grâwen
tägelîch als er wil tagen,
den tac, der im gesellschaft
erwenden wil, dem werden man,
den ich mit sorgen în verliez.
ich bringe in hinnen, ob ich kan.
sîn vil manegiu tugent michz leisten hiez.«

»Wahtær, du singest
daz mir manege freude nimt
unde mêret mîne klage.
mær du bringest,
der mich leider niht gezimt,
immer morgens gegen dem tage.
diu solt du mir verswîgen gar.
daz biut ich den triwen dîn:
des lôn ich dir als ich getar.
sô belîbet hie der selle mîn.«

»Er muoz et hinnen
balde und âne sûmen sich:
nu gib im urloup, süezez wîp.
lâze in minnen

her nâch sô verholne dich,
daz er behalte êr und den lîp.
er gab sich mîner triwe alsô,
daz ih in bræhte ouch wider dan.
ez ist nu tac: naht was ez dô
mit druck an brust dîn kus mirn an gewan.«

»Swaz dir gevalle,
wahtær, sinc, und lâ den hie,
der minne brâht und minne enphienc.
von dînem schalle
ist er und ich erschrocken ie:
sô ninder morgenstern ûf gienc
ûf in, der her nâch minne ist komen,
noch ninder lûhte tages lieht,
du hâst in dicke mir benomen
von blanken armen, und ûz herzen nieht.«

Von den blicken,
die der tac tet durh diu glas,
und dô der wahtær warnen sanc,
si muose erschricken
durch den der dâ bî ir was.
ir brüstelîn an brust si dwanc.
der rîter ellens niht vergaz
(des wold in wenden wahters dôn):
urloup nâh und nâher baz
mit kusse und anders gab in minne lôn.

»Seine Klauen haben durch die Wolken geschlagen,
er steigt auf mit großer Kraft,
ich seh ihn grauen, taggleich, wie er tagen will
den Tag, der die Gemeinschaft ihm
entziehen will, dem edlen Mann,
den ich hereingelassen mit Gefahr.
Ich bring ihn weg von hier, wenn ich es kann:
Sein hoher Wert hieß mich das tun.«

»Wächter, du singst, was mir manche Freude nimmt
und meine Klage mehrt.
Kunde bringst du, die mir leider nicht willkommen,
immer morgens vor dem Tag.
Die sollst du mir durchaus verschweigen.
Das gebiete ich deiner Treue:
ich lohne es dir, wie ich es kann.
Und so bleibt hier mein Freund.«

»Er muß von hinnen, bald und ohne Säumen:
Gib ihm nun Urlaub, süße Frau.
Laß ihn dich lieben hernach so verhohlen,
daß er die Ehre und das Leben bewahre.
Er hat auf meine Treue sich verlassen,
daß ich ihn auch zurückgeleite.
Es ist nun Tag: Nacht war es, als
du ihn von mir empfingst und küssend ihn umarmtest.«

»Sing, Wächter, was du willst, und laß ihn hier,
der Liebe brachte und Liebe empfing.
Von deinem Schall sind er und ich stets erschrocken:
Wenn nirgends noch der Morgenstern aufging
über ihm, der hier zur Liebe kam,
und nirgends leuchtete des Tages Licht,
hast du ihn oft genommen mir
aus blanken Armen – aus dem Herzen nicht.«

Von den Blitzen, die der Tag durch die Scheiben warf,
und da der Wächter warnend sang,
mußte sie erschrecken für den, der bei ihr war.
Die Brüste preßte sie an seine Brust,
der Ritter vergaß nicht Manneskraft
(dran wollte hindern ihn des Wächters Lied):
der Abschied, nah und immer näher,
gab ihnen mit Kuß und anders den Lohn der Liebe.

WALTHER VON DER VOGELWEIDE

Under der linden   an der heide,
da unser zweier bette was,
Da mugt ir vinden   schone beide
gebrochen bluomen unde gras.
Vor dem walde in einem tal,
tandaradei,
schone sanc die nahtegal.

Ich kam gegangen   zuo der ouwe,
do was min friedel komen e.
Da wart ich enpfangen,   here frouwe,
daz ich bin saelic iemer me.
Kust er mich? wol tusentstunt,
tandaradei,
seht wie rot mir ist der munt!

Do het er g(e)machet   also riche
von bluomen eine bettestat.
Des wirt noch g(e)lachet   innecliche,
kumt iemen an daz selbe pfat.
Bi den rosen er wol mac,
tandaradei,
merken wa mirs houbet lac.

Daz er bi mir laege,   wessez iemen
(nu enwelle got!), so schamt ich mich.
Wes er mit mir pflaege   niemer niemen
bevinde daz wan er unde ich,
Und ein kleinez vogellin,
tandaradei,
daz mac wol getriuwe sin.

»Unter der Linde,
auf der Heide,
da unser beider Lager war,
da könnt ihr schön
gebrochen finden
die Blumen und das Gras.
Vor dem Wald in einem Tal –
tandaradei –
  sang schön die Nachtigall.

Ich kam gegangen
zu der Aue:
da war mein Liebster schon gekommen.
Da ward ich empfangen –
Gnädige Jungfrau! –,
daß ich für immer glücklich bin.
Ob er mich küßte? Wohl tausendmal:
tandaradei –
  seht, wie rot ist mir der Mund!

Da hat er gemacht
so prächtig
ein Bett von Blumen.
Da lacht noch mancher
herzlich,
kommt er jenen Pfad daher.
An den Rosen mag er wohl –
tandaradei –
  merken, wo das Haupt mir lag.

Daß er bei mir lag –
wüßte es jemand
(das verhüte Gott!), so schämt ich mich.
Wie er mit mir war,
niemals, niemand
erfahre das als er und ich
und ein kleines Vögelchen,
tandaradei –
  das kann wohl verschwiegen sein.«

Herzeliebez frouwelin,
got gebe dir hiute und iemer guot!
Kund ich baz gedenken din,
des hete ich willeclichen muot.
Waz mac ich dir sagen me,
wan daz dir nieman holder ist? owe da von ist mir vil
                                                    we.

Sie verwizent mir daz ich
so nidere wende minen sanc.
Daz si niht versinnent sich
waz liebe si, des haben undanc!
Sie getraf diu liebe nie.
die nach dem guote und nach der schoene minnent, we
                                    wie minnent die?

Bi der schoene ist dicke haz,
zer schoene niemen si ze gach.
Liebe tuot dem herzen baz,
der liebe get diu schoene nach.
Liebe machet schoene wip.
desn mac diu schoene niht getuon, sin machet niemer
                                        lieben lip.

Ich vertrage als ich vertruoc
und als ich iemer wil vertragen.
Du bist schoene und hast genuoc,
waz mugen si mir da von gesagen?
Swaz si sagen, ich bin dir holt.
und nim din glesin vingerlin für einer küneginne golt.

Hast du triuwe und staetekeit,
so bin ich din ane angest gar
daz mir iemer herzeleit
mit dinem willen wider var.
Hast ab du der zweier niht,
so müezest du min niemer werden. owe danne, ob daz
                                        geschiht.

Herzgeliebte kleine Herrin,
Gott gebe dir heut und immer Gutes!
Könnt ich dich besser begrüßen,
so würd ich es gerne tun.
Was kann ich dir mehr sagen,
als daß dir niemand so hold ist? O weh,
 davon muß ich viel leiden.

Sie tadeln mich, daß ich
mein Lied so nieder richte.
Daß sie nicht begreifen,
was Liebe ist; sie sollen verwünscht sein!
Sie hat die Liebe nie getroffen.
Die nach dem Reichtum und nach Schönheit
 lieben, weh, wie lieben die?

Bei der Schönheit findet sich oft Haß:
zur Schönheit sei niemand zu eilig!
Liebe tut dem Herzen besser:
der Liebe folgt die Schönheit.
Liebe macht die Frauen schön:
solches kann die Schönheit nicht bewirken,
 sie macht nimmer liebenswert.

Ich ertrag es, wie ich's ertrug
und wie ich es immer ertragen werde.
Du bist schön und hast damit genug:
was können sie mir dazu sagen?
Was auch sie sagen: ich bin dir hold
und nehme dein gläsern Ringlein für das Gold
 einer Königin.

Hast du Treue und Beständigkeit,
so bin ich ganz ohne Furcht,
daß mir je Herzeleid
von dir widerfahre.
Hast du aber die zwei nicht,
so mögst du mir niemals werden. O weh dann,
 wenn das geschieht.

Bin ich dir unmaere,
des enweiz ich niht: ich minne dich.
Einez ist mir swaere,
du sihst bi mir hin und über mich.
Daz solt du vermiden.
ine mac niht erliden
selhe liebe an grozen schaden.
hilf mir tragen, ich bin ze vil geladen.

Sol daz sin din huote,
daz din ouge an mich so selten siht?
Tuost du daz ze guote,
sone wize ich dir dar umbe niht.
So mit mir daz houbet
(daz si dir erloubet)
und sich nider an minen fuoz,
so du baz enmügest: daz si din gruoz.

Swanne ichs alle schouwe,
die mir suln von schulden wol behagen,
so bist duz min frouwe:
daz mac ich wol ane rüemen sagen.
Edel unde riche
sint si sumeliche,
darzuo tragent si hohen muot.
lihte sint si bezzer, du bist guot.

Frowe, des versinne
dich, ob ich dir zihte maere si.
Eines friundes minne
diust niht guot, da ensi ein ander bi.
Minne entouc niht eine,
si sol sin gemeine,
so gemeine daz si ge
dur zwei herze und dur dekeinez me.

Bin ich dir zuwider?
  Ach, ich weiß es nicht: ich liebe dich.

Eins nur beugt mich nieder,
   du blickst an mir hin und über mich.
Das sollst du vermeiden,
   ich mag nicht erleiden
Liebe ohne großen Schaden.
   Hilf mir tragen! Ich bin sehr beladen.

Soll ich Vorsicht nennen,
   daß du mir nicht gönnst dein Angesicht?
Könnt ich das erkennen,
   ich verwiese dir es wahrlich nicht.
Meidest du mein Haupt?
   Das sei dir erlaubt.
Sieh herab auf meinen Fuß,
   wenn du sonst nichts wagst. Das sei dein Gruß.

Vor den Frauen allen,
   die mit Recht mir möchten wohl behagen,
bist du mein Gefallen.
   Solches darf ich ohne Rühmen sagen.
Mögen manche gleich
   edel sein und reich,
dazu tragen hohen Mut!
   Sind vielleicht auch besser: du bist gut.

Herrin, nun besinne
   dich, ob ich ein wenig wert dir sei!
Eines Freundes Minne
   frommt nicht, ist die andre nicht dabei.
Minne taugt nicht einsam,
   sie soll sein gemeinsam,
so gemeinsam, daß sie geht
   durch zwei Herzen und sonst nichts erfleht.

»Nemt, frowe, disen kranz«,
also sprach ich zeiner wol getanen maget.
»So zieret ir den tanz
mit den schoenen bluomen, als irs uffe traget.
Het ich vil edele gesteine,

daz müest uf iur houbet,
obe ir mirs geloubet:
seht min triuwe, daz ichz meine.«

»Ir sit so wol getan,
daz ich iu min schapel gerne geben wil,
so(i)chz aller beste han:
wizer unde roter bluomen weiz ich vil.
Die stent so verre in jener heide.
da si schone entspringent
und di vogele singent,
da suln wir si brechen beide.«

Si nam daz ich ir bot
einem kinde vil gelich daz ere hat.
Ir wangen wurden rot,
same diu rose, da si bi der liljen stat.
Do (e)rschampten sich ir liehten ougen:
doch neic si vil schone.
daz wart mir ze lone:
wirt mirs iht mer, daz trage ich tougen.

Mich duhte daz mir nie
lieber wurde, danne mir ze muote was.
Die bluomen vielen ie
von dem boume bi uns nider an daz gras.
Seht do muost ich von fröiden lachen.
do (i)ch so wünnecliche
was in troume riche,
do taget ez und muos ich wachen.

Mir ist von ir geschehen,
daz ich disen sumer allen meiden muoz
vast under dougen sehen:
lihte wirt mir einiu, so ist mir sorgen buoz.
Waz obe si get an disem tanze?
frowe dur iur güete

rucket uf die hüete:
owe gsaehe ichs under kranze!

»Nehmt, Herrin, diesen Kranz«,
so sprach ich zu einer schönen Jungfrau,
»so seid Ihr die Zierde des Tanzes,
mit den schönen Blumen, wenn Ihr sie aufhabt.
Hätt ich Edelsteine,
die müßten auf Euer Haupt,
Ihr könnt mir glauben.
Bei meiner Treue: ich meine es so.

Ihr seid so schön,
daß ich Euch gern mein Schapel geben will,
so gut ich es nur habe.
Weißer und roter Blumen weiß ich viele,
die stehn nicht fern auf jener Heide.
Wo sie schön aufblühen
und die Vögel singen,
da wollen wir beide sie brechen.«

Sie nahm, was ich ihr bot,
als ein Kind von edler Art.
Ihre Wangen wurden rot,
wie die Rose, da sie bei der Lilie steht.
Schamhaft wurden ihre hellen Augen,
doch verneigte sie sich schön.
Das ward mir zum Lohn –
ward mir mehr davon, so halt ich es verschwiegen.

Mir schien, daß mir nie
so wohl gewesen, wie mir da zumute war.
Die Blüten fielen fort und fort
vom Baume bei uns nieder in das Gras.
Seht, da mußte ich vor Freude lachen.
Als ich so herrlich
im Traume reich war,
ward es Tag und ich erwachte.

Mir ist von ihr geschehen,
daß ich diesen Sommer allen Mädchen muß
fest ins Antlitz schauen:

vielleicht erkenn ich eine: so werd ich
die Sorgen los.
Wie, ob sie bei diesem Tanze ist?
Ihr Damen, seid so gut,
schiebt zurück die Hüte.
Ach, erblickte ich unter einem Kranze sie!

Wol mich der stunde, daz ich sie erkande,
diu mir den lip und den muot hat betwungen,
sit deich die sinne so gar an sie wande,
der si mich hat mit ir güete verdrungen.
Daz ich von ir gescheiden niht enkan:
daz hat ir schoene und ir güete gemachet
und ir roter munt, der so lieplichen lachet.

Ich han den muot und die sinne gewendet
an die vil reinen, die lieben, die guoten.
Daz müez uns beiden wol werden volendet,
swes ich getar an ir hulde gemuoten.
Swaz ich zer werlde fröiden ie gewan:
daz hat ir schoene und ir güete gemachet
und ir roter munt, der so lieplichen lachet.

Wohl mir der Stunde, da ich ihr begegnete,
die mir den Leib und das Leben hat bezwungen,
seit ich meinen Sinn so ganz an sie wendete,
um den sie mich mit ihrer Güte gebracht hat.
Daß ich von ihr nicht zu scheiden vermag,
das hat ihre Schönheit und ihre Güte gemacht
und ihr roter Mund, der so lieblich lacht.

Ich habe Sinn und Gemüt gewendet
an die Reine, die Liebe, die Gute.
Möge uns beiden zu gutem Ende kommen,
was ich von ihrer Huld zu begehren wage.
Was mir auf der Welt je an Freude widerfuhr,
das hat ihre Schönheit und ihre Güte gemacht
und ihr roter Mund, der so lieblich lacht.

ANONYM

(Aus: *Carmina Burana*)

Chume, chume, geselle min,
ih enbite harte din!
ih enbite harte din,
chum, chum, geselle min!

Sûzer roservarwer munt,
chum vnde mache mich gesunt!
chum vnde mache mich gesunt,
sûzer roservarwer munt!

Komm, komm, mein Gefährte,
ich warte sehr auf dich!
Ich warte sehr auf dich,
komm, komm, mein Gefährte!

Süßer, rosenfarbener Mund,
komm und mache mich gesund!
Komm und mache mich gesund,
süßer, rosenfarbener Mund!

Ich wil truren varen lan;
vf die heide sul wir gan,
vil liebe gespilen min!
da seh wir der blumen schin.
Ich sage dir, ih sage dir,
min geselle, chum mit mir!

Sûziv Minne, raine Min,
mache mir ein chrenzelin!
daz sol tragen ein stolzer man;
der wol wiben dienen chan!
Ich sage dir, ih sage dir,
min geselle, chum mit mir!

Ich will Trauern dahinfahren lassen;
zum Brachfeld sollen wir eilen,
meine lieben Spielgefährtinnen,
da sehen wir den Glanz der Blumen an.
Ich sage dir, ich sage dir,
mein Gefährte, komm mit mir.

Süßes Liebchen, reines Liebchen,
mache mir ein Kränzlein!
Das wird tragen ein stolzer Mann,
der es gut versteht, Frauen zu dienen.
Ich sage dir, ich sage dir,
mein Gefährte, komm mit mir.

Tempus adest floridum,   surgunt namque flores
vernales; mox in omnibus   immutantur mores.
hoc, quod frigus leserat,   reparant calores;
cernimus hoc fieri   per multos colores.

Stant prata plena floribus,   in quibus nos ludamus!
virgines cum clericis   simul procedamus,
per amorem Veneris   ludum faciamus,
ceteris virginibus   ut hoc referamus!

»O dilecta domina,   cur sic alienaris?
an nescis, o carissima,   quod sic adamaris?
si tu esses Helena,   vellem esse Paris!
tamen potest fieri   noster amor talis.«

Wiederkehrt die Frühlingszeit, da die Blumen blühen;
welch ein Wandel stellt sich ein nach des Winters Mühen!
Was der grimme Frost verdarb, heilt der Sonne Glühen;
daß ihr dieses Werk gelingt, zeigt der Farben Sprühen.

Laßt uns selig kosen hier auf den Blütenwiesen!
Kleriker und Mägdlein sich in die Arme schließen
und nach Venus' Minnerecht süßes Glück genießen,
daß die andern Jungfern all sich so recht verdrießen!

»Du allein, Gebieterin, willst allein du gehen?
Willst der Liebe Zeichen du, Teuerste, nicht sehen?
Als dein Paris will vor dir, Helena, ich stehen –
sieh, auch unsrer Liebe kann solch ein Glück geschehen!«

De pollicito
mea mens elata
in proposito
vivit, animata
spei merito;
tamen dubito,
ne spes alterata
cedat subito.

Uni faveo,
uni, dico, stelle,
cuius roseo
basia cum melle
stillant oleo.
in hac rideo,
in ipsius velle
totus ardeo.

Amor nimius
incutit timorem,
timor anxius
suscitat ardorem
vehementius;
ita dubius
sentio dolorem
certo certius.

Totus Veneris
uror in camino;
donis Cereris,
satiatis vino

presto ceteris,
et cum superis
nectare divino
fruor frueris!

Was sie mir verheißt,
muß mich hoch beglücken,
in mir pulst und kreist
seliges Entzücken,
das die Hoffnung speist;
doch des Zweifels Geist
scheut des Schicksals Tücken,
das zu Boden reißt.

Einer bin ich gut,
einem hellen Sterne,
deren Kuß voll Glut,
süß wie Mandelkerne,
mild wie Balsamflut;
sie beschwingt den Mut,
ihr entflammt sich gerne
all mein Herzensblut.

Liebe, wild und heiß,
füllt das Herz mit Bangen,
Liebe, scheu und leis,
heißeres Verlangen
noch zu schüren weiß;
in so engem Kreis
geb ich mich gefangen
tausend Schmerzen preis.

Venus' Glut wird mich
gänzlich noch verzehren,
Ceres' Frucht will ich,
will den Wein entbehren,
der ich kostbarlich,
wie die Götter sich
nur von Nektar nähren,
Himmelsglück erschlich!

OSWALD VON WOLKENSTEIN

Frölich, zärtlich, lieplich und klärlich, lustlich, stille,
                            leise,
in senfter, süesser, keuscher, sainer weise
wach, du minnikliches, schönes weib,
reck, streck, preis dein zarten, stolzen leib!
Sleuss auff dein vil liechte euglin klar!
taugenlich nim war,
wie sich verschart der sterne gart
in der schönen, haitern, klaren sunnen glanz!
wolauff zue dem tanz!
machen ainen schönen kranz
von schaunen, praunen, plawen, grawen,
    gel, rot, weiss, viol plüemlin spranz.

Lunzlocht, munzlocht, klunzlocht und zisplocht,
                            wisplocht, freuntlich sprachen
auss waidelichen, gueten, rainen sachen
sol dein pöschelochter, roter munt,
der ser mein herz tiefflich hat erzunt
Und mich fürwar tausent mal erweckt,
freuntlichen erschreckt
auss slaffes traum, so ich ergaum
ain so wolgezierte, rote, enge spalt,
lächerlich gestalt,
zendlin weiss darin gezalt,
trielisch, mielisch, vöslocht, röslocht,
    hel zu fleiss waidelich gemalt.

Wolt si, solt si, tät si und käm si, näm si meinem
                            herzen
den senikleichen, grossen, herten smerzen,
und ain prüstlin weiss darauff gesmuckt,
secht, slecht wär mein trauren da verruckt.
Wie möcht ain zart seuberliche diern

tröstlicher geziern
das herze mein   an allen pein
mit so wunniklichem, lieben, rainen lust?
mund mündlin gekust,
zung an zünglin, prüstlin an prust,
pauch   an peuchlin,   rauch   an reuchlin
   snell   zu fleiss   allzeit frisch getust.

Fröhlich, zärtlich, anmutig und hell, lustvoll, still und sanft,
ruhig, süß, rein, gemächlich:
so wache auf, du liebliche, schöne Frau!
Reck und streck dich, schmücke deinen zarten, herrlichen
                                Leib!
Öffne deine strahlenden, hellen Äuglein!
Nimm heimlich wahr,
wie die Sternenweide zergeht
im Glanz der schönen, heiteren, klaren Sonne!
Wohlauf zum Tanz!
Laß uns einen schönen Kranz machen,
schimmernd von honigfarbnen, braunen, blauen, grauen,
gelben, roten, weißen, veilchenfarbnen Blümlein!

Schlummerlich, küsselich, schmeichlerisch, flüsterlich und
                                     wisperlich,
herzlich reden von köstlichen, guten, schönen Dingen
soll dein blühender roter Mund,
der mein Herz ganz in der Tiefe entzündet hat
und mich wahrlich tausendmal aufweckt,
lieblich aufschreckt
aus Schlaf und Traum,
wenn ich eine so schöngeformte rote feine Spalte gewahre,
zum Lächeln geschaffen,
Zähnlein weiß darin in Reihe,
lippenschön, lächelnd, füllig, rosig,
leuchtend wie ein trefflich gemaltes Bild.

Wollte sie, möchte sie, würde sie doch, käme sie und nähme
                                              sie
von meinem Herzen den sehnlichen, schweren, bitteren
                                      Schmerz!

Und ein weißes Brüstlein drauf gedrückt –
seht, so wäre mein Leid geglättet.
Wie könnte ein zart hübsches Mädchen
mein Herz wonniger schmücken,
unbeschwert machen,
als mit so herrlicher, süßer, reiner Lust?
Mund Mündlein geküßt,
Zung an Zünglein, Brüstlein an Brust,
Bauch an Bäuchlein, Pelz an Pelzlein
frisch, eifrig, nimmermüd gedrückt.

Ain anefank
an götlich vorcht die leng und kranker gwissen
und der von sünden swanger ist,
das sich all maister flissen,
an got, allain mit hohem list,
noch möchten si das end nicht machen guet:
Des pin ich krank
an meiner sel, zwar ich verklag mein sterben
und pitt dich, junkfrau sant Kathrein,
tue mir genad erwerben
dort zue Marie kindelein,
das es mich haben well in seiner huet.
Ich dank dem herren lobesan,
das er mich also grüesst,
mit der ich mich versündet han,
das mich die selber püesst.
dapei ain ieder sol versten,
das lieb an laid die leng nicht mag ergen.

Ain frauenpilt,
mit der ich han mein zeit so lang vertriben,
wol dreuzen jar und dennoch mer
in treuen stät beliben
zu willen nach irs herzen ger,
das mir kain mensch auff erd nie liebers wart –

Perg, holz, gevilt
in manchem land, des ich vil han erriten,
und ich der gueten nie vergass;
mein leib hat vil erliten
nach ir mit seniklichem hass,
ir roter mund het mir das herz verschart.
Durch si so han ich vil betracht
vil lieber hendlin los,
in freuden si mir manig nacht
verlech ir ermlin ploss.
mit trauren ich das überwint,
seit mir die pain und arm beslagen sint.

Von liebe zwar
hab wir uns dick oft laides nicht erlassen,
und ward die lieb nie recht entrant;
seit das ich lig unmassen
gevangen ser in irem pant,
nu stet mein leben kränklich auf der wag.
Mit haut und har
so hat mich got swärlich durch si gevellet
von meiner grossen sünden schein,
des pin ich übersnellet.
si geit mir puess und senlich pein,
das ich mein not nicht halbs betichten mag.
Vor ir lig ich gepunden vast
mit eisen und mit sail;
mit manchem grossen überlast
si mir empfrempt die gail.
o herr, du kanst wol richten sain,
die zeit ist hie, das du mich püessest rain.

Kain weiser man
mag sprechen icht, er sei dann unvernünftig,
das er den weg icht wandern well,
der im sol werden künftig;
wann die zeit pringt glück und ungevell,

und pschaffen ding fürwar ward nie gewant.
Des sünders pan
die ist so abenteurlichen verrichtet
mit manchem hübschen, kluegen latz,
kain maister das voltichtet
wann got, der iedem sein gesatz
wäglichen misst mit seiner hailgen hant.
Er eifert man und freuelein,
auch alle creatur;
er wil der liebst gehaben sein
in seiner höchsten kur.
wer das versaumpt, des sünd gereift:
er hengt im nach, pis in ain latz begreift.

Lieb ist ain wort
ob allem schatz, wer lieb nützleich verpringet,
lieb überwindet alle sach,
lieb got den herren twinget,
das er dem sünder ungemach
verwent und geit im aller freuden trost.
Lieb, süesser hort,
wie hastu mich unlieplichen geplendet,
das ich mit lieb dem nie vergalt,
der seinen tod volendet
durch mich und mangen sünder kalt;
des wart ich hie in grosser sorgen rost.
Het ich mein lieb mit halbem fueg
got nützlich nach verzert,
die ich der frauen zärtlich trueg,
die mir ist also hert,
so füer ich wol an alle sünt.
o weltlich lieb, wie swär sind deine pünt.

Erst reut mich ser,
das ich den frävelichen hab erzürnet,
der mir so lang gepiten hat,
und ich mich nie enthürnet

von meiner grossen missetat;
des wurden mir fünf eisnei lätz berait:
Nach seiner ger
so viel ich in die zwen mit paiden füessen,
in ainen mit dem tenken arm,
mein daumen muesten püessen,
ain stahelring den hals erwarb;
der wurden fünf, als ich vor hab gesait.
Also hiels mich die guet zu fleiss
mit manchem herten druck.
ach husch der kalten ermlin weiss,
unlieplich was ir smuck.
was ich ir klag meins herzen lait,
ir parmung ist mit klainem trost berait.

Mein herz das swint
in meinem leib und pricht von grossen sorgen,
wenn ich bedenk den pittern tot
den tag, die nacht, den morgen
– ach we der engestlichen not –
und waiss nicht, wo mein arme sel hinvert.
O Maria kint,
so ste mir Wolkenstainer pei in nöten,
damit ich var in deiner hult.
hilff allen, die mich töten,
das si gepüessen hie ir schult,
die si an mir begangen haben hert.
Ich nim es auff mein sterben swär,
so swer ich doch genueg,
das ich der frauen nie gevär
von ganzem herzen trueg.
schaid ich also von diser welt,
so pit ich got, das si mein nicht engelt.

Wenn der Anfang so ist:
lange Zeit ohne Gottesfurcht, mit mattem Gewissen
und trächtig von Sünden –

wenn dann auch alle Meister sich bemühten,
sie könnten allein ohne Gott mit all ihrer Weisheit
das Ende nicht gut machen.
Von solchem Anfang bin ich matt an meiner Seele,
ja ich klage, daß ich sterben muß,
und bitte dich, heilige Jungfrau Katharina,
erwirb mir dort
bei Mariens Kindlein Gnade,
daß es mich in seinem Schutze halten wolle.
Ich danke dem hochgelobten Herrn,
daß er mich so segnet,
daß gerade die mich büßen läßt,
mit der ich gesündigt habe.
Daran mag jedermann erkennen,
daß Liebe nicht auf die Dauer ohne Leid bestehen kann.

Eine Frau,
mit der ich so lange meine Zeit vertan habe,
dreizehn Jahre und länger
ihr beständig in Treue ergeben,
wie sie es wollte,
so sehr, daß ich auf Erden nie jemand lieber gewonnen habe –
Gebirge, Wald und freies Feld
habe ich in manchem Land oft durchritten,
doch habe ich die Geliebte nie vergessen.
Ich habe viel erlitten
von zorniger Sehnsucht nach ihr.
Ihr roter Mund hat mein Herz verwundet.
In Liebe zu ihr habe ich oft
anmutige Händlein betrachtet:
in mancher freudevollen Nacht
hat sie mir ihre bloßen Arme geschenkt.
Jetzt büße ich das schmerzlich,
denn meine Beine und Arme liegen in Ketten.

Aus Liebe
haben wir uns oft schon Leid zugefügt,
und die Liebe wurde dadurch nie ganz zerrissen.
Nun, da ich in unerhörter Weise
in ihren Fesseln gefangen liege,
schwebt mein Leben unsicher auf der Waage.
Mit Haut und Haar

hat mich Gott durch sie tief gestürzt,
weil er meine schweren Sünden sah.
So bin ich auf der Waage hinabgesunken.
Sie legt mir Buße und schmerzliche Qual auf,
daß ich meine Not kaum zur Hälfte aussprechen kann.
Vor ihr liege ich fest gebunden
mit Ketten und Seilen.
Durch allzu große Beschwernisse
hält sie die Freude von mir fern.
O Herr, du wartest oft lange mit deinem Gericht,
aber jetzt ist die Zeit gekommen, da du mich durch Buße
                                                reinigst.

Kein vernünftiger Mensch
– wenn er nicht von Sinnen ist –
kann etwa sagen, daß er den Weg nicht gehen wolle,
der für ihn bestimmt ist;
denn die Zeit bringt Glück und Unheil,
und Vorherbestimmtes ist wahrlich noch nie abgewendet
                                                worden.
Der Weg des Sünders
ist so seltsam eingerichtet
mit mancher feinen, passenden Schlinge;
kein Meister kann das zu Ende bedenken und dichten,
nur Gott, der jedem seinen Anteil
abwägend zumißt mit seiner heiligen Hand.
Er achtet eifersüchtig auf Mann und Mädchen
und alle Kreatur:
er selbst will am meisten geliebt werden
in seiner höchsten Würde.
Wer das versäumt, dessen Sünde reift heran.
Gott läßt ihn laufen, bis eine Schlinge ihn einfängt.

Liebe ist ein Wort,
teurer als alle Schätze, wenn einer Liebe zu seinem Heile übt.
Liebe überwindet alles,
Liebe zwingt Gott den Herrn,
daß er die Pein vom Sünder abwendet
und ihm Hoffnung auf alle Freuden gibt.
Liebe, köstlicher Schatz,
wie hast du mich lieblos geblendet,
daß ich nie mit Liebe dem dankte,

der für mich und manchen kalten Sünder
den Tod durchlitten hat.
Darum liege ich hier in der Glut großer Ängste.
Hätte ich meine Liebe nur halbwegs richtig
zu meinem Heil auf Gott verwendet,
statt sie zärtlich für diese Frau zu hegen,
die so hart zu mir ist,
so könnte ich leicht und ohne Sünde sterben.
O weltliche Liebe, wie schwer sind deine Fesseln!

Nun erst reut mich sehr,
daß ich den frech erzürnt habe,
der so lange auf mich gewartet hat,
und daß ich die Hörner meines großen Unrechts
nie abgeworfen habe.
Darum wurden mir fünf eiserne Schlingen gerichtet:
nach seinem Willen
fiel ich in zwei mit beiden Füßen,
in eine mit dem linken Arm,
meine Daumen mußten büßen,
ein Stahlring ergriff den Hals;
so wurden es fünf, wie ich eben sagte.
Dergestalt hat mich meine Geliebte eifrig umarmt
mit manchem harten Druck.
Ach husch, diese kalten weißen Ärmchen!
Ihr Umschmiegen war wenig liebevoll.
Soviel ich ihr auch den Kummer meines Herzens klage,
ihr Erbarmen wendet sich nicht hilfreich zu mir.

Das Herz vergeht mir im Leib
und bricht vor großer Furcht,
wenn ich an den bitteren Tod denke
bei Tag, bei Nacht, am Morgen
– ach diese angstvolle Qual –
und nicht weiß, wohin meine arme Seele fährt.
O Kind Mariens,
steh mir, dem Wolkensteiner, in meiner Not bei,
damit ich in deiner Huld dahinfahre.
Hilf allen, die mich töten,
daß sie ihre Schuld noch hier büßen dürfen,
die sie hartherzig an mir begangen haben.
Ich nehme es auf mein schweres Sterben

– damit beteuere ich's doch genugsam –,
daß ich von ganzem Herzen
immer frei von Feindschaft gegen diese Frau war.
Wenn ich so von dieser Welt scheide,
so bitte ich Gott, daß er sie meinen Tod nicht entgelten läßt.

VOLKSLIEDER

(Aus Sammlungen des 15. und 16. Jahrhunderts)

All mein Gedanken, die ich hab, die sind bei dir!
Du auserwählter ein'ger Trost, bleib stät bei mir!
Du, du, du sollst an mich gedenken;
Hätt ich aller Wünsch' Gewalt,
Von dir wollt ich nicht wenken.

Du auserwählter ein'ger Trost, gedenk daran!
Leib und Gut das sollst du gar zu eigen han.
Dein, dein, dein will ich beleiben:
Du giebst mir Freud und hohen Muth
Und kannst mir Leid vertreiben.

Dein allein und Niemands mehr, das wiss' fürwahr.
Thätst du desgleichen in Treu an mir, so wär ich froh.
Du, du, du sollst von mir nit setzen:
Du giebst mir Freud und hohen Muth
Und kannst mich Leids ergetzen.

Die Allerliebst und Minniglich, die ist so zart;
Ihres Gleich in ellem Reich findt man hart.
Bei, bei, bei ihr ist kein Verlangen,
Do ich nun von ihr scheiden sollt,
Da hätt sie mich umfangen.

Die werthe Rein, die ward sehr wein'n, do das
geschach:
»Du bist mein und ich bin dein!« sie traurig sprach,
»Wann, wann, wann ich soll von dir weichen:
Ich nie erkannt, noch nimmer mehr
Erkenn ich deines Gleichen!«

Wie schön blüht uns der Maien
Der Sommer fährt dahin!
Mir ist ein schöns Jungfräulein
Gefallen in mein Sinn.
Bei ihr do wär mir wol:
Wenn ich nur an sie denke,
Mein Herz ist Freuden voll.

Wenn ich des Nachts lieg schlafen,
Mein feins Lieb kommt mir für;
Wenn ich alsdann erwache,
Bei mir ich Niemands spür,
Bringt meinem Herzen Pein,
Wollt Gott, ich sollt ihr dienen,
Wie möcht mir baß gesein!

Bei ihr da wär ich gerne
Bei ihr da wär mir wol;
Sie ist mein Morgensterne,
Gfällt mir im Herzen wol.
Sie hat ein rothen Munde,
Sollt ich darauf sie küssen
Mein Herz würd mir gesund.

Wollt Gott, ich sollt ihr wünschen
Drei Rosen auf eim Zweig,
Sollt ich auch treulich warten
Auf ihren graden Leib;
Wär meines Herzens Freud.

Ich muß mich von dir scheiden:
Alde, mein schöne Maid!

Zwei Blümlein auf der Heiden
Mit Namen Wolgemuth
Laß uns der Lieb Gott wachsen,
Seind uns für Trauren gut;
Vergißmeinnicht darbei:
Grüß sie mir Gott im Herzen,
Die mir die Liebste sei!

Der Liebsten sollt ich klagen
Mein Leid zu dieser Stund:
So hab ichs nicht am Tage,
Noch spar dich Gott gesund!
Ade, zu guter Nacht
Sei dir, schöns Lieb, gesungen
Aus gutem Muth bedacht!

Es wollt ein Mägdlein früh aufstan
An einem Abendtanze gan;
Sie leuchtet also ferne
Gleichwie der Morgensterne,
Der vor dem Tag aufgeht.

Ach Mägdlein, du viel junge,
Laß mich nicht sein schabab!
Du bist meins Herzen Wonne,
Leuchtest wie die helle Sonne,
Kein lieber ich auf Erden hab.

Es soll mir kein lieber nit werden,
Das sag ich dir fürwahr,
Dieweil ich hab das Leben
Allhie auf dieser Erden,
Und lebt ich tausend Jahr.

Lieblich hat sich gesellet
Mein Herz in kurzer Frist.
Zu Ein'r, die mir gefället
Gott weiß wohl wer sie ist.
Sie liebet mir ganz inniglich
Die Allerliebste mein,
Gott weiß wohl, wen ich mein.

Wohl für des Maien Blüthe
Hab ich sie auserkor'n;
Sie erfreuet mein Gemüthe
Meinen Dienst hab ich ihr geschworn,
Den will ich halten stetiglich
Mit Willen ganz unterthan,
Dieweil ich das Leben han.

Ich gleich sie einem Engel
Die Herzallerliebste mein.
Ihr Härlein krausgelb als ein Sprengel,
Ihr Mündlein roth als ein Rubein.
Zwei blanke Ärmlein die sind schmal,
Darzu ein rother Mund
Der lachet zu aller Stund.

Mit Venuspfeil durchschossen
Das junge Herze mein,
Schöns Lieb, hab kein Verdrießen,
Setz deinen Willen drein.
Gseg'n dich Gott, mein schönes Lieb!
Ich soll und muß von dir,
Du gesichst mich wieder schier.

Innsbruck, ich muß dich lassen,
Ich fahr dahin mein Straßen
In fremde Land dahin.

Mein Freud ist mir genommen,
Die ich nit weiß bekommen,
Wo ich in Elend bin.

Groß Leid muß ich ertragen,
Das ich allein thu klagen
Dem liebsten Buhlen mein.
Ach Lieb, nun laß mich Armen
Im Herzen dein erwarmen,
Daß ich muß dannen sein.

Mein Trost ob allen Weiben,
Dein thu ich ewig bleiben,
Stet, treu, der Ehren frumm.
Nun muß dich Gott bewahren
In aller Tugend sparen,
Bis daß ich wiederkumm.

Ach herzigs Herz, mein Schmerz
Erkennen thu, ich hab kein Ruh,
Nach dir steht mein Verlangen!
Ist Wunder nicht, dein freundlich G'sicht
Hat mir mein Herz gefangen.

Nun bin ich dir mit Gier
Von Herzen g'neigt, auf meinen Eid
Soll mir kein Liebre werden.
Denn du allein, merk, wie ichs mein:
Du bist mein Trost auf Erden.

Nimm an von mir, zu dir
Mein willigs Herz; ohn allen Scherz
Hab ich mich dir ergeben.
Schaff und gebeut, kein Dienst mich reut,
Dieweil ich hab das Leben.

Ich hort ein Sichellin rauschen,
Wol rauschen durch das Korn,
Ich hort ein feine Magd klagen
Sie hätt ihr Lieb verlorn.

»La rauschen, Lieb, la rauschen!
Ich acht nit, wie es geh:
Ich hab mir ein Bulen erworben,
In Veiel und grünen Klee.«

»Hast du ein Bulen erworben
In Veiel und grünen Klee:
So steh ich hie alleine,
Thut meinem Herzen weh!«

CONRAD CELTIS

De nocte et osculo Hasilinae, erotice

Illa quam fueram beatus hora,
inter basia et osculationes,
contrectans teneras Hasae papillas,
et me nunc gremio inferens venusto,
nunc stringens teneris suum lacertis
pectus, languidulo gemens amore.
quod me in reciproco fovebat aestu,
cogens deinde suos meare in artus,
dum nostros animos per ora mixtos
cum vinclis adamantinis ligavit
Diva ex caeruleo creata ponto.
  o nox perpetuis decora stellis,
quae divum facies levas coruscas,
et fessis requiem refers salubrem.

nunc stes Herculeo velut sub ortu,
aut qualis Suetiis soles sub oris,
dum Phoebus pluvium revisit Austrum,
nullam per spatium bimestre lucem
fundit, perpetuas ferens tenebras,
sic fervens satiabitur voluptas.

Nacht und Hasilinas Kuß

Wie war glücklich ich doch in jener Stunde,
da wir Küsse und wieder Küsse tauschten,
da ich streichelte Hasas zarte Brüste,
mich versenkte in ihrem süßen Schoße,
ihren Busen mit sanftem Arm umfaßte
und von Liebe erschöpft nur seufzen konnte!
Wie in mir sie dann Glut durch Glut entfachte,
die mich zwang, unsre Glieder zu verstricken!
Durch die Münder vermischten sich die Seelen,
und es band uns mit Fesseln von Demantstein
jene Göttin, der blauen See entstiegen.
    Nacht, erstrahlend von tausend ew'gen Sternen,
die du leuchtendes Götterantlitz hebest,
die du heilsame Ruhe Müden spendest:
so wie einstmals, als Herkules erzeugt ward,
bleibe stehn – oder wie an Nordlands Küste,
wenn sich Phoebus zum regenreichen Süden
wendet, und es zwei Monde lang nicht Tag wird,
da beständiges Dunkel er läßt walten –
so nur wird meine heiße Lust gesättigt.

JOHANNES SECUNDUS

Basia

VIII

Quis te furor, Neaera
inepta, quis iubebat
sic involare nostram,
sic vellicare linguam
ferociente morsu?
an, quas tot unus abs te
pectus per omne gesto
penetrabiles sagittas,
parum videntur, istis
ni dentibus protervis
exerceas nefandum
membrum nefas in illud,
quo saepe sole primo,
quo saepe sole sero,
quo per diesque longas
noctesque amarulentas
laudes tuas canebam?
haec est, iniqua, (nescis?),
haec illa lingua nostra est,
quae tortiles capillos,
quae paetulos ocellos,
quae lacteas papillas,
quae colla mollicella
venustulae Neaerae
molli per astra versu
ultra Iovis calores
caelo invidente vexit,
quae te, meam salutem,
quae te, meamque vitam
animae meaeque florem,
et te, meos amores,

et te, meos lepores,
et te, meam Dionen,
et te, meam columbam
albamque turturillam
Venere invidente dixit.
an vero, an est id ipsum,
quod te iuvat, superba,
inferre vulnus illi,
quam laesione nulla,
formosa, posse nosti
ira tumere tanta,
quin semper hos ocellos,
quin semper haec labella
et qui sibi salaces
malum dedere dentes
inter suos cruores
balbutiens recantet?
o vis superba formae!

Küsse

8

Welch Rasen hat, Neaera,
du Törin, dir geboten,
so anzufallen, so zu
verletzen meine Zunge
mit grausam-wildem Bisse?
Genügt's nicht, daß im Herzen
so viele deiner Pfeile,
die es durchbohrten, ich nun
allein muß tragen? Mußt du,
mit dreisten Zähnen frevelnd,
vergehn dich an *dem* Gliede,
womit ich oft frühmorgens,
womit ich oft spätabends,
womit ich lang am Tage,
in bittersüßen Nächten,
dein Lob zu singen pflegte?
Dies ist (weißt du's nicht?), Böse,

dies ist dieselbe Zunge,
die deine Ringellocken,
die dein verschwimmend Auge,
die deine weißen Brüste,
die auch den zarten Nacken
der reizenden Neaera
in weichem Vers erhoben
zu Sternen, höher noch als
zum sonnenwarmen Himmel,
der diesen Ruhm dir neidet;
die dich, mein Heil und Leben,
die dich, mein ganzes Dasein,
du Blume meiner Seele,
und dich, du meine Liebe,
und dich, du mein Entzücken,
und dich, du meine Venus,
und dich, du meine Taube,
mein weißes Turteltäubchen,
zu Venus' Neid besungen.
Vielleicht ist's grade dieses,
was, Stolze, dich erfreuet:
die Zunge zu verwunden,
die (wie du weißt, du Schöne)
du nie so kränken konntest
noch so in Zorn versetzen,
daß nicht sie diese Äuglein,
daß nicht sie diese Lippen
und selbst die geilen Zähne,
die ihr so Böses taten,
in eignem Blut gebadet
selbst stammelnd noch besänge?
O stolze Macht der Schönheit!

X

Non sunt certa, meam moveant quae basia mentem.
    uda labris udis conseris: uda iuvant.
nec sua basiolis non est quoque gratia siccis,
    fluxit ab his tepidus saepe sub ossa vapor.

dulce quoque est oculis nutantibus oscula ferre
   auctoresque sui demeruisse mali,
sive genis totis totive incumbere collo
   seu niveis umeris seu sinui niveo
et totas livore genas collumque notare
   candidulosque umeros candidulumque sinum
seu labris querulis titubantem sugere linguam
   et miscere duas iuncta per ora animas
inque peregrinum diffundere corpus utramque,
   languet in extremo cum moribundus amor.
me breve, me longum capiet laxumque tenaxque,
   seu mihi das, seu do, lux, tibi basiolum.
qualia sed sumes, numquam mihi talia redde,
   diversis varium ludat uterque modis.
at quem deficiet varianda figura priorem,
   legem summissis audiat hanc oculis,
ut quot utrimque prius data sint, tot basia solus
   dulcia victori det totidemque modis.

10

Es erregt mich zutiefst nicht *eine* Art nur von Küssen.
   Feuchte Lippen drückst auf   feuchte du? Feuchte entzückt.
Aber auch trockene Küsse entbehren nicht jeglichen Reizes,
   oft floß von diesen mir auch   Hitze ins innerste Mark.
Süß auch ist's, im Halbschlafe sich nur küssen zu lassen
   und, die dich so überfiel,   fest zu umschlingen sodann,
auf ihre Wangen sich ganz, ihren Hals sich rächend zu stürzen,
   schneeweißen Schultern sich dann,   schneeweißen Brüsten zu nahn,
ihr die Wangen, den Hals mit Kußmälern ganz zu beflecken,
   schneeweiße Schultern und auch   schneeweiße Brüste dazu;
auch mit gurrender Lippe bewegliche Zunge zu saugen:
   Mund an Mund werden zwei   Seelen zu einer vereint.
So ergießen wir beide uns in des anderen Körper,
   wenn die Liebe, dem Tod   nahe, in Wollust erstirbt.

Ob die Küsse kurz oder lang, ob lässig, ob drängend,
  ob du sie gibst oder ich, Liebste, sie reißen mich hin.
Doch so wie ich dich küsse, sollst niemals zurück du mich
  küssen:
  andersgeartet soll uns beiden das Liebesspiel sein.
Und wer als erster von uns nicht neue Methoden erfindet,
  höre gesenkten Blicks diese Bestimmung sich an:
So viele Küsse, wie beide zuerst gewechselt, so viele
  geb er dem Sieger zurück und auf so vielfält'ge Art.

GEORG RODOLF WECKHERLIN

Die Lieb ist Leben und Tod

Das Leben so ich führ ist wie der wahre Tod /
Ja über den Tod selbs ist mein trostloses Leben:
Es endet ja der Tod des menschen pein und Leben /
Mein Leben aber kan nicht enden diser Tod.

Bald kan ein anblick mich verlötzen auf den Tod /
Ein andrer anblick bald kan mich widrumb beleben /
Daß ich von blicken muß dan sterben und dan leben /
Und bin in einer stund bald lebendig bald tod.

Ach Lieb! verleyh mir doch numehr ein anders leben /
Wan ich ja leben soll / oder den andern tod /
Dan weder disen tod lieb ich / noch dises leben.

Verzeih mir / Lieb / ich bin dein lebendig und tod /
Und ist der tod mit dir ein köstlich-süsses leben /
Und leben von dir fern ist ein gantz bittrer tod.

JOHANNES HEERMANN

Ad Charibellam

Eripuisti oculos: oculos mihi redde puella,
  eripuisti animam: redde puella animam.
eripuisti ipsum cor: redde puella cor ipsum.
  eripuisti ipsum me mihi: redde mihi
ah miser! exoculatus et exanimatus et excors
  et sine me querulor quid? sine me morior.
non ah, non morior: moriendi etiam eripis artem.
  me sine vivo: sed, ah, me sine vita nihil.
fata negas vitamque negas o dura puella!
  vivere nulla datur vis mihi, nulla mori.
redde oculos mihi, redde animum mihi, redde cor
                                            ipsum:
  meque mihi ereptum redde puella mihi.
omnia redde mihi. hei! revoco: serva omnia, solam
  te mihi redde: in te reddita cuncta mihi.
in te oculati oculi, atque animata anima atque cor
                                            ipsum
  cordatum: ipse etiam mecum ero, eroque meus.

An Caribella

Meine Augen geraubt hast du mir: gib sie wieder mir,
                                            Mädchen!
  Hast mir die Seele geraubt: gib mir die Seele zurück!
Hast selbst mein Herz mir geraubt: gib, Mädchen, das Herz
                                            selbst zurück mir!
  Mich selbst hast mir du geraubt: mich gib mir, Mädchen,
                                            zurück!
Ach, ich Armer! Beraubt der Augen, der Seele, des Herzens,
  ohne mich, klag ich – weshalb? Ohne mich sterb ich
                                            dahin.
Nein – ach, ich sterbe auch nicht: du raubst mir die Kunst
                                            selbst des Sterbens;
  ohne mich leb ich, doch, ach, Leben ist ohne mich nichts.

Sterben wie Leben verweigerst du mir, du grausames
                              Mädchen:
  habe zum Leben nicht Kraft,   hab sie zum Tode auch
                                nicht.
Gib meine Augen, die Seele, das Herz selbst – gib sie mir
                                wieder,
  mich auch, den du mir geraubt,   gib mir, o Mädchen,
                                zurück!
Gib mir alles zurück!   Ach nein – behalte es alles,
  nur dich gib mir zurück: alles schließt du mir ja ein.
Sehkraft hat in dir das Auge, Beseelung die Seele; das Herz
                              selbst
  wird beherzt – dann bin ich   wieder bei mir, und bin mein.

JOHANN HERMANN SCHEIN

Gleich wie ein armes Hirschelein /
Das man gejaget hat /
In einem grůnen Wåldelein /
Bin ich so můd und matt /
Nicht lengr ich mich salviren kan /
Amor mir fort nachstellt /
Er will auch nicht ehe abelahn /
Er hab mich denn gefellt.

O Filli schön dein LiebesStral /
Auß deinen Eugelein /
Braucht er zum schiessen allzumal /
An stat der Pfeile sein /
Sein Jåger-hund dein Tugend viel /
Mein Hertz ergriffen han /
Das ich gefellt / muß ligen still /
Und nicht entspringen kan.

Abr Filli from / sieh an mein Noth /
Bitt Amor noch für mich /

Das er nicht gar mich schieß zu todt /
Auß zorn so grimmiglich /
Ich will dafür in deinem Wald /
Mich allzeit stellen ein /
(Ach eil / Ach eil / mein Lebn erhalt /)
Dein trewes Hirschlein sein.

MARTIN OPITZ

Epigramma an die Asterien

Ob schon dein rother Mundt ist einer Rosen gleich,
Wo er wirdt andre sich zuküssen underfangen,
So wünsch ich, daß er doch werd also weiß und
                                  bleich,
Als mir von Liebes Pein sein worden meine Wangen.

Sonnet von der Liebsten Augen

Diß wunderliche Werck, das Gott hat auffgericht,
Die Erde, Lufft, und See, des Himmels hohe Thronen,
  Das alles, was man kan, und auch nicht kan
                                bewohnen,
  Hett es kein, oder auch zwo, Sonnen, stünd es
                                nicht.
Ich arm betrübtes Thier muß zweyer Sonnen liecht
Vertragen, die mir arg für meine Liebe lohnen,
  Ja die bey Tag und Nacht auch meiner nicht
                                verschonen,
  Doch ärger ist die Pein, wann mir der Glantz
                                gebricht,

Was wunder ist es dann, daß ihr mich sehet sterben
Mehr als zehn tausentmal, eh' kaum hingeht ein Tag?
　Und immer widerumb belebt zur newen Plag?
　Ist sie mir allzunah, muß ich durch sie verderben:
Ist sie denn gantz hinweg, so hab ich lauter Nacht,
Doch wehl' ich mir den Todt, den mir die Hitze
　　　　　　　macht.

Elegie an seine newe Liebe

Und du wirst auch bey meiner Buhlschafft stehen,
　O Delia du Bildtnuß aller Zier.
Ich will auch dich durch meine Verß erhöhen,
　Ich will dein Lob erhöhen für und für.
Verzeihe mir, Asterie mein Leben,
　Weil ich jetzundt so sehr weit von dir bin,
Daß ich mich hab in ander Holdt ergeben,
　Und frembde Gunst mir kommen in den Sinn.
Ich habe dich in ihren Augen funden,
　Dein Angesicht, dein rosinfarben Mundt,
Dein schönes Haar ist so in ihr verbunden,
　Daß ich sie nicht für dir erkennen kundt.
Ich fandt in ihr, was ich bey dir verlassen,
　Ich fandt in ihr dich so gebildet ein,
Daß ich vermein' ich könne sie nicht hassen,
　Ich müsse dann auch dir zuwider sein.
O Delia du Spiegel meiner Freuden,
　Du Ebenbildt den Schönsten in der Welt,
Vergönne doch, daß sich mein Augen weiden,
　Weil dein Gesicht mein Leben in sich helt.
Weil ihr Gesicht ist so in dich geschrieben,
　Daß sie ihr selbst nicht ehnlicher sein kann,
Wie wolt' ich dich, mein Augenlust, nicht lieben?
　Ach nimb mich doch von ihrentwegen an.

So will ich mit unsterbligkeit verehren
  Dein hohe Zier, dein edel' äugelein,
So lange man von Liebe nur wirdt hören,
  Wird man zugleich auch deiner eindenck sein.

Jetzund kömpt die Nacht herbey /
Vieh und Menschen werden frey /
Die gewüntschte Ruh geht an;
Meine Sorge kömpt heran.
  Schöne glántzt der Mondenschein;
Und die güldnen Sternelein;
Froh ist alles weit und breit /
Ich nur bin in Trawrigkeit.
  Zweene mangeln uberall
An der schönen Sternen Zahl;
Diese Sternen die ich meyn'
Ist der Liebsten Augenschein.
  Nach dem Monden frag' ich nicht /
Tunckel ist der Sternen Liecht;
Weil sich von mir weggewendt
Asteris / mein Firmament.
  Wann sich aber neigt zu mir
Dieser meiner Sonnen Ziehr /
Acht' ich es das beste seyn /
Das kein Stern noch Monde schein.

Ach Liebste / laß uns eilen /
  Wir haben Zeit:
Es schadet das verweilen
  Uns beyderseit.
Der edlen Schönheit Gaben
  Fliehn fuß für fuß:
Das alles was wir haben
  Verschwinden muß.

Der Wangen Ziehr verbleichet /
    Das Haar wird greiß /
Der Augen Fewer weichet /
    Die Brunst wird Eiß.
Das Mündlein von Corallen
    Wird ungestalt /
Die Hånd' als Schnee verfallen /
    Und du wirst alt.
Drumb laß uns jetzt geniessen
    Der Jugend Frucht /
Eh' als wir folgen müssen
    Der Jahre Flucht.
Wo du dich selber liebest /
    So liebe mich /
Gieb mir / das / wann du giebest /
    Verlier auch ich.

HEINRICH ALBERT

Trewe Lieb' ist jederzeit
Zu gehorsamen bereit

   Anke van Tharaw öß / de my geföllt /
Se öß mihn Lewen / mihn Goet on mihn Gölt.
   Anke van Tharaw hest wedder eer Hart
Op my geröchtet ön Löw' on ön Schmart.
   Anke van Tharaw mihn Rihkdom / mihn Goet /
Du mihne Seele / mihn Fleesch on mihn Bloet.
   Quöm' allet Wedder glihk ön ons tho schlahn /
Wy syn gesönnt by een anger tho stahn.
   Kranckheit / Verfålgung / Bedröfnös on Pihn /
Sal unsrer Löve Vernöttinge syn.

Recht as een Palmen-Bohm åver sȯck stȯcht /
Je mehr en Hagel on Regen anfȯcht.
　　So wardt de Lȯw' ȯn onß måchtich on groht /
Dȯrch Kryhtz / dȯrch Lyden / dȯrch allerley Noht.
　　Wȯrdest du glihk een mahl van my getrennt /
Leewdest dar / wor ȯm dee Sȯnne kuhm kennt;
　　Eck wȯll dy fålgen dȯrch Wȯler / dȯrch Mår /
Dȯrch Yhß / dȯrch Ihsen / dȯrch fihndlȯcket Håhr.
　　Anke van Tharaw / mihn Licht / mihne Sȯnn /
Mihn Leven schluht ȯck ȯn dihnet henȯnn.
　　Wat ȯck gebȯde / ward van dy gedahn /
Wat ȯck verbȯde / dat låtstu my stahn.
　　Wat heft de Lȯve dåch ver een Bestand /
Wor nich een Hart ȯß / een Mund / eene Hand?
　　Wor ȯm sȯck hartaget / kabbelt on schleyht /
On glihk den Hungen on Katten begeyht.
　　Anke van Tharaw dat war wy nich dohn /
Du bȯst mihn Dȯhfken myn Schahpken mihn Hohn.
　　Wat ȯck begehre / begehrest du ohck /
Eck laht den Rack dy / du låtst my de Brohk.
　　Dit ȯß dat / Anke / du sȯteste Ruh'
Een Lihf on Seele wart uht ȯck on Du.
　　Dit mahckt dat Lewen tom Håmmlischen Rihk /
Dȯrch Zancken wart et der Hellen gelihk.

Annchen von Tharau ist, die mir gefällt;
Sie ist mein Leben, mein Gut und mein Geld.

Annchen von Tharau hat wieder ihr Herz
Auf mich gerichtet in Lieb' und in Schmerz.

Annchen von Tharau, mein Reichthum, mein Gut,
Du meine Seele, mein Fleisch und mein Blut!

Käm' alles Wetter gleich auf uns zu schlahn,
Wir sind gesinnet bei einander zu stahn.

Krankheit, Verfolgung, Betrübniß und Pein
Soll unsrer Liebe Verknotigung seyn.

Recht als ein Palmenbaum über sich steigt,
Je mehr ihn Hagel und Regen anficht;

So wird die Lieb' in uns mächtig und groß
Durch Kreuz, durch Leiden, durch allerlei Noth.

Würdest du gleich einmal von mir getrennt,
Lebtest, da wo man die Sonne kaum kennt;

Ich will dir folgen durch Wälder, durch Meer,
Durch Eis, durch Eisen, durch feindliches Heer.

Annchen von Tharau, mein Licht, meine Sonn,
Mein Leben schließ' ich um deines herum.

Was ich gebiete, wird von dir gethan,
Was ich verbiete, das läst du mir stahn.

Was hat die Liebe doch für ein Bestand,
Wo nicht Ein Herz ist, Ein Mund, Eine Hand?

Wo man sich peiniget, zanket und schlägt,
Und gleich den Hunden und Kazen beträgt?

Annchen von Tharau, das woll'n wir nicht thun;
Du bist mein Täubchen, mein Schäfchen, mein Huhn.

Was ich begehre, ist lieb dir und gut;
Ich laß den Rock dir, du läßt mir den Hut!

Dies ist uns Annchen die süsseste Ruh,
Ein Leib und Seele wird aus Ich und Du.

Dies macht das Leben zum himmlischen Reich,
Durch Zanken wird es der Hölle gleich.

SIMON DACH

Braut-Tantz

Laßt uns meiden,
Was nur leiden
Einem schaffen kan,
Außerwehltste freuden
Gebt euch bey uns an,
Liebste sachen,
Spiel und lachen,
Kompt gesampt zu hauff,
Steck und kertzen
In dem hertzen,
Süsser Amor, auff!

Der mein leben
Sich ergeben,
Die mich meiner pein
Gnüglich kan entheben,
Wird nun gäntzlich mein.
Ihre wangen,
Mein verlangen,
Ihrer unschuld rhum,
Ihre jugend,
Zucht und tugend
Sind mein eigenthum.

Laßt mir weichen
Alle reichen,
Alles gut und geld,
Nichts ist ihr zu gleichen,
Sie ist meine welt.
Gläntzt, ihr sterne,
Schön von ferne,
Die mein hertz mir brennt,
Meine wonne,

Ist mir sonne,
Mond und firmament.

Seyd selbs richter,
Himmels-liechter,
Weil ihr auch geliebt,
Wie die schaar der tichter
Von euch nachricht giebt,
Sagt zusammen,
Wolcken-flammen,
Ob was liebers mir
Hie auff erden
Könne werden,
Weder ihre zier?

Ihrentwegen
Halt' ich regen
Und gefahr zur see
Niemals mir entgegen,
Liebe frost und schnee,
Schätz erkohren
Selbs die mohren
Und den Nilus-strand,
Geht für allen
Mein gefallen,
Sie, mir nur zur hand.

Himmels-güte,
Halt in blüte
Unsrer liebe saat,
Gründ uns das gemühte
Stets auff Gott und raht!
Nur ein wille,
Demuth, stille
Krön' uns jederzeit,
Laß uns fahren
Alt an jahren
In dein' ewigheit!

PAUL FLEMING

Auf ihr Abwesen

Ich irrte hin und her und suchte mich in mir,
und wuste dieses nicht, daß ich ganz war in dir.
Ach! tu dich mir doch auf, du Wohnhaus meiner
                                   Seelen!
Komm, Schöne, gieb mich mir, benim mir dieses
                                   Quälen!
Schau, wie er sich betrübt, mein Geist, der in dir lebt!
Tötst du den, der dich liebt? Itzt hat er ausgelebt.
Doch gieb mich nicht aus dir! Ich mag nicht in mich
                                   kehren.
Kein Tod hat Macht an mir, du kanst mich leben
                                   lehren.
Ich sei auch, wo ich sei, bin ich, Schatz, nicht bei dir,
so bin ich nimmermehr selbest in und bei mir.

Wie er wolle geküsset sein

Nirgends hin als auf den Mund:
da sinkts in des Herzen Grund;
nicht zu frei, nicht zu gezwungen,
nicht mit gar zu fauler Zungen.

Nicht zu wenig, nicht zu viel:
beides wird sonst Kinderspiel.
Nicht zu laut und nicht zu leise:
bei der Maß' ist rechte Weise.

Nicht zu nahe, nicht zu weit:
diß macht Kummer, jenes Leid.
Nicht zu trucken, nicht zu feuchte,
wie Adonis Venus reichte.

Nicht zu harte, nicht zu weich,
bald zugleich, bald nicht zugleich.
Nicht zu langsam, nicht zu schnelle,
nicht ohn' Unterscheid der Stelle.

Halb gebissen, halb gehaucht,
halb die Lippen eingetaucht,
nicht ohn' Unterscheid der Zeiten,
mehr alleine denn bei Leuten.

Küsse nun ein Jederman,
wie er weiß, will, soll und kan!
Ich nur und die Liebste wissen,
wie wir uns recht sollen küssen.

Elsgens treues Herz

Ein getreues Herze wissen
hat des höchsten Schatzes Preis.
Der ist selig zu begrüßen,
der ein treues Herze weiß.
Mir ist wol bei höchstem Schmerze,
denn ich weiß ein treues Herze.

Läuft das Glücke gleich zu Zeiten
anders, als man will und meint,
ein getreues Herz' hilft streiten
wider Alles, was ist Feind.
Mir ist wol bei höchstem Schmerze,
denn ich weiß ein treues Herze.

Sein Vergnügen steht alleine
in des andern Redligkeit,
hält des Andern Not für seine,
weicht nicht auch bei böser Zeit.

Mir ist wol bei höchstem Schmerze,
denn ich weiß ein treues Herze.

Gunst, die kehrt sich nach dem Glücke,
Geld und Reichtum, das zerstäubt,
Schönheit läßt uns bald zurücke,
ein getreues Herze bleibt.
Mir ist wol bei höchstem Schmerze,
denn ich weiß ein treues Herze.

Eins ist da sein und geschieden.
Ein getreues Herze hält,
giebt sich allezeit zufrieden,
steht auf, wenn es niederfällt.
Ich bin froh bei höchstem Schmerze,
denn ich weiß ein treues Herze.

Nichts ist süßer, als zwei Treue,
wenn sie eines worden sein.
Diß ists, das ich mich erfreue,
und sie giebt ihr ja auch drein.
Mir ist wol bei höchstem Schmerze,
denn ich weiß ein treues Herze.

An Elsabe

Es ist umsonst das Klagen,
      das du um mich
      und ich um dich,
wir umeinander tragen!
Sie ist umsonst, die harte Pein,
mit der wir itzt umfangen sein!

Laß das Verhängnüß walten.
      Was dich dort ziert
      und mich hier führt,

das wird uns doch erhalten.
Diß, was uns itzt so sehr betrübt,
ists dennoch, das uns Freude giebt.

Sei unterdessen meine,
           mein mehr als ich
              und schau' auf mich,
daß ich bin ewig deine.
Vertraute Liebe weichet nicht,
hält allzeit, was sie einmal spricht.

Auf alle meine Treue
           sag' ich dirs zu,
              du bist es, du,
der ich mich einig freue.
Mein Herze, das sich itzt so quält,
hat dich und keine sonst erwält.

Bleib, wie ich dich verlassen,
           daß ich dich einst,
              die du itzt weinst,
mit Lachen mag umfassen.
Diß soll für diese kurze Pein
uns ewig unsre Freude sein.

Eilt, lauft, ihr trüben Tage,
           eilt, lauft, vorbei.
              Eilt, macht mich frei
von aller meiner Plage.
Eilt, kommt ihr hellen Stunden ihr,
die mich gewären aller Zier.

Anemone

Auserwählte nach der einen,
die mir gut war auf den Schein,
wilst du mich getreue meinen,
so will ich auch deine sein.
Wahre Liebe steht vergnüget,
wenn sie ihres gleichen krieget.

Neue Gunst ist nicht ohn' Sorgen,
doch dein redlichs Herze macht,
daß mir nichts nicht ist verborgen,
was die Andern macht bedacht.
Andre mögen anders denken,
laß uns uns einander schenken.

Neige deiner Liebe Feuer
auf mich, der ich deine bin.
Halt mich wert, wie ich dich teuer,
diß ist steter Liebe Sinn.
Was sich regt in meinem Blute,
weiß von keinem Wankelmute.

Anemone, meine Treue
sei hiermit dir zugesagt.
Tu stets, was ich mich stets freue,
daß mein Herze nicht mehr klagt.
Was an jener ist verloren,
das ist mir an dir geboren.

Nun, mein Herze, sei geschieden
und gieb jener gute Nacht.
Eine stellet dich zufrieden,
die dich einig frölich macht.
Anemone, die dir scheint,
die ists, die dich ewig meint.

An Anemonen, nachdem er von ihr gereiset war

Ach einig diß war übrig noch
von allen meinen Plagen,
daß ich das schwere Liebesjoch
muß abgeschieden tragen.
Die mir das größte Leiden tut,
die tröstet meine Sinnen.
Ich brenn und meines Brandes Glut
ist ach! wie weit von hinnen!

Nicht gläub' ich, daß die letzte Not
mir größre Qual kan machen.
An mir lebt nichts nicht als der Tod,
der stark ist in mir Schwachen.
Das kranke Herze windet sich,
die matten Augen brechen.
Nichts denk' ich, Liebste, denn an dich,
doch kan mein Mund nichts sprechen.

Nach dir zu warten ist umsonst,
o Ärztin meiner Seelen.
Ich bin zu weit von dieser Gunst,
ich muß mich nur so quälen.
Doch freu' ich mich bei höchster Pein
und setze diß entgegen,
muß ich gleich der Betrübtste sein,
es ist der Werten wegen.

Ach, *Anemone*, meine Lust,
bleib unverwandt im Herzen.
Ich tu dasselbe, wie du tust,
und fühle gleiche Schmerzen.
Ists wahr, daß alle Frölichkeit
wird süßer nach dem Leiden,
so schicke, Schatz, dich in die Zeit.
Wir sehen uns mit Freuden!

An Dulcamaren

Wie kan ich ohne Haß, dich, *Dulcamara*, lieben,
du Bittersüße du? Bald bist du gar zu gut,
bald, wenn ein schlechter Wahn ersteiget deinen Mut,
so steht mein naher Tod an deiner Stirn geschrieben.

So lange hast du nun diß Spiel mit mir getrieben.
Sag', ob dir meine Pein denn also sanfte tut,
ob dich mein Frohsein schmerzt? so weiß ich, teures
                                     Blut,
daß ich bei Lust und Not die Maße mehr muß üben.

Wär' ich, wie du gesinnt, so könt' auch ich, wie du,
bei gleichem Mute sein inzwischen Müh' und Ruh,
inzwischen Leid' und Lust bei einem Herzen stehen.

So, weil ich standhaft bin, weichst du ohn' Unterlaß.
Wie kan es anders sein? Ich muß zu Grunde gehen
durch dich, gehaßtes Lieb, durch dich, geliebter Haß.

Er verwundert sich seiner Glückseligkeit

Wie mir es gestern ging und wie ich ward empfangen
in meiner Freundin Schoß, weiß sie nur und nur ich.
Das allerliebste Kind, das herzt' und grüßte mich,
sie hielte feste mich, wie ich sie hart' umfangen.

Auf meinem lag ihr Mund, auf ihren meine Wangen.
Oft sagte sie mir auch, was nicht läßt sagen sich.
Darum du, Momus, nicht hast zu bekümmern dich,
bei mir ist noch mein Sinn, bei mir noch ihr
                                   Verlangen;

o wol mir, der ich weiß, was nur die Götter wissen,
die sich auch, wie wir uns, in reiner Keuschheit
küssen,
o wol mir, der ich weiß, was kein Verliebter weiß.

Wird meiner Seelen Trost mich allzeit also laben,
mir allzeit also tun, so werd' ich an ihr haben
ein weltlichs Himmelreich, ein sterblichs Paradeis.

ANDREAS GRYPHIUS

An Eugenien

Schön ist ein schöner leib! den aller lippen preisen!
  Der von nicht schlechtem stam undt edlen blutt
herrührt.
  Doch schöner wen den leib ein edle seele zihrt
Die einig sich nur låst die Tugend unterweisen.
Vielmehr wen weisheit noch / nach der wir oftmals
reisen
  Sie in der wigen lehrt / mehr wen sie zucht anführt
  Und Heilig sein ergetzt / undt demutt stets regirt.
Mehr wen ihr Keuscher Geist nicht zagt für flam undt
eisen.
  Dis schåtz ich rühmens wehrt / dis ist was diese
welt
Die aller schönheit sitz für höchste schönheit hålt /
Und das man billich mag der schönheit wunder
nennen.
  Wer dieses schawen will wird finden was er sucht
  Und kaum zue finden ist / wen er O blum der
zucht /
O schönste / wen er euch / wird jemals mögen
kennen.

An eben selbige

Was hat des Fürsten Hof / was fand die weise Stadt /
   Das mächtig sey mich zu erfreuen?
   Ich muß die schöne Zeit bereuen /
Die mein Gemüth ohn sie / mein Licht / verzehret hat.
Bey ihr find ich / was ich voll Hertzens-Seuffzer bat.
   Die Saamen in das Land einstreuen
   Begehren so nicht das Erneuen
Des Frühlings / der mit Thau krönt die erfrischte Saat;
   Als mich verlanget sie zu schauen /
   Sie meine Lust / Wonn und Vertrauen /
Die mir der Himmel gab zu enden meine Klagen.
   Sie kan ich diesen Tag nicht sehn /
   Ach Himmel laß es doch geschehn
Daß mir mög ihr Gesicht die Nacht ein Traum
                          vortragen.

Neujahrs-Wunsch an Eugenien

Man fängt das Neue Jahr mit Wunsch und Gaben an /
Mein Hertz / ihr hab ich selbst zu eigen mich
                      gegeben /
Und bin nicht weiter frey / mein ihr verpflichtet
                      Leben
   Hat nichts / zu dem Sie nicht schon Anspruch
                      haben kan.
   Doch wünschen mag ich noch: der grosse Wunder-
                      Mann
Durch den die Erde muß in ihrem Wesen schweben /
Durch den der Himmel muß sich in die Höh
                      erheben /
   Hat offt dem Wünschen Krafft und Fortgang
                      zugethan.
Was wünsch ich aber ihr das gut vor sie und mich /

Und nicht vergänglich sey / das jede Zeit für sich
Und nicht durch fremde Gunst beständig könne
werden?
Wer achtet was die Zeit / was Seuch und Räuber
nimmt?
Was seinen Untergang / indem es wächst /
bestimmt /
Wenn GOtt uns Zweyen nur wolt einen Geist
bescheren.

CHRISTIAN HOFFMANN VON
HOFFMANNSWALDAU

Sonnet
Vergänglichkeit der schönheit

Es wird der bleiche todt mit seiner kalten hand
Dir endlich mit der zeit umb deine brüste streichen /
Der liebliche corall der lippen wird verbleichen;
Der schultern warmer schnee wird werden kalter
sand /
Der augen süsser blitz / die kräffte deiner hand /
Für welchen solches fällt / die werden zeitlich
weichen /
Das haar / das itzund kan des goldes glantz erreichen /
Tilgt endlich tag und jahr als ein gemeines band.
Der wohlgesetzte fuß / die lieblichen gebärden /
Die werden theils zu staub / theils nichts und nichtig
werden /
Denn opfert keiner mehr der gottheit deiner pracht.
Diß und noch mehr als diß muß endlich untergehen /
Dein hertze kan allein zu aller zeit bestehen /
Dieweil es die natur aus diamant gemacht.

Albanie / gebrauche deiner zeit /
Und laß den liebes-lüsten freyen zügel /
  Wenn uns der schnee der jahre hat beschneyt /
So schmeckt kein kuß / der liebe wahres siegel /
  Im grünen may grünt nur der bunte klee.
                    Albanie.

Albanie / der schönen augen licht /
Der leib / und was auff den beliebten wangen /
  Ist nicht vor dich / vor uns nur zugericht /
Die åpffel / so auff deinen brüsten prangen /
  Sind unsre lust / und süsse anmuths-see.
                    Albanie.

Albanie / was quälen wir uns viel /
Und züchtigen die nieren und die lenden?
  Nur frisch gewagt das angenehme spiel /
Jedwedes glied ist ja gemacht zum wenden /
  Und wendet doch die sonn sich in die höh.
                    Albanie.

Albanie / soll denn dein warmer schooß
So öd und wüst / und unbebauet liegen?
  Im paradieß da gieng man nackt und bloß /
Und durffte frey die liebes-äcker pflügen /
  Welch menschen-satz macht uns diß neue weh?
                    Albanie.

Albanie / wer kan die süßigkeit
Der zwey vermischten geister recht entdecken?
  Wenn lieb und lust ein essen uns bereit /
Das wiederholt am besten pflegt zu schmecken /
  Wünscht nicht ein hertz / daß es dabey vergeh?
                    Albanie.

Albanie / weil noch der wollust-thau
Die glieder netzt / und das geblüte springet /

So laß doch zu / daß auff der Venus-au
Ein brünstger geist dir kniend opffer bringet /
Daß er vor dir in voller Andacht steh.
                              Albanie.

Sonnet
Beschreibung vollkommener schönheit

Ein haar so kühnlich trotz der Berenice spricht /
Ein mund / der rosen führt und perlen in sich heget /
Ein zünglein / so ein gifft vor tausend hertzen träget /
  Zwo brüste / wo rubin durch alabaster bricht /
Ein hals / der schwanen-schnee weit weit zurücke
                              sticht /
Zwey wangen / wo die pracht der Flora sich beweget /
Ein blick / der blitze führt und männer niederleget /
  Zwey armen / derer krafft offt leuen hingericht /
Ein hertz / aus welchem nichts als mein verderben
                              quillet /
Ein wort / so himmlisch ist / und mich verdammen
                              kan /
Zwey hände / derer grimm mich in den bann
                              gethan /
Und durch ein süsses gifft die seele selbst umhüllet /
  Ein zierrath / wie es scheint / im paradieß gemacht /
  Hat mich um meinen witz und meine freyheit
                              bracht.

Wo sind die stunden
  Der süssen zeit /
Da ich zu erst empfunden /
  Wie deine lieblichkeit
Mich dir verbunden?

Sie sind verrauscht / es bleibet doch dabey /
Daß alle lust vergånglich sey.

    Das reine schertzen /
      So mich ergetzt /
    Und in dem tieffen hertzen
      Sein merckmahl eingesetzt /
    Låst mich in schmertzen /
Du hast mir mehr als deutlich kund gethan /
Daß freundlichkeit nicht anckern kan.

    Das angedencken
      Der zucker-lust /
    Will mich in angst versencken.
      Es will verdammte kost
    Uns zeitlich kråncken /
Was man geschmeckt / und nicht mehr schmecken
                                                     soll /
Ist freuden-leer und jammer-voll.

    Empfangne küsse /
      Ambrirter safft /
    Verbleibt nicht lange süsse /
      Und kommt von aller krafft;
    Verrauschte flüsse
Erquicken nicht. Was unsern geist erfreut /
Entspringt aus gegenwårtigkeit.

    Ich schwamm in freude /
      Der liebe hand
    Spann mir ein kleid von seide /
      Das blat hat sich gewand /
    Ich geh' im leide /
Ich wein' itzund / daß lieb und sonnenschein
Stets voller angst und wolcken seyn.

Auff ihre schultern

Ist dieses schnee? nein / nein / schnee kan nicht
                           flammen führen.
  Ist dieses helffenbein? bein weiß nicht weis zu seyn.
  Ist hier ein glatter schwan? mehr als der schwanen
                           schein /
Ist weiche woll allhier? wie kan sich wolle rühren?
Ist alabaster hie? er wåchst nicht bey saphiren /
  Ist hier ein liljen-feld? der acker ist zu rein.
  Was bist du endlich doch? weil schnee und
                           helffenbein /
Weil alabaster / schwan / und liljen sich verlieren.
  Du schaust nun Lesbie / wie mein geringer mund
Vor deine schultern weiß kein rechtes wort zu finden /
Doch daß ich nicht zu sehr darf håufen meine sünden /
  So macht ein kurtzer reim dir mein gemüthe kund:
Muß Atlas und sein hals sich vor dem himmel biegen /
So müssen götter nur auf deinen schultern liegen.

ANONYM

(Aus: *Benjamin Neukirchs Anthologie*)

Komm braune nacht / umhülle mich mit schatten /
  Und decke den mit deiner schwårtze zu /
Der ungestört sich will mit sonnen gatten /
  Und im bezirck der engel suchet ruh /
Ja hilff mein ach / eh du noch wirst verschwinden /
Mit linder hand von meiner seele binden.

Wie / hör' ich nicht / willkommen mein verlangen!
  Schon im gemach mit leiser stimme gehn?
Fühl' ich mich nicht mit lilien umfangen /
  Und meinen fuß auff diesen grentzen stehn /

Wo mir Celinde wird aus thränen lachen /
Aus flammen eiß / aus bette himmel machen.

So tilge nun / o heldin! meine schmertzen /
   Wirff mit dem flor die leichte zagheit hin /
Laß meine hand mit deinem reichthum schertzen /
   Und mich entzückt das schöne thal beziehn /
Da sich im thau die stummen lüste kühlen /
Und tag und nacht mit ihren farben spielen.

Dein heisser mund beseele mich mit küssen /
   Hilff / wenn ich soll an dieser brust versehrn /
Durch linden biß der flüchtigen narcissen
   Mir ausgestreckt die stille freude mehrn /
Und möchtest du ja deinen krantz verlieren /
Solln perlen doch die schönen haare zieren.

Mein wort erstirbt / die seele will entweichen /
   Ach laß sie doch in enge himmel ein /
Laß schiff und mast in deinen hafen schleichen /
   Und deine hand selbst meinen Leitstern seyn /
Du solt alsbald die eingeladne gaben /
Nebst voller fracht statt der belohnung haben.

PHILIPP VON ZESEN

Salomons Des Hebräischen Königs Geistliche Wollust /
oder Hohes Lied
Die Siebende Abtheilung

Er

Wie kanstu so zierlich / ô Fürsten-kind / gehen?
   Die Schuhe seyn Sammet mit golde gestickt /

Es pflegen die Lenden beysammen zu stehen
  Wie Spangen vom Meister aufs schönste geschmückt.
    Dein Nabel / mein Leben /
    Nach Bechers-art eben
  Ist sauber und rund;
    Da süßer Wein fließet /
    Sich reichlich ergießet /
  und füllet ihn wieder und feuchtet den grund.

Dein runter Leib gleichet dem hauffen von Weitzen
  Der Lieblich mit Rosen-gebüsche verwahrt /
Die Brüste / die manchen zur freudigkeit reitzen /
  Wie junge Reh-zwillinge ligen gepaart.
    Dein weisser Halß stehet
    Wie Spitzen erhöhet:
  Wie Helffenbein glåntzt;
    Die Augen ich gleiche
    Dem lieblichen Teiche /
  Zu Heßbon am Thore Bathrabbim ergåntzt.

Die Nase dem Thurne von Libanon gleichet /
  Der gegen Damascon so herrlich erbaut:
Dem Lieblichen Heupte der Karmel auch weichet /
  Das glåntzen der Haare wird eben geschaut /
    Wie Purpur in falten
    Der König lest halten /
  Nach Fürstlicher zier;
    Sie zieren den Rücken
    Sie schießen und blicken /
  Wie flammen der Sonnen / wie strahlen erfür.

O Leben! ô Liebe! Du gleichest an långe
  Den Palmen / wie lieblich / wie schöne bistu?
Den Trauben ist åhnlich der Brüste gepränge;
  Was geb' ich dem Seumen noch långere Ruh?
    Nun halt ich die zweige
    Weil frölich ich steige
  Die Palmen hinan;

>   Die lieblichen Brüste
>   Des Liebsten Wohllüste /
> Laß gleichen den Trauben / an farben dem Schwan.

Laß gleichen den äpfeln das riechen der Nase /
Laß geben die Kehle den süßesten Wein /
Der freudig uns machet und glántzet im Glase /
  Geht lieblich zum Munde / zur Kehlen hinnein /
    Macht schlaaffend die Sinnen /
    Erreget sich drinnen;
  Es redet dein Freund
    Von künfftigen dingen /
    Von Lieben und Springen /
  und saget wie ernstlich sein Hertze dich meint.

Sie

Mich hab' ich dem Liebsten zu eigen gegeben /
Er bleibet mein Schönster / ich bleibe sein Leben.
  Komm / Bruder / und laß uns aufs Acker-feld gehn /
  Damit wir des morgens bey zeiten aufstehn /
und sehen ob unsere Reben auch blühen /
    und augen gewonnen
    Von hitzen der Sonnen;
  Was wiltu verzihen?
    Komm eylend mein Licht /
    und seume dich nicht!

Wir wollen den äpfelbaum heute beschauen /
Daselbsten auf wollust und fröligkeit bauen /
  Da will ich dier geben und zeigen die Brust /
  Da will ich dich küssen und hertzen mit lust;
Da will ich dier unsere Lilien geben /
    Da soltu dich laben
    Mit allerley gaben /
  Mein einiges Leben /
    Drümb eyle / mein Licht /
    und seume dich nicht!

JOHANN THOMAS

In grosser Stille seh ich / Lisille /
   Dir und dem süssen Schlaffe zu.
Ach wie vergnüget / wie sanffte lieget
   Dein zarter Leib in seiner Ruh.
Die äugelein geschlossen seyn:
   Doch seind sie lieblich anzuschauen.
Weil nun ihr Blick sich helt zurück /
   Darff ich mich näher zu dir trauen.

Je mehr ich traue / je mehr ich schaue /
   Je mehr nimt meine Liebe zu.
Cupido lachet / Cupido wachet /
   Cupido schläffet nicht wie du.
Kein Schuß geht leer. Sein Poltzen Heer
   Kan auß verschloßnen Augen fliegen.
Der immerhin Ich sicher bin /
   Den kan Cupido leicht betriegen.

Du aber siegest / auch wenn du liegest /
   Und denckest nicht einmahl an mich.
Wie herrlich prangen doch deine Wangen /
   Sie färben und erröthen sich.
Vielleicht / vielleicht dich auch betreugt /
   Vielleicht / vielleicht dich auch entzündet
Der Bösewicht / durch Traumgesicht.
   Die er sonst meisterlich erfindet.

Ich bin in dessen wohl so vermessen /
   Dein Mündlein das voll Rosen steht /
Und Zephyr Winde von Zimmetrinde /
   Von lauter Balsam von sich weht /
Das wieder leicht / die Lufft einzeucht /
   Das will ich leicht und sachte küssen /
Daß auch kein Hirt deß innen wird /
   Lisille soll es selbst nicht wissen.

Wiewol ist mir in deinen Armen
　　Lisille / du mein ander Ich?
All Sorgen / Kümmernüß und Harmen /
　　All Hertzeleyd verstecken sich /
Wann du so freundlich mich umbfast /
Und an dein Hertz geschlossen hast.

Laß nur die wilden Winde wehen /
　　Ob gleich das Wetter stürmisch ist /
Doch kan mein Mund auff Rosen gehen /
　　Wenn er dein zartes Mündlein küst /
Das immer schön und roth außsieht /
Und mitten in dem Winter blüht.

Der Winter mag mit Schnee und Reiffen /
　　Mit Eyß und Frösten auff uns ziehn /
Wann gleich die rauhen Lüffte pfeiffen /
　　So fürcht ich mich doch nicht für ihn.
Der Winter wüte wie er will /
So ist umb mich der Himmel still.

Ich weyde mich in deiner Liebe /
　　Und werde deiner doch nicht satt.
Jemehr ich mich im Lieben übe /
　　Je mehr mein Hertz Begierden hat.
O daß ich doch ein weites Meer
Voll unergründter Liebe weer!

So müssen meine Jahr verfliessen
　　Mit dir / du liebstes Hertze du!
In deinen Armen will ich schliessen
　　Das Leben und die Augen zu.
In deiner Liebe soll allein
Nechst Gott mein letztes athmen seyn.

ANONYM

Willst du dein Herz mir schenken

Willst du dein Herz mir schenken,
So fang es heimlich an,
Dass unser beider Denken
Niemand erraten kann.
Die Liebe muss uns beiden
Allzeit verschwiegen sein,
Drum schliess die grössten Freuden
Im innern Herzen ein.

Behutsam sei und schweige
Und traue keiner Wand,
Lieb innerlich und zeige
Dich aussen unbekannt.
Kein Argwohn musst du geben,
Verstellung nötig ist,
Genug, dass du, mein Leben,
Der Treu versichert bist.

Begehre keine Blicke
Von meiner Liebe nicht.
Der Neid hat viele Tücke
Auf unsern Bund gericht!
Du musst die Brust verschliessen,
Halt deine Neigung ein,
Die Lust, die wir geniessen,
Muss ein Geheimnis sein.

Zu frei sein, sich ergehen,
Hat oft Gefahr gebracht.
Man muss sich wohl verstehen,
Weil ein falsch Auge wacht.
Du musst den Spruch bedenken,

Den ich vorher getan:
Willst du dein Herz mir schenken,
So fang es heimlich an.

KASPAR STIELER

Ein jeder / was ihm gefållet

Wer will / kan ein gekröntes Buch
   von schwarzen Krieges-zeilen schreiben:
Ich will auff Venus Angesuch
   ihr sůsses Liebes-handwerk treiben:
Ich brenne. Wer nicht brennen kan /
   fang' ein berůhmter Wesen an.

Ich sehe vor mir Blut und Staub /
   und tausent Mann gewaffnet liegen /
ich sehe / wie auff Sieg und Raub
   so viel vergöldte Fahnen fliegen:
doch brenn' ich. Wer nicht brennen kan /
   fang' ein berůhmter Wesen an.

Ich höre der Trommpeten Schall /
   der Paukken Lerm / den klang der Waffen /
der schrekkenden Kartaunen knall /
   der Bůchsen und Musketen paffen
und brenne. Wer nicht brennen kan /
   fang' ein berůhmter Wesen an.

Ich håtte die Gelegenheit
   ein neues Ilium zumelden:
Es gibt mir Anlaß mancher Streit
   so vieler ritterlichen Helden:

Doch brenn' ich. Wer nicht brennen kan /
  fang' ein berühmter Wesen an.

Ich spür' auch hier Ulyssens Wizz /
  mich reizen Hektors tapfre Tahten:
Was hilffts? mich läst die Liebes-hizz'
  auff andre Künste nicht gerahten.
Ich brenne. Wer nicht brennen kan /
  fang' ein berühmter Wesen an.

Was mein beflammtes Herze hegt /
  zieht meinen Geist von seiner Erden:
hätt' Amors Gluht mich nicht geregt /
  wie würd' ich je beschrieen werden?
Nun brenn' ich. Wer nicht brennen kan /
  fang' ein berühmter Wesen an.

Was mir die Venus predigt ein
  samt ihrem lieblichem Empusen /
mag meines Nahmens Lorber sein:
  Sonst brauch' ich keiner andern Musen.
Ich brenne. Wer nicht brennen kan /
  fang' ein berühmter Wesen an.

Was frag' ich nach der Alten Neid /
  was nach dem stumpfen Tadler-besen!
Es ist genug / wenn nach der Zeit
  mich liebe Jungfern werden lesen.
Ich brenne. Wer nicht brennen kan /
  fang' ein berühmter Wesen an.

Ich weiß / wenn ich verweset bin /
  wird mich das junge Volk betrauren /
und sagen: Ach / daß der ist hin
  den Venus ewig hiesse dauren!
Wer aber nimmer brennen kan /
  wird keine Venus fangen an.

Nacht-Glükke

Willkommen Fürstinn aller Nåchte!
Printz der Silber-Knechte /
    willkommen / Mohn / aus düstrer Bahn
    vom Ozean!
Diß ist die Nacht / die tausend Tagen
Trozz kan sagen:
    weil mein Schazz
    hier in Priapus Plazz'
erscheinen wird / zu stillen meine Pein.
Wer wird / wie ich / wol so beglükket sein?

Beneidet himmlische Laternen /
weiß-geflammte Sternen /
    mit einem schålen Angesicht'
    ach! mich nur nicht.
kein Mensch / als ihr nur möget wissen /
wie wir küssen:
    alle Welt
    hat seine Ruh bestellt /
wir beyde nur / ich und mein Kind / sind wach /
und / Flammen / ihr an Bronteus Wolken-dach'.

Es seuselt Zefyr auß dem Weste
durch Pomonen åste /
    es seufzet sein verliebter Wind
    nach meinem Kind'.
Ich seh es gerne daß er spielet
und sie kühlet /
    weil sie mir
    folgt durch die Garten-Tühr /
und doppelt den geschwinden Liebes-tritt.
Bring / West / sie bald und tausend Küsse mit.

Was werd' ich wenn sie kömmt gegangen /
an- doch erstlichst -fangen /

>   Küß' ich die Hand / die Brust / den Mund
>   zur selben Stund'?
> Ich werd' (ich weiß) kein Wort nicht machen /
> so viel Sachen /
>   die an Zier
>   den Göttern gehen für
> und auff diß Schönchen sein gewendet an /
> erstaunen mich / daß ich nicht reden kan.
>
> Komm / Flora / streue dein Vermügen
> darhin / wo wir liegen!
>   Es soll ein bunter Rosen-hauf'
>   uns nehmen auff /
> und / Venus du sollst in den Myrten
> uns bewirten /
>   biß das Blut
>   der Röht' herfür sich tuht.
> Was Schein ist das? die Schatten werden klar.
> Still! Lauten-klang / mein Liebchen ist schon dar.

JOHANN CHRISTIAN GÜNTHER

An Leonoren

Ich nehm in Brust und Armen
Den schweren Abschiedskuß.
Der Himmel hat Erbarmen,
Indem er trennen muß.
Ich küß, ich wein und liebe,
Mein treues Lorchen spricht,
Sie habe gleiche Triebe;
Wie aber, weint sie nicht?

Leonorens Antwort:

Du suchest ja dein Glücke,
Das hier wohl nicht mehr blüht.
Ich haße das Geschicke,
Das uns vonsammen zieht.
Ach, sähstu meine Schmerzen –
Ich schweige, werthes Licht;
Ich liebe dich von Herzen,
Und darum wein ich nicht.

An Leonoren bey dem andern Abschiede

Du daurest mich, du allerliebstes Kind.
Du fühlst mein Weh, ich leide deine Schmerzen,
Da Glück und Zeit so lange grausam sind
Und mit dem Flehn getreuer Seelen scherzen;
Du leidest viel, doch gieb der Treu Gehör:
      Ich leide mehr.

Ich leide mehr, als jemand kan und glaubt,
Ich muß von dir, der Riß macht schwere Plagen;
Ich seh den Trost, den dir mein Abschied raubt,
So wird mein Herz auch zweyfach wund geschlagen,
Du liebest mich so wohl getreu als klug,
      Das ist genug.

Das ist genug, die Unruh zu verstehn,
Die Lorchen kränckt und mich in ihr verzehret;
Ach, sollt ich bald davor zu Grabe gehn,
Ich würde wohl so heftig nicht beschweret.
Wer weis, was kommt! Vielleicht beschliest der Tod
      Die lange Noth.

Die lange Noth ist dennoch nicht so starck,
Uns, werther Schaz, dem Geiste nach zu trennen.

Erwarth ich mir statt deiner Schoos den Sarg,
So soll mir doch der Neid den Nachruhm gönnen,
Daß leicht kein Mensch so rein als ich geliebt,
                Obgleich betrübt.

Obgleich betrübt, jedennoch unverzagt.
Der Himmel zürnt, wer will mit diesem zancken?
Wohin mich auch mein hart Verhängnüß jagt,
Da bleibest du ein Trostbild der Gedancken;
Wirst du mir nicht, so haß ich Lieb und Eh.
                Nun, Kind, ich geh.

Nun, Kind, ich geh. Geh auch und nimm den Kuß,
Wir martern nur einander durch dies Lezen.
Ich zwinge mich, den ungewißen Fuß,
Den du verweilst, Gott weis wohin zu sezen;
Das Unglück stürmt, die Lästrer stimmen ein,
                Ergieb dich drein!

Ergieb dich drein! Es bliz auch nah und fern;
Ein schneller Wind kan leicht das Wetter ändern.
Mein Vaterland versagt mir Glück und Stern,
Dies blüht vielleicht in unbekandten Ländern.
Mein Fleiß ist froh, nur dich noch zu erhöhn,
                Viel auszustehn.

Viel auszustehn und gleichwohl frey zu seyn,
Vermag kein Geist, den Lieb und Ruhm nicht
                stärcken.
Kind, gute Nacht! Mein Anblick mehrt die Pein,
Ich kan die Angst an Farb und Sprache mercken.
Sieh mich noch an und lebe wohl und sprich:
                Du daurest mich.

An Leonoren

Mein Kummer weint allein um dich,
Mit mir ist's so verloren,
Die Umständ überweisen mich,
Ich sey zur Noth gebohren.
Ach, spare Seufzer, Wuntsch und Flehn,
Du wirst mich wohl nicht wiedersehn
Als etwan in den Auen,
Die Glaub und Hofnung schauen.

Vor diesem, da mir Fleiß und Kunst
Auf künftig Glücke blühte
Und mancher sich um Günthers Gunst
Schon zum Voraus bemühte,
Da dacht ich, wider Feind und Neid
Die Palmen der Beständigkeit
Mit selbst erworbnem Seegen
Dir noch in Schoos zu legen.

Der gute Vorsaz geht in Wind;
Ich soll im Staube liegen
Und als das ärmste Findelkind
Mich unter Leuten schmiegen.
Man läst mich nicht, man stöst mich gar
Noch stündlich tiefer in Gefahr
Und sucht mein schönstes Leben
Der Marter preiszugeben.

So wird auch wohl mein Alter seyn;
Ich bin des Klagens müde
Und mag nichts mehr gen Himmel schreyn
Als: Herr, nun las im Friede!
Kraft, Muth und Jugend sind fast hin,
Daher ich nicht mehr fähig bin,
Durch auserlesne Sachen
Mir Gut und Ruhm zu machen.

Nimm also, liebstes Kind, dein Herz,
O schweres Wort, zurücke
Und kehre dich an keinen Schmerz,
Womit ich's wiederschicke;
Es ist zu edel und zu treu,
Als daß es mein Gefehrte sey
Und wegen fremder Plage
Sein eignes Heil verschlage.

Du kanst dir durch dies theure Pfand
Was Köstlichers erwerben,
Mir mehrt es nur den Jammerstand
Und läst mich schwerer sterben;
Denn weil du mich so zärtlich liebst
Und alles vor mein Wohlseyn giebst,
So fühl ich halbe Leiche
Auch zweyfach scharfe Streiche.

Ich schwur vor diesem: Nur der Tod,
Sonst soll uns wohl nichts trennen;
Verzeih es jezo meiner Noth,
Die kan ich dir nicht gönnen;
Ich liebe dich zu rein und scharf,
Als daß ich noch begehren darf,
Daß Lorchen auf der Erde
Durch mich zur Wittwen werde.

So brich nur Bild und Ring entzwey
Und las die Briefe lodern;
Ich gebe dich dem ersten frey
Und habe nichts zu fodern.
Es küße dich ein andrer Mann,
Der zwar nicht treuer küßen kan,
Jedoch mit größerm Glücke
Dein würdig Brautkleid schmücke.

Vergiß mich stets und schlag mein Bild
Von nun an aus dem Sinne;

Mein leztes Wüntschen ist erfüllt,
Wofern ich dies gewinne,
Daß mit der Zeit noch jemand spricht:
Wenn Philimen die Ketten bricht,
So sind's nicht Falschheitstriebe,
Er hast sie nur aus Liebe.

Leonorens Antwort

Ach, liebster Schaz, verdient mein Herz,
So hart versucht zu werden?
Es leidet ja wohl anderwärts
Vorhin genug Beschwerden;
Und dennoch fehlt ihm niemahls Lust,
Erlaub ihm nur in deiner Brust
Auf kurz genoßne Freuden
Die Ehre mit zu leiden.

Ich hab es ja nur dir geschenckt,
Nicht aber deinem Glücke;
Du irrst dich, wo dein Argwohn denckt,
Ich fluche dem Geschicke.
Ich weine zwar, doch blos um dich;
Der Trost ist starck genug vor mich,
Wenn Philimen erkennet,
Wie rein die Flamme brennet.

Auch mir hat ja wohl die Natur
Kein Holz vor Fleisch gegeben.
Dein Umgang half mir auf die Spur,
Der Weißheit nachzustreben.
Du hältst mich schwächer als ich bin;
Ich schleiche zwar in Einfalt hin,
Doch weiß ich Lust und Plagen
Schon mit Vernunft zu tragen.

Ich bin auch zärtlich, wie du weist,
Ich zittre bey den Schlägen;
Besinnt sich aber nur mein Geist,
Ich leide deinetwegen,
So bin ich tapfrer als ein Weib;
Es koste Güter, Ruh und Leib,
Ich will mich allen Fällen
Beherzt entgegenstellen.

Kein andrer traut mir freylich zu,
Du kanst und must es glauben,
Nichts soll mir meine Seelenruh
In deiner Liebe rauben.
Bedenck es selbst, was macht ein Kuß,
Den oft die Unschuld leiden muß?
Ich kan's gleichwohl nicht wagen,
Dir einen zu vertragen.

Bleib wo, wie lang und wer du wilst,
Nur lieb und bleib mein Eigen;
So wenig du auch jezo giltst,
So plözlich kanstu steigen.
Gesezt, es sey dir nichts bescheert,
Ach, halt mich deines Elends werth;
Ich will mit viel Vergnügen
Bey dir in Hütten liegen.

Der Geiz besizt nicht, was er hat,
Uns läst die Armuth lachen;
Die Liebe weis die Lagerstatt
Auf Rasen weich zu machen.
Mein Herz sucht manches zu verstehn,
Da will ich erst zur Schule gehn
Und unter deinen Lehren
Viel fremde Wunder hören.

Da soll mir dein beredter Fleiß
Mit untermengten Küßen,

Mit Sachen, die er meint und weis,
So Tisch als Traum versüßen;
Da werd ich viel, was längst geschehn,
Mit lüstern Ohren wiedersehn
Und auch wohl an den Sternen
Des Schöpfers Allmacht lernen.

Geht hin, ihr Docken stolzer Welt,
Macht höhnische Gesichter,
Erfreut euch unter Stand und Geld,
Ich habe meinen Dichter.
Er liebt wie ich und ich wie er,
Was macht mir mehr das Herze schwer?
Die Möglichkeit, das Leben
Nach ihm erst aufzugeben.

Verdien ich ja noch diese Qual
Mit unerkandten Sünden,
So soll die Welt im Hospital
Mich wohl nicht weiter finden;
Da soll mein Herz dein Leichenstein
. . . .
. . . .
. . . .

ALBRECHT VON HALLER

*Über den Tod seiner zweiten Gemahlin,
Elisabeth Bucher*

Febr. 1741

Zu lang ist's schon, Elise, daß ich schweige
Und bringe dir nur stumme Thränen dar!
O! hör ein Lied, nicht, daß ich's andern zeige,
Nein, still und treu, wie unsre Liebe war!
Was schilt die Welt zuletzt auch, wann ich weine?
Wer starb mir dann? Wes ist Elisens Grab?
O nennet mir ein Elend wie das meine,
Und sprecht mir dann das Recht der Thränen ab!

In ekler Ruh' und unvergnügter Stille
Schleicht sich der Tag in steter Dämmrung hin,
Mir fehlt zum Trost die Hoffnung und der Wille,
Mein Herz haßt mich, sobald ich fühllos bin.
Dem allem feind, womit sich Menschen trösten,
Der Wüste hold, worein es sich verschließt,
Und nie vergnügt, als wenn sein Leid am größten,
In Thränen frei und unbehorcht zerfließt.

Du siehst vielleicht, Elise! dies mein Sehnen,
Mein Gram verriet zuerst dir die Gefahr;
Du sahst mein Leid und zwangest deine Thränen,
Weil dir mein Schmerz mehr als der deine war.
Noch weil du warst, weil ich dich konnte küssen,
Zerschmolz ich schon, aus Furcht der nahen Pein;
Jetzt, da ich dich auf ewig lassen müssen,
Was soll mein Schmerz, wann er verzweifelt, sein?

Du kennst es wohl, mein Herz, so wie es liebet,
Vergnügt mit dir und andrer Freude gram,

Das nie sich teilt und, wann es sich ergiebet,
Nie in den Bund ein fremdes Herz mitnahm.
Du weißt, wie fest ich mich an dich verbunden,
Wie ohne dich mir alles gleich gefehlt,
Und du allein versüßtest selbst die Stunden,
Die dich um mich und mich um dich gequält.

Du warst mein Rat, und niemand als wir beide
Erfuhr, was Gott mir Glückliches bescheert;
Ich freute mich bei deiner treuen Freude,
Sie war mir mehr als Glück und Ehre wert.
Hatt' ein Verdruß dann auch mein Herz geschlagen,
Warst du mit Trost und sanfter Wehmut nah';
Ich fand die Ruh' bei deinen holden Klagen
Und schalt mein Leid, wann ich dich trauren sah.

Mein stilles Glück, die Lust von wenig Stunden,
Ist wie das Glück von einer Sommernacht,
Ist ohne Spur, ist wie ein Traum verschwunden,
Der Bettler oft zu kurzen Herrschern macht.
Verlaßnes Haus und vormals werte Zimmer,
Wodurch ich jetzt, gejagt durch Unruh', flieh,
Zeigt mir ihr Bild und wiederholt mir immer,
Hier ging sie oft, hier saß, hier ruhte sie!

Hier küßtest du, ach! schon zum letztenmale
Dein ähnlich Kind, den bittern Schmerzenssohn,
Dem ich so teu'r das kurze Leben zahle;
Hier sprachst du leis' und mit gebrochnem Ton:
»Ich sterbe, ach! was soll mein Haller werden?«
Hier schwiegest du von jäher Not erstickt,
Und deiner Huld blieb nichts als die Gebärden
Und noch ein Blick, den du mir nachgeschickt.

Unschätzbar Herz, von Treu' und gleicher Güte,
O fragt ihr Bern, fragt dies entfernte Land!
Ihr erster Blick gewann ihr ein Gemüte,

Der viel versprach, doch minder, als man fand.
Kein schlauer Neid, dem fremde Mängel schmeicheln,
Keine Funke Brunst von tadelhafter Lust,
Kein falscher Stolz, um Lob bereit, zu heucheln,
Kein Keim von Geiz wuchs in der reinen Brust.

Die kalte Lust unausgeles'ner Triebe,
Wo nur der Leib und nicht die Seele fühlt,
Entzündet leicht den Brand gemeiner Liebe,
Den nach dem Tod ein kurzes Seufzen kühlt.
Ich liebte dich, allein aus allen Wesen,
Nicht Stand, noch Lust, noch Gold, dich suchte ich:
Ich hätte dich aus einer Welt erlesen,
Aus einer Welt erwählt' ich jetzt noch dich!

Doch du bist hin, wo ich zu wenig werde,
Wo niedriger als Gott man nichts mehr liebt
Und kaum vielleicht dein Geist zur tiefen Erde
Noch einen Blick mitleidig nach mir giebt;
Wo Seligkeit das kurze Glück verschlungen,
Ein kindisch Glück nur Sterblichen erlaubt,
Und übern Kreis der Wünsche hoch geschwungen
Der reife Geist nun nicht mehr hofft, noch glaubt.

O Heiliger! du leihst uns schwachen Kindern
Kein irdisch Gut zu einem Eigentum,
Und, will die Lust dein höher Recht vermindern,
So reißest du aus Huld den Abgott um.
Das Teuerste, so du auf Erden giebest,
Ist solch ein Weib, als die man mir begräbt;
Nun pflanz in mir die Liebe, die du liebest,
Die Grab und Erd' und Himmel überlebt!

FRIEDRICH VON HAGEDORN

Der Jüngling

Mein Mädchen mit dem schwarzen Haare
Vollendet heute sechszehn Jahre
Und ich nur achtzehn: Welch ein Glück!
Die Sehnsucht weckt uns jeden Morgen,
Und die Unwissenheit der Sorgen
Versüßt uns jeden Augenblick.

Wir wachsen und mit uns die Triebe,
Denn unsrer Jugend gönnt die Liebe
Viel Unschuld, aber nicht zu viel.
Verstand kömmt freilich nicht vor Jahren,
Allein was wir bereits erfahren,
Ist gleichwohl auch kein Kinderspiel.

Der Liebreiz, der uns früh verbunden,
Beschäftigt unsre frohen Stunden
Und bringt dich wieder, güldne Zeit!
Zwar lehren wir und lernen beide,
Doch unsre Wissenschaft ist Freude
Und unsre Kunst Gefälligkeit.

Ich will die besten Blumen pflücken,
Euch, Wunder der Natur, zu schmücken:
Dich, freies Haar! dich, schöne Brust!
Wir wollen, diesen Tag zu feiern,
Den allerschönsten Bund erneuern,
Den Bund der Jugend und der Lust.

Dann soll ein Bad in sichern Flüssen,
Auf dieses Bad ein frisches Küssen,
Auf frische Küsse frischer Wein,
Auf Wein ein Tanz, bei Spiel und Liedern,

Mit regen Schwestern, muntern Brüdern:
Das alles soll mich heut erfreun.

So fröhlich soll der Tag verstreichen!
Ihm soll kein Tag an Freude gleichen.
Nichts übertreff ihn als die Nacht!
Die Zeit erwünschter Finsternisse,
Die wacher Schönen stille Küsse
Den Müttern unerforschlich macht.

EWALD VON KLEIST

Amint

Sie fliehet fort! Es ist um mich geschehen!
Ein weiter Raum trennt Galatheen von mir.
Dort floh sie hin. Komm Luft mich anzuwehen!
Du kömmst vielleicht von ihr.

Sie fliehet fort! Sagt Galatheen ihr Flüsse,
Daß ohne sie der Wiesen Schmuck verdirbt;
Ihr eilt ihr nach, sagt, daß der Wald sie misse
Und daß ihr Schäfer stirbt.

Welch Thal blüht jezt, von ihr gesehen, besser?
Wo tanzt sie um ein Labyrinth? wo füllt
Ihr Lied den Hain? Welch glückliches Gewässer
Wird schöner durch ihr Bild?

Nur einen Druck der Hand, nur halbe Blicke,
Ach! einen Kuß, wie sie mir vormahls gab,
Vergönne mir von ihr; dann stürz, o Glücke!
Mich wenn du willst, ins Grab.

So klagt Amint, die Augen voll von Thränen,
Den Gegenden die Flucht der Galathee;
Sie scheinen sich mit ihm nach ihr zu sehnen
Und seufzten: Galathee!

Galathee

Beglückter Schmerz, der in den Hain mich führte!
Dort schläft im Klee
Die Ursach meiner Pein, die schöne Galáthee.
O wär ich doch der Klee,
Daß mich ihr Leib berührte!
Weh sanft o Luft! daß sich die Blätter nicht
                               bewegen ----
Doch sie erwachet schon und fliehet – Folg ich ihr?
O nein, sie zürnt und sie entfliehet mir!
Ich will, o welch ein Glück! Da wo sie lag, mich legen,
Auf Klee der ihren Leib berührte.
Ich will, o welch ein Glück! auf den erfreuten Beeten,
Die schönen Spuren treten.

JOHANN LUDWIG GLEIM

Abschied von Chloris

Ihr Schönen zittert gar zu leicht,
Wenn Amor euch bekriegt;
Denn, eh euch noch sein Pfeil erreicht,
Hat er euch schon besiegt.

Die mich nicht haßt, eh sie mich liebt,
Die mir nicht widersteht,

Die sich, wie Leipzig, leicht ergiebt,
Die wird von mir verschmäht.

Ich fragte Chloris: willst du mich?
Da sprach sie gleich: Ich will!
Schnell regten meine Lippen sich,
Und ihre hielten still.

Ich küßte sie ein hundert mal,
Da sagte sie: Halt ein!
Dir muß noch eine größre Zahl
Von mir gegeben seyn.

Sie fing mit hundert Küssen an,
Und hundert folgten drauf.
Sie sprach: Mein liebster künftger Mann!
Ich aber sprach: Hör auf!

Belinde

Es sank hinab das flatternde Gewand,
O, welch ein Blick! – die göttliche *Belinde*,
Die nun, wie Venus einst am Ida stand,
Ward um und um ein Spiel der sanften Winde! –
Ach, als ich allen Reiz enthüllet fand,
Floß in mein Herz das süße Gift der Sünde.

Erstaunt, entzückt, mir selber unbewusst,
Bemächtigte sich die Gewalt der Sinnen
Ach! allzubald der Tugend meiner Brust.
Du, der du sagst: ich will den Sieg gewinnen;
Ach laß doch nie das süße Gift der Lust,
Laß es doch nie nach deinem Herzen rinnen.

JOHANN PETER UZ

An Chloen

Ich merke, wann sich Chloe zeiget,
Daß nun mein Auge nicht mehr schweiget;
Daß Suada nach den Lippen flieget
Und glühend roth im Antlitz sieget;
Daß alles sich an mir verjüngt,
Wie Blumen, die der Thau durchdringt.

Ich seh auf sie mit bangem Sehnen,
Und kann den Blick nicht weggewöhnen:
Die Anmuth, die im Auge wachet
Und um die jungen Wangen lachet,
Zieht meinen weggewichnen Blick
Mit güldnen Banden stets zurück.

Da strömt mein Blut mit schnellen Güssen;
Ich brenn', ich zittre, sie zu küssen;
Die Glut verstirbt in meinen Blicken
Und Ungedult will mich ersticken,
Indem ich immer Sehnsucht voll
Sie sehn und nicht umarmen soll.

Ein Traum

O Traum, der mich entzücket!
Was hab ich nicht erblicket!
Ich warf die müden Glieder
In einem Thale nieder,
Wo einen Teich, der silbern floß,
Ein schattigtes Gebüsch umschloß.

Da sah ich durch die Sträuche
Mein Mädchen bey dem Teiche.
Das hatte sich, zum Baden,
Der Kleider meist entladen,
Bis auf ein untreu weiß Gewand,
Das keinem Lüftgen widerstand.

Der freye Busen lachte,
Den Jugend reizend machte.
Mein Blick blieb sehnend stehen
Bey diesen regen Höhen,
Wo Zephyr unter Lilien blies
Und sich die Wollust greifen ließ.

Sie fieng nun an, o Freuden!
Sich vollends auszukleiden;
Doch, ach! indems geschiehet,
Erwach ich und sie fliehet.
O schlief ich doch von neuem ein!
Nun wird sie wohl im Wasser seyn.

JOHANN NIKOLAUS GÖTZ

Abbitte und Bitte

Von jener Nacht, (noch denk' ich sie mit Beben)
In der du mich aus deiner Kammer triebst,
Bin ich bereit, dir Rechenschaft zu geben.
Kurz war sie zwar, mein Kind, mein holdes Leben!
Doch hoff' ich diess: weil du mich annoch liebst,
Auch ich, was ich gesündigt, beweine:
Dass du mir bald, mitleidig, eine giebst,
Die länger ist, und mir noch kürzer scheine.

Über eine Verleumdung

Wer vergeht sich mehr? Johann,
Welcher sich, ich sey dein Mann,
Auszusprengen nicht entblödet?
Oder du, die machen kann,
Dass es wahr wird, was er redet? –
Du gewiss! Denn Eine Nacht,
Unter süssen Liebeskriegen,
Wie er lüget, zugebracht,
Könnte dich und mich vergnügen,
Und uns alle heilen; dich
Von dem Undank; ihn vom Lügen;
Und vom langen Schmachten mich.

CHRISTIAN FELIX WEISSE

Der Zauberer

Ihr Mädchen, flieht Damöten ja!
Als ich zum erstenmal ihn sah,
Da fühlt' ich – so was fühlt' ich nie;
Mir ward – mir ward – ich weiss nicht wie:
Ich seufzte, zitterte, und schien mich doch zu freun:
Glaubt mir, er muss ein Zaub'rer seyn!

Sah ich ihn an, so ward mir heiss,
Bald ward ich roth, bald ward ich weiss;
Zuletzt nahm er mich bey der Hand:
Wer sagt mir, was ich da empfand?
Ich sah, ich hörte nicht, sprach nichts als Ja und
                              Nein –
Glaubt mir, er muss ein Zaub'rer seyn!

Er führte mich in diess Gesträuch;
Ich wollt' ihn fliehn, und – folgt' ihm gleich.
Er setzte sich, ich setzte mich;
Er sprach – nur Sylben stammelt' ich;
Die Augen starrten ihm, die meinen wurden klein:
Glaubt mir, er muss ein Zaub'rer seyn!

Entbrannt drückt' er mich an sein Herz.
Was fühlt' ich! welch ein süsser Schmerz!
Ich schluchzt', ich athmete sehr schwer;
Da kam zum Glück die Mutter her:
Was würd', o Götter! sonst nach so viel Zaubereyn
Aus mir zuletzt geworden seyn!

Der Kuss

Ich war bey Chloen ganz allein,
Und küssen wollt' ich sie;
Jedoch sie sprach, sie würde schreyn,
Es sey vergebne Müh.

Ich wagt' es doch, und küsste sie
Trotz ihrer Gegenwehr.
Und schrie sie nicht? Ja wohl, sie schrie, –
Doch lange hinter her.

GOTTHOLD EPHRAIM LESSING

Die Vorspiele der Versöhnung

Korinne schwur, mich zu vergessen:
Und doch kann sie mich nicht vergessen.

Wo sie mich sieht, und wo sie kann,
Fängt sie auf mich zu lästern an.
Doch warum tut sie das? Warum erhitzt sie sich?
Ich wette was, noch liebt sie mich.

Ich schwur, Korinnen zu vergessen:
Und doch kann ich sie nicht vergessen.
Wo ich sie seh, und wo ich kann,
Fang ich mich zu entschuldgen an.
Doch warum tu ich das? und warum schweig ich nie?
Ich wette was, noch lieb ich sie.

Die schlafende Laura

Nachlässig hingestreckt,
Die Brust mit Flor bedeckt,
Der jedem Lüftchen wich,
Das säuselnd ihn durchstrich,
Ließ unter jenen Linden
Mein Glück mich Lauren finden.
Sie schlief, und weit und breit
Schlug jede Blum ihr Haupt zur Erden
Aus mißvergnügter Traurigkeit,
Von Lauren nicht gesehn zu werden.
Sie schlief, und weit und breit
Erschallten keine Nachtigallen
Aus weiser Furchtsamkeit,
Ihr minder zu gefallen,
Als ihr der Schlaf gefiel,
Als ihr der Traum gefiel,
Den sie vielleicht jetzt träumte,
Von dem, ich hoff es, träumte,
Der staunend bei ihr stand
Und viel zu viel empfand,
Um deutlich zu empfinden,

Um noch es zu empfinden,
Wie viel er da empfand.
Ich ließ mich sanfte nieder,
Ich segnete, ich küßte sie,
Ich segnete und küßte wieder:
Und schnell erwachte sie.
Schnell taten sich die Augen auf.
Die Augen? – nein, der Himmel tat sich auf.

FRIEDRICH GOTTLIEB KLOPSTOCK

An Fanny

Wenn einst ich todt bin, wenn mein Gebein zu Staub'
Ist eingesunken, wenn du, mein Auge, nun
    Lang' über meines Lebens Schicksal,
      Brechend im Tode, nun ausgeweint hast,

Und stillanbetend da, wo die Zukunft ist,
Nicht mehr hinauf blickst, wenn mein ersungner
                             Ruhm,
    Die Frucht von meiner Jünglingsthräne,
      Und von der Liebe zu dir, Messias!

Nun auch verweht ist, oder von wenigen
In jene Welt hinüber gerettet ward:
    Wenn du alsdann auch, meine Fanny,
      Lange schon todt bist, und deines Auges

Stillheitres Lächeln, und sein beseelter Blick
Auch ist verloschen, wenn du, vom Volke nicht
    Bemerket, deines ganzen Lebens
      Edlere Thaten nunmehr gethan hast,

Des Nachruhms werther, als ein unsterblich Lied,
Ach wenn du dann auch einen beglückteren
 Als mich geliebt hast, laß den Stolz mir,
  Einen Beglückteren, doch nicht edlern!

Dann wird ein Tag seyn, den werd ich auferstehn!
Dann wird ein Tag seyn, den wirst du auferstehn!
 Dann trennt kein Schicksal mehr die Seelen,
  Die du einander, Natur, bestimmtest.

Dann wägt, die Wagschaal in der gehobnen Hand,
Gott Glück und Tugend gegen einander gleich;
 Was in der Dinge Lauf jetzt misklingt,
  Tönet in ewigen Harmonieen!

Wenn dann du dastehst jugendlich auferweckt,
Dann eil' ich zu dir! säume nicht, bis mich erst
 Ein Seraph bey der Rechten fasse,
  Und mich, Unsterbliche, zu dir führe.

Dann soll dein Bruder, innig von mir umarmt,
Zu dir auch eilen! dann will ich thränenvoll,
 Voll froher Thränen jenes Lebens
  Neben dir stehn, dich mit Namen nennen,

Und dich umarmen! Dann, o Unsterblichkeit,
Gehörst du ganz uns! Komt, die das Lied nicht singt,
 Komt, unaussprechlich süße Freuden!
  So unaussprechlich, als jetzt mein Schmerz ist.

Rinn unterdeß, o Leben. Sie komt gewiß
Die Stunde, die uns nach der Zypresse ruft!
 Ihr andern, seyd der schwermuthsvollen
  Liebe geweiht! und umwölkt und dunkel!

An Cidli

Unerforschter, als sonst etwas den Forscher täuscht,
  Ist ein Herz, das die Lieb' empfand,
Sie, die wirklicher Werth, nicht der vergängliche
  Unsers dichtenden Traums gebahr,
Jene trunkene Lust, wenn die erweinete,
  Fast zu selige Stunde komt,
Die dem Liebenden sagt, daß er geliebet wird!
  Und zwo bessere Seelen nun
Ganz, das erstemal ganz, fühlen, wie sehr sie sind!
  Und wie glücklich! wie ähnlich sich!
Ach, wie glücklich dadurch! Wer der Geliebten
                                   spricht
  Diese Liebe mit Worten aus?
Wer mit Thränen? und wer mit dem verweilenden
  Vollen Blick, und der Seele drin?
Selbst das Trauren ist süß, das sie verkündete,
  Eh die selige Stunde kam!
Wenn dieß Trauren umsonst Eine verkündete;
  O dann wählte die Seele falsch,
Und doch würdig! Das webt keiner der Denker auf,
  Was vor Irren sie damals ging!
Selbst der kennt sie nicht ganz, welcher sie wandelte,
  Und verspäht sich nur weniger.
Leise redets darin: Weil du es würdig warst,
  Daß du liebtest, so lehrten wir
Dich die Liebe. Du kennst alle Verwandlungen
  Ihres mächtigen Zauberstabs!
Ahm den Weisen nun nach: Handle! die Wissenschaft,
  Sie nur, machte nie Glückliche!
Ich gehorche. Das Thal, (Eden nur schattete,
  Wie es schattet,) der Lenz im Thal
Weilt dich! Lüfte, wie die, welche die Himlischen
  Sanft umathmen, umathmen dich!
Rosen knospen dir auf, daß sie mit süßem Duft
  Dich umströmen! dort schlummerst du!

Wach, ich werfe sie dir leis' in die Locken hin,
  Wach vom Thaue der Rosen auf.
Und (noch bebt mir mein Herz, lange daran
                              verwöhnt,)
  Und o wache mir lächelnd auf!

Das Rosenband

Im Frühlingsschatten fand ich Sie;
Da band ich Sie mit Rosenbändern:
Sie fühlt' es nicht, und schlummerte.

Ich sah Sie an; mein Leben hing
Mit diesem Blick' an Ihrem Leben:
Ich fühlt' es wohl, und wußt' es nicht.

Doch lispelt' ich Ihr sprachlos zu,
Und rauschte mit den Rosenbändern:
Da wachte Sie vom Schlummer auf.

Sie sah mich an; Ihr Leben hing
Mit diesem Blick' an meinem Leben,
Und um uns ward's Elysium.

JOHANN GEORG JACOBI

Der erste Kuß

Leiser nannt' ich deinen Namen
Und mein Auge warb um dich:
Liebe Chloe! näher kamen
Unser beyder Herzen sich.

Und du nanntest *meinen* Namen;
Hoffen ließ dein Auge mich:
Liebe Chloe! näher kamen
Unser beyder Lippen sich.

O! es war ein süßes Neigen;
Bis wir endlich, Mund an Mund,
Fest uns hielten, ohne Zeugen:
Und geschlossen war der Bund.

MATTHIAS CLAUDIUS

*An Frau Rebekka,
bei der silbernen Hochzeit, den 15. März 1797*

Ich habe Dich geliebet und ich will Dich lieben,
   So lang' Du goldner Engel bist;
In diesem wüsten Lande hier, und drüben
   Im Lande, wo es besser ist.

Ich will nicht von Dir sagen, will nicht von Dir
                               singen;
   Was soll uns Loblied und Gedicht?
Doch muß ich heut' der Wahrheit Zeugnis bringen,
   Denn unerkenntlich bin ich nicht.

Ich danke Dir mein Wohl, mein Glück in diesem
                                Leben.
   Ich war wohl klug, daß ich Dich fand;
Doch ich fand nicht. GOTT hat Dich mir gegeben;
   So segnet keine andre Hand.

Sein Tun ist je und je großmütig und verborgen;
   Und darum hoff' ich, fromm und blind,

Er werde auch für unsre Kinder sorgen,
   Die unser Schatz und Reichtum sind.

Und werde sie regieren, werde für sie wachen,
   Sie an sich halten Tag und Nacht,
Daß sie wert werden und auch glücklich machen,
   Wie ihre Mutter glücklich macht.

Uns hat gewogt die Freude, wie es wogt und flutet
   Im Meer, so weit und breit und hoch! –
Doch manchmal auch hat uns das Herz geblutet,
   Geblutet ... ach, und blutet noch.

Es gibt in dieser Welt nicht lauter gute Tage,
   Wir kommen hier zu leiden her;
Und jeder Mensch hat seine eigne Plage,
   Und noch sein heimlich *Crève-coeur*.

Heut' aber schlag' ich aus dem Sinn mir alles Trübe,
   Vergesse allen meinen Schmerz;
Und drücke fröhlich Dich, mit voller Liebe,
   Vor Gottes Antlitz an mein Herz.

GOTTFRIED AUGUST BÜRGER

Die Umarmung

Wie um ihren Stab die Rebe
Brünstig ihre Ranke strickt,
Wie der Efeu sein Gewebe
An der Ulme Busen drückt,

Wie ein Taubenpaar sich schnäbelt,
Und auf ausgeforschtem Nest,

Von der Liebe Rausch umnebelt,
Haschen sich und würgen läßt:

Dürft' ich so dich rund umfangen!
Dürftest du, Geliebte, mich! –
Dürften so zusammenhangen
Unsre Lippen ewiglich! –

Dann von keines Fürsten Mahle,
Nicht von seines Gartens Frucht,
Noch des Rebengottes Schale,
Würde dann mein Gaum' versucht.

Sterben wollt' ich im Genusse,
Wie ihn deine Lippe beut,
Sterben in dem langen Kusse
Wollustvoller Trunkenheit. –

Komm, o komm, und laß uns sterben!
Mir entlodert schon der Geist.
Fluch vermachet sei dem Erben,
Der uns voneinander reißt!

Unter Myrten, wo wir fallen,
Bleib' uns eine Gruft bevor!
Unsre Seelen aber wallen
In vereintem Hauch empor,

In die seligen Gefilde,
Voller Wohlgeruch und Pracht,
Denen stete Frühlingsmilde
Vom entwölkten Himmel lacht;

Wo die Bäume schöner blühen,
Wo die Quellen, wo der Wind
Und der Vögel Melodieen
Lieblicher und reiner sind;

Wo das Auge des Betrübten
Seine Tränen ausgeweint,
Und Geliebte mit Geliebten
Ewig das Geschick vereint;

Wo nun Phaon, voll Bedauren,
Seiner Sappho sich erbarmt;
Wo Petrarca ruhig Lauren
An der reinsten Quell' umarmt;

Und auf rundumschirmten Wiesen,
Nicht vom Argwohn mehr gestört,
Glücklicher bei Heloisen
Abälard die Liebe lehrt. –

O des Himmels voller Freuden,
Den ich da schon offen sah! –
Komm! Von hinnen laß uns scheiden!
Eia! wären wir schon da! –

VOLKSLIED

(Aus: *Stimmen der Völker in Liedern*)

Der Flug der Liebe

Deutsch
Die Melodie ist dem Inhalt angemessen, leicht und sehnend

Wenn ich ein Vöglein wär,
Und auch zwey Flüglein hätt',
Flög ich zu dir;
Weil es aber nicht kann seyn,
Bleib ich allhier.

Bin ich gleich weit von dir,
Bin ich doch im Schlaf bey dir,
Und red' mit dir:
Wenn ich erwachen thu,
Bin ich allein.

Es vergeht keine Stund' in der Nacht,
Da mein Herze nicht erwacht,
Und an dich gedenkt,
Daß du mir viel tausendmal
Dein Herz geschenkt.

JAKOB MICHAEL REINHOLD LENZ

Auf ein Papillote
welches sie mir im Konzert zuwarf

Meinstu mit Zucker willst du meine Qual versüßen
Mitleidig göttlich Herz! wie wenig kennstu sie?
Wenn sich nach Mitternacht die nassen Augen
                              schließen
Schläft doch mein Herz nicht ein, es wütet spat und
                                  früh
Vor Tage lieg' ich schon und sinn' auf mein Verderben
Und strafe mich oft selbst und nehm' mir Tugend vor
Und kämpf' und ring' mit mir und sterb' und kann
                                nicht sterben
Weil mich mein Unstern nur zum Leiden auserkor
Ich soll dich sehn und fliehn? Dein Lächeln sehn und
                                meiden?
Und du verstehst es wohl wo mir's am wehsten tut
Du hassest meine Ruh', es scheint dich freut mein
                                Leiden

Du wünschst es größer noch, es scheint du willst mein
　　　　　　　　　　　　　　　　　　　　　Blut
So nimm es Göttliche! ein kleines Federmesser
Eröffnet mir die Brust, wie sanft würd' es mir tun?
Auch tu's, durchbohr mein Herz, gewiß dann wird
　　　　　　　　　　　　　　　　　　mir besser
In deinen Armen will ich dann vom Leben ruhn
Ach welche Süßigkeit! von Lieb' und Wollust trunken
Schläft dann mein mattes Haupt von seiner Unruh' ein
Auf deinen süßen Schoß verliebt herabgesunken
Und küsset sterbend noch die Ursach' seiner Pein
Ja tu's! von deiner Hand wie kann der Tod mich
　　　　　　　　　　　　　　　　　　　　schröcken
Es ist das größte Glück das ich erhalten kann
Ein Stoß so ist's geschehn: wie süß wird er mir
　　　　　　　　　　　　　　　　　　　schmecken
Ein kleiner Stoß und denn geht erst mein Leben an
Dann will ich zärtlich dir als Geist zur Seite schweben
Dann wehrt es niemand mir, du selber wehrst es nicht
Denn darf ich ungescheut dem Munde Küsse geben
Der so verführisch lacht und so bezaubernd spricht
Denn darf so lang ich will mein Auge nach dir sehnen
Denn hasch' ich deinen Blick und schließ' ihn in mein
　　　　　　　　　　　　　　　　　　　　　Herz
Denn wein' ich wenn ich will und niemand schilt die
　　　　　　　　　　　　　　　　　　　　　Tränen
Denn seufz' ich wenn ich will und niemand schilt den
　　　　　　　　　　　　　　　　　　　　　Schmerz
Dann will ich dir im Traum zu deinen Füßen liegen
Und wachend horch' ich auf wie dir's im Busen
　　　　　　　　　　　　　　　　　　　　schlägt
Bistu vergnügt, o Glück! so teil' ich dein Vergnügen
Wo nicht, so teil' ich auch was dir Verdruß erregt
Dann mein unschätzbar Gut! dann straft mich das
　　　　　　　　　　　　　　　　　　　Gewissen
Für meine Liebe nicht, nur dann, dann steht mir's frei
Dann fühl' ich keinen mehr von den verhaßten Bissen

Als ob ich Frevler schuld an deiner Unruh' sei
Dann bistu meiner los, nicht wahr du bist es müde
Von mir gekränkt zu sein, dann weißtu es nicht mehr
Was mich schmerzt oder nicht, denn hast du ewig
            Friede
Denn nach dem Tode rührt mein Schmerz dich nicht
            so sehr
Selbst ach! dein Glück verlangt's, ich fühl' es, ach! mit
            Zittern
Daß ich im Wege bin – so tu es beste Hand!
Ich muß mir täglich nur das Leben mehr verbittern
Und tust du's nicht – denn Gott! erhalt mir den
            Verstand! –

An ihrem Blicke nur zu hangen
Verlang' ich, weiter nichts,
Und von dem Reichtum ihres Lichts
Ein Fünkchen in mein Herz zu fangen.

Ach du um die die Blumen sich
Verliebt aus ihren Knospen drängen
Und mit der frohen Luft um dich
Entzückt auch ihren Weihrauch mengen
Um die jetzt Flur und Garten lacht
Weil sie dein Auge blühen macht.

Ach könnt' ich jetzt ein Vogel sein
Und im verschwiegnen Busch es wagen
Dir meines Herzens hohe Pein
Die ohne Beispiel ist zu klagen.
Empfändest du die Möglichkeit
Von dieser Qualen Trunkenheit

Vielleicht daß jener Busen sich
Zu einem milden Seufzer hübe
Der mich bezahlte daß ich dich
Noch sterbend über alles liebe.

JOHANN HEINRICH VOSS

Frühlingsliebe

Die Lerche sang, die Sonne schien,
Es färbte sich die Wiese grün,
Und braun geschwollne Keime
Verschönten Büsch' und Bäume:
Da pflückt' ich am bedornten See
Zum Strauss ihr, unter spätem Schnee,
Blau, roth und weissen Güldenklee,
  Das Mägdlein nahm des Busens Zier,
  Und nickte freundlich Dank dafür.

Nur einzeln grünten noch im Hain
Die Buchen und die jungen Main;
Und Kresse wankt' in hellen
Umblümten Wiesenquellen:
Auf kühlem Moose, weich und prall,
Am Buchbaum, horchten wir dem Schall
Des Quelles und der Nachtigall.
  Sie pflückte Moos, wo wir geruht,
  Und kränzte sich den Schäferhut.

Wir gingen athmend, Arm in Arm,
Am Frühlingsabend, still und warm,
Im Schatten grüner Schlehen
Uns Veilchen zu erspähen:

Roth schien der Himmel und das Meer;
Auf Einmal stralte, gross und hehr,
Der liebe volle Mond daher.
  Das Mägdlein stand und ging und stand,
Und drückte sprachlos mir die Hand.

Rothwangig, leichtgekleidet sass
Sie neben mir auf Klee und Gras,
Wo ringsum helle Blüten
Der Apfelbäume glühten:
Ich schwieg; das Zittern meiner Hand,
Und mein bethränter Blick gestand
Dem Mägdlein, was mein Herz empfand.
  Sie schwieg, und aller Wonn' Erguss
Durchströmt' uns beid' im ersten Kuss.

JOHANN GAUDENZ VON SALIS-SEEWIS

Berenice

Sie tritt hervor; ihr Kirschenblütenreiser
    Enthüllt ihr Angesicht!
Lauscht, Nymphen, lauscht! Dryaden, lispelt leiser!
    Ihr, Weste, atmet nicht!

Blüht glänzender, ihr Wiesenanemonen,
    Seit euch ihr Fuß betrat;
O Cytisus, senk alle Blütenkronen
    Auf meiner Holden Pfad!

Holdselige! auf silbernen Narzissen
    Weht rauschend ihr Gewand;
Der Angerklee strebt ihren Saum zu küssen,
    Des Grases Halm die Hand.

Ein Rosenlicht umfließt die zarten Wangen,
 Die stille Sehnsucht bleicht;
Ihr Auge schwimmt im schmachtenden Verlangen,
 Von süßer Rührung feucht.

Wie aus des Munds halb aufgehauchter Blüte
 Ihr Ätherodem flieht!
Die Lippen nun ein Lächeln milder Güte
 Sanft in die Höhe zieht!

Vom Jugenddrang, der ihren Busen füllet,
 Erbebt der Schleife Band;
Erbebt der Flor, so sorgsam überhüllet
 Von ihrer Mutter Hand.

Wie sich ihr Haar, mit weichem Niederwallen,
 In lose Ringel schlingt,
Und, der Natur aus offner Hand entfallen,
 Auf ihren Gürtel sinkt!

Seht, wie der Hut, aus falbem Stroh gewoben,
 Sich auf ihr Auge senkt!
Auch niedlich noch, wenn er, im Gehn verschoben,
 Nachlässig seitwärts hängt!

Sie schwebt dahin, auf Lotus und Violen,
 Mit leisem Feenschritt,
Wie Iris leicht, mit purpurhellen Sohlen,
 Auf blaue Wolken tritt.

Ach! sie entschwand ins Grün der Gartenhütte,
 Die Geißblatt dicht umlaubt.
Nun rausch, o Quell, durchwehter Kirschbaum,
                                            schütte
 Noch Blüten auf ihr Haupt!

Lied

Ich saß im dunkeln Buchenhain
Bei ihr auf weichem Moos,
Im trüben blassen Mondenschein,
Gelehnt auf ihren Schoß.
Ich spielte mit dem blauen Band
An ihrer weißen Brust;
Und bebte, bei dem Druck der Hand,
Im Schauer süßer Lust.

Ich hört' und sah nur sie allein;
Nicht Nachtigallgesang,
Nicht Abendrot, nicht Mondenschein,
Mir schlug das Herz so bang.
Fest hing mein Blick an ihrem Blick,
Mein Mund an ihrem Mund:
Nur unser Engel sah das Glück
Und segnete den Bund.

JOHANN WOLFGANG GOETHE

Ob ich dich liebe, weiß ich nicht.
Seh' ich nur einmal dein Gesicht,
Seh' dir ins Auge nur einmal,
Frei wird mein Herz von aller Qual.
Gott weiß, wie mir so wohl geschicht!
Ob ich dich liebe, weiß ich nicht.

Mit einem gemalten Band

Spätere Fassung

Kleine Blumen, kleine Blätter
Streuen mir mit leichter Hand
Gute junge Frühlingsgötter
Tändelnd auf ein luftig Band.

Zephyr, nimm's auf deine Flügel,
Schling's um meiner Liebsten Kleid!
Und so tritt sie vor den Spiegel
All in ihrer Munterkeit.

Sieht mit Rosen sich umgeben,
Selbst wie eine Rose jung:
Einen Blick, geliebtes Leben!
Und ich bin belohnt genung.

Fühle, was dies Herz empfindet,
Reiche frei mir deine Hand,
Und das Band, das uns verbindet,
Sei kein schwaches Rosenband!

Willkommen und Abschied

Spätere Fassung

Es schlug mein Herz, geschwind zu Pferde!
Es war getan fast eh gedacht.
Der Abend wiegte schon die Erde,
Und an den Bergen hing die Nacht;
Schon stand im Nebelkleid die Eiche,
Ein aufgetürmter Riese, da,
Wo Finsternis aus dem Gesträuche
Mit hundert schwarzen Augen sah.

Der Mond von einem Wolkenhügel
Sah kläglich aus dem Duft hervor,
Die Winde schwangen leise Flügel,
Umsausten schauerlich mein Ohr;
Die Nacht schuf tausend Ungeheuer,
Doch frisch und fröhlich war mein Mut:
In meinen Adern welches Feuer!
In meinem Herzen welche Glut!

Dich sah ich, und die milde Freude
Floß von dem süßen Blick auf mich;
Ganz war mein Herz an deiner Seite
Und jeder Atemzug für dich.
Ein rosenfarbnes Frühlingswetter
Umgab das liebliche Gesicht,
Und Zärtlichkeit für mich – ihr Götter!
Ich hofft' es, ich verdient' es nicht!

Doch ach, schon mit der Morgensonne
Verengt der Abschied mir das Herz:
In deinen Küssen welche Wonne!
In deinem Auge welcher Schmerz!
Ich ging, du standst und sahst zur Erden
Und sahst mir nach mit nassem Blick:
Und doch, welch Glück, geliebt zu werden!
Und lieben, Götter, welch ein Glück!

Maifest

Wie herrlich leuchtet
Mir die Natur!
Wie glänzt die Sonne!
Wie lacht die Flur!

Es dringen Blüten
Aus jedem Zweig

Und tausend Stimmen
Aus dem Gesträuch

Und Freud und Wonne
Aus jeder Brust.
O Erd', o Sonne,
O Glück, o Lust,

O Lieb', o Liebe,
So golden schön
Wie Morgenwolken
Auf jenen Höhn,

Du segnest herrlich
Das frische Feld –
Im Blütendampfe
Die volle Welt!

O Mädchen, Mädchen,
Wie lieb' ich dich!
Wie blinkt dein Auge,
Wie liebst du mich!

So liebt die Lerche
Gesang und Luft,
Und Morgenblumen
Den Himmelsduft,

Wie ich dich liebe
Mit warmen Blut,
Die du mir Jugend
Und Freud' und Mut

Zu neuen Liedern
Und Tänzen gibst.
Sei ewig glücklich,
Wie du mich liebst.

Neue Liebe, neues Leben

Herz, mein Herz, was soll das geben,
Was bedränget dich so sehr?
Welch ein fremdes neues Leben –
Ich erkenne dich nicht mehr.
Weg ist alles, was du liebtest,
Weg, worum du dich betrübtest,
Weg dein Fleiß und deine Ruh –
Ach, wie kamst du nur dazu?

Fesselt dich die Jugendblüte,
Diese liebliche Gestalt,
Dieser Blick voll Treu und Güte
Mit unendlicher Gewalt?
Will ich rasch mich ihr entziehen,
Mich ermannen, ihr entfliehen,
Führet mich im Augenblick
– Ach – mein Weg zu ihr zurück.

Und an diesem Zauberfädchen,
Das sich nicht zerreißen läßt,
Hält das liebe lose Mädchen
Mich so wider Willen fest.
Muß in ihrem Zauberkreise
Leben nun auf ihre Weise;
Die Veränderung, ach, wie groß!
Liebe, Liebe, laß mich los!

Vom Berge

Spätere Fassung

Wenn ich, liebe Lili, dich nicht liebte,
Welche Wonne gäb' mir dieser Blick!
Und doch, wenn ich, Lili, dich nicht liebte,
Fänd' ich hier und fänd' ich dort mein Glück?

Warum gabst du uns die tiefen Blicke,
Unsre Zukunft ahndungsvoll zu schaun,
Unsrer Liebe, unserm Erdenglücke
Wähnend selig nimmer hinzutraun?
Warum gabst uns, Schicksal, die Gefühle,
Uns einander in das Herz zu sehn,
Um durch all' die seltenen Gewühle
Unser wahr Verhältnis auszuspähn?

Ach, so viele tausend Menschen kennen,
Dumpf sich treibend, kaum ihr eigen Herz,
Schweben zwecklos hin und her und rennen
Hoffnungslos in unversehnem Schmerz;
Jauchzen wieder, wenn der schnellen Freuden
Unerwart'te Morgenröte tagt.
Nur uns armen liebevollen beiden
Ist das wechselseit'ge Glück versagt,
Uns zu lieben, ohn' uns zu verstehen,
In dem andern sehn, was er nie war,
Immer frisch auf Traumglück auszugehen
Und zu schwanken auch in Traumgefahr.

Glücklich, den ein leerer Traum beschäftigt!
Glücklich, dem die Ahndung eitel wär'!
Jede Gegenwart und jeder Blick bekräftigt
Traum und Ahndung leider uns noch mehr.
Sag', was will das Schicksal uns bereiten?
Sag', wie band es uns so rein genau?
Ach, du warst in abgelebten Zeiten
Meine Schwester oder meine Frau;

Kanntest jeden Zug in meinem Wesen,
Spähtest, wie die reinste Nerve klingt,
Konntest mich mit *einem* Blicke lesen,
Den so schwer ein sterblich Aug' durchdringt.
Tropftest Mäßigung dem heißen Blute,
Richtetest den wilden irren Lauf,

Und in deinen Engelsarmen ruhte
Die zerstörte Brust sich wieder auf;

Hieltest zauberleicht ihn angebunden
Und vergaukeltest ihm manchen Tag.
Welche Seligkeit glich jenen Wonnestunden,
Da er dankbar dir zu Füßen lag,
Fühlt' sein Herz an deinem Herzen schwellen,
Fühlte sich in deinem Auge gut,
Alle seine Sinnen sich erhellen
Und beruhigen sein brausend Blut.

Und von allem dem schwebt ein Erinnern
Nur noch um das ungewisse Herz,
Fühlt die alte Wahrheit ewig gleich im Innern,
Und der neue Zustand wird ihm Schmerz.
Und wir scheinen uns nur halb beseelet,
Dämmernd ist um uns der hellste Tag.
Glücklich, daß das Schicksal, das uns quälet,
Uns doch nicht verändern mag.

Rastlose Liebe

Dem Schnee, dem Regen,
Dem Wind entgegen,
Im Dampf der Klüfte,
Durch Nebeldüfte,
Immer zu! Immer zu!
Ohne Rast und Ruh!

Lieber durch Leiden
Möcht' ich mich schlagen,
Als so viel Freuden
Des Lebens ertragen.
Alle das Neigen
Von Herzen zu Herzen,

Ach wie so eigen
Schaffet das Schmerzen!

Wie – soll ich fliehen?
Wälderwärts ziehen?
Alles vergebens!
Krone des Lebens,
Glück ohne Ruh,
Liebe, bist du!

Ach, wie bist du mir,
Wie bin ich dir geblieben!
Nein, an der Wahrheit
Verzweifl' ich nicht mehr.
Ach, wenn du da bist,
Fühl' ich, ich soll dich nicht lieben,
Ach, wenn du fern bist,
Fühl' ich, ich lieb' dich so sehr.

Römische Elegien

III

Laß dich, Geliebte, nicht reun, daß du mir so schnell
                      dich ergeben!
  Glaub' es, ich denke nicht frech, denke nicht niedrig
                      von dir.
Vielfach wirken die Pfeile des Amor: einige ritzen,
  Und vom schleichenden Gift kranket auf Jahre das
                      Herz.
Aber mächtig befiedert, mit frisch geschliffener
                      Schärfe
  Dringen die andern ins Mark, zünden behende das
                      Blut.

In der heroischen Zeit, da Götter und Göttinnen liebten,
  Folgte Begierde dem Blick, folgte Genuß der Begier.
Glaubst du, es habe sich lange die Göttin der Liebe besonnen,
  Als im Idäischen Hain einst ihr Anchises gefiel?
Hätte Luna gesäumt, den schönen Schläfer zu küssen,
  O, so hätt' ihn geschwind, neidend, Aurora geweckt.
Hero erblickte Leandern am lauten Fest, und behende
  Stürzte der Liebende sich heiß in die nächtliche Flut.
Rhea Silvia wandelt, die fürstliche Jungfrau, der Tiber
  Wasser zu schöpfen, hinab, und sie ergreifet der Gott.
So erzeugte die Söhne sich Mars! – Die Zwillinge tränket
  Eine Wölfin, und Rom nennt sich die Fürstin der Welt.

V

Froh empfind' ich mich nun auf klassischem Boden begeistert,
  Vor- und Mitwelt spricht lauter und reizender mir.
Hier befolg' ich den Rat, durchblättre die Werke der Alten
  Mit geschäftiger Hand, täglich mit neuem Genuß.
Aber die Nächte hindurch hält Amor mich anders beschäftigt;
  Werd' ich auch halb nur gelehrt, bin ich doch doppelt beglückt.
Und belehr' ich mich nicht, indem ich des lieblichen Busen
  Formen spähe, die Hand leite die Hüften hinab?
Dann versteh' ich den Marmor erst recht: ich denk' und vergleiche,
  Sehe mit fühlendem Aug', fühle mit sehender Hand.

Raubt die Liebste denn gleich mir einige Stunden des Tages,
    Gibt sie Stunden der Nacht mir zur Entschädigung hin.
Wird doch nicht immer geküßt, es wird vernünftig gesprochen;
    Überfällt sie der Schlaf, lieg' ich und denke mir viel.
Oftmals hab' ich auch schon in ihren Armen gedichtet
    Und des Hexameters Maß leise mit fingernder Hand
Ihr auf den Rücken gezählt. Sie atmet in lieblichem Schlummer,
    Und es durchglühet ihr Hauch mir bis ins Tiefste die Brust.
Amor schüret die Lamp' indes und denket der Zeiten,
    Da er den nämlichen Dienst seinen Triumvirn getan.

IX
Herbstlich leuchtet die Flamme vom ländlich geselligen Herde,
    Knistert und glänzet, wie rasch! sausend vom Reisig empor.
Diesen Abend erfreut sie mich mehr; denn eh' noch zur Kohle
    Sich das Bündel verzehrt, unter die Asche sich neigt,
Kommt mein liebliches Mädchen. Dann flammen Reisig und Scheite,
    Und die erwärmete Nacht wird uns ein glänzendes Fest.
Morgen frühe geschäftig verläßt sie das Lager der Liebe,
    Weckt aus der Asche behend Flammen aufs neue hervor.
Denn vor andern verlieh der Schmeichlerin Amor die Gabe,
    Freude zu wecken, die kaum still wie zu Asche versank.

XVIII

Eines ist mir verdrießlich vor allen Dingen, ein andres
  Bleibt mir abscheulich, empört jegliche Faser in mir,
Nur der bloße Gedanke. Ich will es euch, Freunde, gestehen:
  Gar verdrießlich ist mir einsam das Lager zu Nacht.
Aber ganz abscheulich ist's, auf dem Wege der Liebe
  Schlangen zu fürchten, und Gift unter den Rosen der Lust,
Wenn im schönsten Moment der hin sich gebenden Freude
  Deinem sinkenden Haupt lispelnde Sorge sich naht.
Darum macht Faustine mein Glück; sie teilet das Lager
  Gerne mit mir, und bewahrt Treue dem Treuen genau.
Reizendes Hindernis will die rasche Jugend; ich liebe,
  Mich des versicherten Guts lange bequem zu erfreun.
Welche Seligkeit ist's! wir wechseln sichere Küsse,
  Atem und Leben getrost saugen und flößen wir ein.
So erfreuen wir uns der langen Nächte, wir lauschen,
  Busen an Busen gedrängt, Stürmen und Regen und Guß.
Und so dämmert der Morgen heran; es bringen die Stunden
  Neue Blumen herbei, schmücken uns festlich den Tag.
Gönnet mir, o Quiriten! das Glück, und jedem gewähre
  Aller Güter der Welt erstes und letztes der Gott!

Nähe des Geliebten

Ich denke dein, wenn mir der Sonne Schimmer
    Vom Meere strahlt;
Ich denke dein, wenn sich des Mondes Flimmer
    In Quellen malt.

Ich sehe dich, wenn auf dem fernen Wege
    Der Staub sich hebt;
In tiefer Nacht, wenn auf dem schmalen Stege
    Der Wandrer bebt.

Ich höre dich, wenn dort mit dumpfem Rauschen
    Die Welle steigt.
Im stillen Haine geh' ich oft zu lauschen,
    Wenn alles schweigt.

Ich bin bei dir, du seist auch noch so ferne,
    Du bist mir nah!
Die Sonne sinkt, bald leuchten mir die Sterne.
    O wärst du da!

Freundliches Begegnen

Im weiten Mantel bis ans Kinn verhüllet,
    Ging ich den Felsenweg, den schroffen, grauen,
    Hernieder dann zu winterhaften Auen,
Unruh'gen Sinns, zur nahen Flucht gewillet.

Auf einmal schien der neue Tag enthüllet:
    Ein Mädchen kam, ein Himmel anzuschauen,
    So musterhaft wie jene lieben Frauen
Der Dichterwelt. Mein Sehnen war gestillet.

Doch wandt' ich mich hinweg und ließ sie gehen
    Und wickelte mich enger in die Falten,
    Als wollt' ich trutzend in mir selbst erwarmen;

Und folgt' ihr doch. Sie stand. Da war's geschehen!
  In meiner Hülle konnt' ich mich nicht halten,
  Die warf ich weg, sie lag in meinen Armen.

Die Liebende schreibt

Ein Blick von deinen Augen in die meinen,
  Ein Kuß von deinem Mund auf meinem Munde,
  Wer davon hat, wie ich, gewisse Kunde,
  Mag dem was anders wohl erfreulich scheinen?

Entfernt von dir, entfremdet von den Meinen,
  Führ' ich stets die Gedanken in die Runde,
  Und immer treffen sie auf jene Stunde,
  Die einzige; da fang' ich an zu weinen.

Die Träne trocknet wieder unversehens:
  Er liebt ja, denk' ich, her in diese Stille,
  Und solltest du nicht in die Ferne reichen?

Vernimm das Lispeln dieses Liebewehens!
  Mein einzig Glück auf Erden ist dein Wille,
  Dein freundlicher zu mir; gib mir ein Zeichen!

Sie kann nicht enden

Wenn ich nun gleich das weiße Blatt dir schickte,
  Anstatt daß ich's mit Lettern erst beschreibe,
  Ausfülltest du's vielleicht zum Zeitvertreibe
  Und sendetest's an mich, die Hochbeglückte.

Wenn ich den blauen Umschlag dann erblickte;
  Neugierig schnell, wie es geziemt dem Weibe,

Riss' ich ihn auf, daß nichts verborgen bleibe;
Da läs' ich, was mich mündlich sonst entzückte:
»Lieb Kind! Mein artig Herz! Mein einzig Wesen!«
Wie du so freundlich meine Sehnsucht stilltest
Mit süßem Wort und mich so ganz verwöhntest.

Sogar dein Lispeln glaubt' ich auch zu lesen,
Womit du liebend meine Seele fülltest
Und mich auf ewig vor mir selbst verschöntest.

Blick um Blick

Wenn du dich im Spiegel besiehst,
Denke, daß ich diese Augen küßte,
Und mich mit mir selbst entzweien müßte,
Sobalde du mich fliehst:
Denn da ich nur in diesen Augen lebe,
Du mir gibst, was ich gebe,
So wär' ich ganz verloren;
Jetzt bin ich immer wie neu geboren.

Trilogie der Leidenschaft

Elegie

> Und wenn der Mensch in seiner Qual verstummt
> Gab mir ein Gott zu sagen, was ich leide.

Was soll ich nun vom Wiedersehen hoffen,
Von dieses Tages noch geschloßner Blüte?
Das Paradies, die Hölle steht dir offen;
Wie wankelsinnig regt sich's im Gemüte! –
Kein Zweifeln mehr! Sie tritt ans Himmelstor,
Zu ihren Armen hebt sie dich empor.

So warst du denn im Paradies empfangen,
Als wärst du wert des ewig schönen Lebens;
Dir blieb kein Wunsch, kein Hoffen, kein Verlangen,
Hier war das Ziel des innigsten Bestrebens,
Und in dem Anschaun dieses einzig Schönen
Versiegte gleich der Quell sehnsüchtiger Tränen.

Wie regte nicht der Tag die raschen Flügel,
Schien die Minuten vor sich her zu treiben!
Der Abendkuß, ein treu verbindlich Siegel:
So wird es auch der nächsten Sonne bleiben.
Die Stunden glichen sich in zartem Wandern
Wie Schwestern zwar, doch keine ganz den andern.

Der Kuß, der letzte, grausam süß, zerschneidend
Ein herrliches Geflecht verschlungner Minnen.
Nun eilt, nun stockt der Fuß, die Schwelle meidend,
Als trieb' ein Cherub flammend ihn von hinnen;
Das Auge starrt auf düstrem Pfad verdrossen,
Es blickt zurück, die Pforte steht verschlossen.

Und nun verschlossen in sich selbst, als hätte
Dies Herz sich nie geöffnet, selige Stunden
Mit jedem Stern des Himmels um die Wette
An ihrer Seite leuchtend nicht empfunden;
Und Mißmut, Reue, Vorwurf, Sorgenschwere
Belasten's nun in schwüler Atmosphäre.

Ist denn die Welt nicht übrig? Felsenwände,
Sind sie nicht mehr gekrönt von heiligen Schatten?
Die Ernte, reift sie nicht? Ein grün Gelände,
Zieht sich's nicht hin am Fluß durch Busch und
                                Matten?
Und wölbt sich nicht das überweltlich Große,
Gestaltenreiche, bald Gestaltenlose?

Wie leicht und zierlich, klar und zart gewoben
Schwebt, seraphgleich, aus ernster Wolken Chor,

Als glich' es ihr, am blauen Äther droben,
Ein schlank Gebild aus lichtem Duft empor;
So sahst du sie in frohem Tanze walten,
Die lieblichste der lieblichsten Gestalten.

Doch nur Momente darfst dich unterwinden,
Ein Luftgebild statt ihrer festzuhalten;
Ins Herz zurück, dort wirst du's besser finden,
Dort regt sie sich in wechselnden Gestalten;
Zu vielen bildet Eine sich hinüber,
So tausendfach und immer, immer lieber.

Wie zum Empfang sie an den Pforten weilte
Und mich von dannauf stufenweis beglückte;
Selbst nach dem letzten Kuß mich noch ereilte,
Den letztesten mir auf die Lippen drückte:
So klar beweglich bleibt das Bild der Lieben,
Mit Flammenschrift ins treue Herz geschrieben.

Ins Herz, das fest wie zinnenhohe Mauer
Sich ihr bewahrt und sie in sich bewahret,
Für sie sich freut an seiner eignen Dauer,
Nur weiß von sich, wenn sie sich offenbaret,
Sich freier fühlt in so geliebten Schranken
Und nur noch schlägt, für alles ihr zu danken.

War Fähigkeit zu lieben, war Bedürfen
Von Gegenliebe weggelöscht, verschwunden;
Ist Hoffnungslust zu freudigen Entwürfen,
Entschlüssen, rascher Tat sogleich gefunden!
Wenn Liebe je den Liebenden begeistet,
War es an mir aufs lieblichste geleistet;

Und zwar durch sie! – Wie lag ein innres Bangen
Auf Geist und Körper, unwillkommner Schwere:
Von Schauerbildern rings der Blick umfangen
Im wüsten Raum beklommner Herzensleere;

Nun dämmert Hoffnung von bekannter Schwelle,
Sie selbst erscheint in milder Sonnenhelle.

Dem Frieden Gottes, welcher euch hienieden
Mehr als Vernunft beseliget – wir lesen's –,
Vergleich' ich wohl der Liebe heitern Frieden
In Gegenwart des allgeliebten Wesens;
Da ruht das Herz, und nichts vermag zu stören
Den tiefsten Sinn, den Sinn, ihr zu gehören.

In unsers Busens Reine wogt ein Streben,
Sich einem Höhern, Reinern, Unbekannten
Aus Dankbarkeit freiwillig hinzugeben,
Enträtselnd sich den ewig Ungenannten;
Wir heißen's: fromm sein! – Solcher seligen Höhe
Fühl' ich mich teilhaft, wenn ich vor ihr stehe.

Vor ihrem Blick, wie vor der Sonne Walten,
Vor ihrem Atem, wie vor Frühlingslüften,
Zerschmilzt, so längst sich eisig starr gehalten,
Der Selbstsinn tief in winterlichen Grüften;
Kein Eigennutz, kein Eigenwille dauert,
Vor ihrem Kommen sind sie weggeschauert.

Es ist, als wenn sie sagte: »Stund' um Stunde
Wird uns das Leben freundlich dargeboten,
Das Gestrige ließ uns geringe Kunde,
Das Morgende, zu wissen ist's verboten;
Und wenn ich je mich vor dem Abend scheute,
Die Sonne sank und sah noch, was mich freute.

Drum tu wie ich und schaue, froh-verständig,
Dem Augenblick ins Auge! Kein Verschieben!
Begegn' ihm schnell, wohlwollend wie lebendig,
Im Handeln sei's, zur Freude, sei's dem Lieben;
Nur wo du bist, sei alles, immer kindlich,
So bist du alles, bist unüberwindlich.«

Du hast gut reden, dacht' ich, zum Geleite
Gab dir ein Gott die Gunst des Augenblickes,
Und jeder fühlt an deiner holden Seite
Sich augenblicks den Günstling des Geschickes;
Mich schreckt der Wink, von dir mich zu entfernen,
Was hilft es mir, so hohe Weisheit lernen!

Nun bin ich fern! Der jetzigen Minute,
Was ziemt denn der? Ich wüßt' es nicht zu sagen;
Sie bietet mir zum Schönen manches Gute,
Das lastet nur, ich muß mich ihm entschlagen;
Mich treibt umher ein unbezwinglich Sehnen,
Da bleibt kein Rat als grenzenlose Tränen.

So quellt denn fort und fließet unaufhaltsam!
Doch nie geläng's, die innre Glut zu dämpfen!
Schon rast's und reißt in meiner Brust gewaltsam,
Wo Tod und Leben grausend sich bekämpfen.
Wohl Kräuter gäb's, des Körpers Qual zu stillen;
Allein dem Geist fehlt's am Entschluß und Willen,

Fehlt's am Begriff: wie sollt' er sie vermissen?
Er wiederholt ihr Bild zu tausendmalen.
Das zaudert bald, bald wird es weggerissen,
Undeutlich jetzt und jetzt im reinsten Strahlen;
Wie könnte dies geringstem Troste frommen,
Die Ebb' und Flut, das Gehen wie das Kommen?

Verlaßt mich hier, getreue Weggenossen!
Laßt mich allein am Fels, in Moor und Moos;
Nur immer zu! euch ist die Welt erschlossen,
Die Erde weit, der Himmel hehr und groß;
Betrachtet, forscht, die Einzelheiten sammelt,
Naturgeheimnis werde nachgestammelt.

Mir ist das All, ich bin mir selbst verloren,
Der ich noch erst den Göttern Liebling war;

Sie prüften mich, verliehen mir Pandoren,
So reich an Gütern, reicher an Gefahr;
Sie drängten mich zum gabeseligen Munde,
Sie trennen mich – und richten mich zu Grunde.

Der Bräutigam

Um Mitternacht, ich schlief, im Busen wachte
Das liebevolle Herz, als wär' es Tag;
Der Tag erschien, mir war, als ob es nachte,
Was ist es mir, so viel er bringen mag.

Sie fehlte ja, mein emsig Tun und Streben
Für sie allein ertrug ich's durch die Glut
Der heißen Stunde, welch erquicktes Leben
Am kühlen Abend! lohnend war's und gut.

Die Sonne sank, und Hand in Hand verpflichtet
Begrüßten wir den letzten Segensblick,
Und Auge sprach, ins Auge klar gerichtet:
Von Osten, hoffe nur, sie kommt zurück.

Um Mitternacht! der Sterne Glanz geleitet
In holdem Traum zur Schwelle, wo sie ruht.
O sei auch mir dort auszuruhn bereitet,
Wie es auch sei das Leben es ist gut.

West-östlicher Divan

Ja, die Augen waren's, ja, der Mund,
Die mir blickten, die mich küßten.
Hüfte schmal, der Leib so rund
Wie zu Paradieses Lüsten.

War sie da? Wo ist sie hin?
Ja! sie war's, sie hat's gegeben,
Hat gegeben sich im Fliehn
Und gefesselt all mein Leben.

Hatem

Nicht Gelegenheit macht Diebe,
Sie ist selbst der größte Dieb;
Denn sie stahl den Rest der Liebe,
Die mir noch im Herzen blieb.

Dir hat sie ihn übergeben,
Meines Lebens Vollgewinn,
Daß ich nun, verarmt, mein Leben
Nur von dir gewärtig bin.

Doch ich fühle schon Erbarmen
Im Karfunkel deines Blicks
Und erfreu' in deinen Armen
Mich erneuerten Geschicks.

Suleika

Hochbeglückt in deiner Liebe,
Schelt' ich nicht Gelegenheit;
Ward sie auch an dir zum Diebe,
Wie mich solch ein Raub erfreut!

Und wozu denn auch berauben?
Gib dich mir aus freier Wahl;
Gar zu gerne möcht' ich glauben –
Ja, ich bin's, die dich bestahl.

Was so willig du gegeben,
Bringt dir herrlichen Gewinn,

Meine Ruh', mein reiches Leben
Geb' ich freudig, nimm es hin!

Scherze nicht! Nichts von Verarmen!
Macht uns nicht die Liebe reich?
Halt' ich dich in meinen Armen,
Jedem Glück ist meines gleich.

Suleika

Ach, um deine feuchten Schwingen,
West, wie sehr ich dich beneide:
Denn du kannst ihm Kunde bringen,
Was ich in der Trennung leide.

Die Bewegung deiner Flügel
Weckt im Busen stilles Sehnen;
Blumen, Augen, Wald und Hügel
Stehn bei deinem Hauch in Tränen.

Doch dein mildes sanftes Wehen
Kühlt die wunden Augenlider;
Ach, für Leid müßt' ich vergehen,
Hofft' ich nicht zu sehn ihn wieder.

Eile denn zu meinem Lieben,
Spreche sanft zu seinem Herzen;
Doch vermeid' ihn zu betrüben
Und verbirg ihm meine Schmerzen.

Sag' ihm aber, sag's bescheiden:
Seine Liebe sei mein Leben,
Freudiges Gefühl von beiden
Wird mir seine Nähe geben.

Wiederfinden

Ist es möglich! Stern der Sterne,
Drück' ich wieder dich ans Herz!
Ach, was ist die Nacht der Ferne
Für ein Abgrund, für ein Schmerz!
Ja, du bist es! meiner Freuden
Süßer, lieber Widerpart;
Eingedenk vergangner Leiden,
Schaudr' ich vor der Gegenwart.

Als die Welt im tiefsten Grunde
Lag an Gottes ew'ger Brust,
Ordnet' er die erste Stunde
Mit erhabner Schöpfungslust,
Und er sprach das Wort: ›Es werde!‹
Da erklang ein schmerzlich Ach!
Als das All mit Machtgebärde
In die Wirklichkeiten brach.

Auf tat sich das Licht! So trennte
Scheu sich Finsternis von ihm,
Und sogleich die Elemente
Scheidend auseinander fliehn.
Rasch, in wilden, wüsten Träumen
Jedes nach der Weite rang,
Starr, in ungemeßnen Räumen,
Ohne Sehnsucht, ohne Klang.

Stumm war alles, still und öde,
Einsam Gott zum erstenmal!
Da erschuf er Morgenröte,
Die erbarmte sich der Qual;
Sie entwickelte dem Trüben
Ein erklingend Farbenspiel,
Und nun konnte wieder lieben,
Was erst auseinander fiel.

Und mit eiligem Bestreben
Sucht sich, was sich angehört,
Und zu ungemeßnem Leben
Ist Gefühl und Blick gekehrt.
Sei's Ergreifen, sei es Raffen,
Wenn es nur sich faßt und hält!
Allah braucht nicht mehr zu schaffen,
Wir erschaffen seine Welt.

So, mit morgenroten Flügeln,
Riß es mich an deinen Mund,
Und die Nacht mit tausend Siegeln
Kräftigt sternenhell den Bund.
Beide sind wir auf der Erde
Musterhaft in Freud' und Qual,
Und ein zweites Wort: Es werde!
Trennt uns nicht zum zweitenmal.

Vollmondnacht

Herrin, sag', was heißt das Flüstern?
Was bewegt dir leis die Lippen?
Lispelst immer vor dich hin,
Lieblicher als Weines Nippen!
Denkst du deinen Mundgeschwistern
Noch ein Pärchen herzuziehn?

 »Ich will küssen! Küssen! sagt' ich.«

Schau! Im zweifelhaften Dunkel
Glühen blühend alle Zweige,
Nieder spielet Stern auf Stern;
Und smaragden durchs Gesträuche
Tausendfältiger Karfunkel;
Doch dein Geist ist allem fern.

»Ich will küssen! Küssen! sagt' ich.«

Dein Geliebter, fern, erprobet
Gleicherweis' im Sauersüßen,
Fühlt ein unglücksel'ges Glück.
Euch im Vollmond zu begrüßen,
Habt ihr heilig angelobet,
Dieses ist der Augenblick.

»Ich will küssen! Küssen! sag' ich.«

In tausend Formen magst du dich verstecken,
Doch, Allerliebste, gleich erkenn' ich dich;
Du magst mit Zauberschleiern dich bedecken,
Allgegenwärtige, gleich erkenn' ich dich.

An der Zypresse reinstem, jungem Streben,
Allschöngewachsne, gleich erkenn' ich dich;
In des Kanales reinem Wellenleben,
Allschmeichelhafte, wohl erkenn' ich dich.

Wenn steigend sich der Wasserstrahl entfaltet,
Allspielende, wie froh erkenn' ich dich;
Wenn Wolke sich gestaltend umgestaltet,
Allmannigfaltige, dort erkenn' ich dich.

An des geblümten Schleiers Wiesenteppich,
Allbuntbesternte, schön erkenn' ich dich;
Und greift umher ein tausendarm'ger Eppich,
O Allumklammernde, da kenn' ich dich.

Wenn am Gebirg der Morgen sich entzündet,
Gleich, Allerheiternde, begrüß' ich dich,
Dann über mir der Himmel rein sich ründet,
Allherzerweiternde, dann atm' ich dich.

Was ich mit äußerm Sinn, mit innerm kenne,
 Du Allbelehrende, kenn' ich durch dich;
Und wenn ich Allahs Namenhundert nenne,
 Mit jedem klingt ein Name nach für dich.

FRIEDRICH SCHILLER

Phantasie an Laura

Meine Laura! Nenne mir den Wirbel,
 Der an Körper Körper mächtig reißt,
Nenne, meine Laura, mir den Zauber,
 Der zum Geist monarchisch zwingt den Geist.

Sieh! er lehrt die schwebenden Planeten
 Ewgen Ringgangs um die Sonne fliehn
Und, gleich Kindern um die Mutter hüpfend,
 Bunte Zirkel um die Fürstin ziehn;

Durstig trinkt den goldnen Strahlenregen
 Jedes rollende Gestirn,
Trinkt aus ihrem Feuerkelch Erquickung,
 Wie die Glieder Geister vom Gehirn.

Sonnenstäubchen paart mit Sonnenstäubchen
 Sich in trauter Harmonie,
Sphären ineinander lenkt die Liebe,
 Weltsysteme dauren nur durch sie.

Tilge sie vom Uhrwerk der Naturen –
 Trümmernd auseinander springt das All,
In das Chaos donnern eure Welten,
 Weint, Newtone, ihren Riesenfall!

Tilg die Göttin aus der Geister Orden,
  Sie erstarren in der Körper Tod,
Ohne Liebe kehrt kein Frühling wieder,
  Ohne Liebe preist kein Wesen Gott!

Und was ists, das, wenn mich Laura küsset,
  Purpurflammen auf die Wangen geußt,
Meinem Herzen raschern Schwung gebietet,
  Fiebrisch wild mein Blut von hinnen reißt?

Aus den Schranken schwellen alle Sennen,
  Seine Ufer überwallt das Blut,
Körper will in Körper überstürzen,
  Lodern Seelen in vereinter Glut;

Gleich allmächtig wie dort in der toten
  Schöpfung ewgen Federtrieb
Herrscht im arachneischen Gewebe
  Der empfindenden Natur die Lieb.

Siehe, Laura, Fröhlichkeit umarmet
  Wilder Schmerzen Überschwung,
An der Hoffnung Liebesbrust erwarmet
  Starrende Verzweifelung.

Schwesterliche Wollust mildert
  Düstrer Schwermut Schauernacht,
Und entbunden von den goldnen Kindern
  Strahlt das Auge Sonnenpracht.

Waltet nicht auch durch des Übels Reiche
  Fürchterliche Sympathie?
Mit der Hölle buhlen unsre Laster,
  Mit dem Himmel grollen sie.

Um die Sünde flechten Schlangenwirbel
  Scham und Reu, das Eumenidenpaar,

Um der Größe Adlerflügel windet
  Sich verrätrisch die Gefahr.

Mit dem Stolze pflegt der Sturz zu tändeln,
  Um das Glück zu klammern sich der Neid,
Ihrem Bruder Tode zuzuspringen
  Offnen Armes Schwester Lüsternheit.

Mit der Liebe Flügel eilt die Zukunft
  In die Arme der Vergangenheit,
Lange sucht der fliehende Saturnus
  Seine Braut – die Ewigkeit.

Einst – so hör ich das Orakel sprechen –
  Einsten hascht Saturn die Braut,
Weltenbrand wird Hochzeitfackel werden,
  Wenn mit Ewigkeit die Zeit sich traut.

Eine schönere Aurora rötet,
  Laura, dann auch unsrer Liebe sich,
Die so lang als jener Brautnacht dauert,
  Laura! Laura! freue dich!

FRIEDRICH HÖLDERLIN

Diotima

Mittlere Fassung

Lange tot und tiefverschlossen,
Grüßt mein Herz die schöne Welt;
Seine Zweige blühn und sprossen,
Neu von Lebenskraft geschwellt;

O! ich kehre noch ins Leben,
Wie heraus in Luft und Licht
Meiner Blumen selig Streben
Aus der dürren Hülse bricht.

Wie so anders ists geworden!
Alles, was ich haßt' und mied,
Stimmt in freundlichen Akkorden
Nun in meines Lebens Lied,
Und mit jedem Stundenschlage
Werd' ich wunderbar gemahnt
An der Kindheit goldne Tage,
Seit ich dieses Eine fand.

Diotima! selig Wesen!
Herrliche, durch die mein Geist,
Von des Lebens Angst genesen,
Götterjugend sich verheißt!
Unser Himmel wird bestehen,
Unergründlich sich verwandt,
Hat sich, eh wir uns gesehen,
Unser Innerstes gekannt.

Da ich noch in Kinderträumen,
Friedlich, wie der blaue Tag,
Unter meines Gartens Bäumen
Auf der warmen Erde lag,
Und in leiser Lust und Schöne
Meines Herzens Mai begann,
Säuselte, wie Zephirstöne,
Diotimas Geist mich an.

Ach! und da, wie eine Sage,
Mir des Lebens Schöne schwand,
Da ich vor des Himmels Tage
Darbend, wie ein Blinder, stand,
Da die Last der Zeit mich beugte,

Und mein Leben, kalt und bleich,
Sehnend schon hinab sich neigte
In der Schatten stummes Reich;

Da, da kam vom Ideale,
Wie vom Himmel, Mut und Macht,
Du erscheinst mit deinem Strahle,
Götterbild! in meiner Nacht;
Dich zu finden, warf ich wieder,
Warf ich den entschlafnen Kahn
Von dem toten Porte nieder
In den blauen Ozean. –

Nun! ich habe dich gefunden,
Schöner, als ich ahndend sah
In der Liebe Feierstunden,
Hohe! Gute! bist du da;
O der armen Phantasien!
Dieses Eine bildest nur
Du, in ew'gen Harmonien
Frohvollendete Natur!

Wie die Seligen dort oben,
Wo hinauf die Freude flieht,
Wo, des Daseins überhoben,
Wandellose Schöne blüht,
Wie melodisch bei des alten
Chaos Zwist Urania,
Steht sie, göttlich rein erhalten,
Im Ruin der Zeiten da.

Unter tausend Huldigungen
Hat mein Geist, beschämt, besiegt,
Sie zu fassen schon gerungen,
Die sein Kühnstes überfliegt.
Sonnenglut und Frühlingsmilde,
Streit und Frieden wechselt hier

Vor dem schönen Engelsbilde
In des Busens Tiefe mir.

Viel der heil'gen Herzenstränen
Hab' ich schon vor ihr geweint,
Hab' in allen Lebenstönen
Mit der Holden mich vereint,
Hab', ins tiefste Herz getroffen,
Oft um Schonung sie gefleht,
Wenn so klar und heilig offen
Mir ihr eigner Himmel steht;

Habe, wenn in reicher Stille,
Wenn in einem Blick und Laut
Seine Ruhe, seine Fülle
Mir ihr Genius vertraut,
Wenn der Gott, der mich begeistert,
Mir an ihrer Stirne tagt,
Von Bewundrung übermeistert,
Zürnend ihr mein Nichts geklagt;

Dann umfängt ihr himmlisch Wesen
Süß im Kinderspiele mich,
Und in ihrem Zauber lösen
Freudig meine Bande sich;
Hin ist dann mein dürftig Streben,
Hin des Kampfes letzte Spur,
Und ins volle Götterleben
Tritt die sterbliche Natur.

Ha! wo keine Macht auf Erden,
Keines Gottes Wink uns trennt,
Wo wir Eins und Alles werden,
Da ist nur mein Element;
Wo wir Not und Zeit vergessen,
Und den kärglichen Gewinn
Nimmer mit der Spanne messen,
Da, da sag' ich, daß ich bin.

Wie der Stern der Tyndariden
Der in leichter Majestät
Seine Bahn, wie wir, zufrieden
Dort in dunkler Höhe geht,
Nun in heitre Meereswogen,
Wo die schöne Ruhe winkt,
Von des Himmels steilem Bogen
Klar und groß hinuntersinkt;

O Begeisterung! so finden
Wir in dir ein selig Grab,
Tief in deine Woge schwinden
Stillfrohlockend wir hinab,
Bis der Hore Ruf wir hören,
Und mit neuem Stolz erwacht,
Wie die Sterne, wiederkehren
In des Lebens kurze Nacht.

Abbitte

Heilig Wesen! gestört hab' ich die goldene
    Götterruhe dir oft, und der geheimeren,
        Tiefern Schmerzen des Lebens
            Hast du manche gelernt von mir.

O vergiß es, vergib! gleich dem Gewölke dort
    Vor dem friedlichen Mond, geh' ich dahin, und du
        Ruhst und glänzest in deiner
            Schöne wieder, du süßes Licht!

Geh unter, schöne Sonne...

Geh unter, schöne Sonne, sie achteten
  Nur wenig dein, sie kannten dich, Heilge, nicht,
    Denn mühelos und stille bist du
      Über den Mühsamen aufgegangen.

Mir gehst du freundlich unter und auf, o Licht!
  Und wohl erkennt mein Auge dich, Herrliches!
    Denn göttlich stille ehren lernt' ich
      Da Diotima den Sinn mir heilte.

O du des Himmels Botin! wie lauscht ich dir!
  Dir, Diotima! Liebe! wie sah von dir
    Zum goldnen Tage dieses Auge
      Glänzend und dankend empor. Da rauschten

Lebendiger die Quellen, es atmeten
  Der dunkeln Erde Blüten mich liebend an,
    Und lächelnd über Silberwolken
      Neigte sich segnend herab der Aether.

NOVALIS

Hinüber wall ich,
Und jede Pein
Wird einst ein Stachel
Der Wollust sein.
Noch wenig Zeiten,
So bin ich los,
Und liege trunken
Der Lieb' im Schoß.
Unendliches Leben

Wogt mächtig in mir
Ich schaue von oben
Herunter nach dir.
An jenem Hügel
Verlischt dein Glanz –
Ein Schatten bringet
Den kühlenden Kranz.
O! sauge, Geliebter,
Gewaltig mich an,
Daß ich entschlummern
Und lieben kann.
Ich fühle des Todes
Verjüngende Flut,
Zu Balsam und Äther
Verwandelt mein Blut –
Ich lebe bei Tage
Voll Glauben und Mut
Und sterbe die Nächte
In heiliger Glut.

An Julien

Daß ich mit namenloser Freude
Gefährte deines Lebens bin
Und mich mit tiefgerührtem Sinn
Am Wunder deiner Bildung weide –
Daß wir aufs innigste vermählt
Und ich der Deine, du die Meine,
Daß ich von allen nur die Eine
Und diese Eine mich gewählt,
Dies danken wir dem süßen Wesen,
Das sich uns liebevoll erlesen.

O! laß uns treulich ihn verehren,
So bleiben wir uns einverleibt.

Wenn ewig seine Lieb uns treibt,
So wird nichts unser Bündnis stören.
An seiner Seite können wir
Getrost des Lebens Lasten tragen
Und selig zu einander sagen:
Sein Himmelreich beginnt schon hier,
Wir werden, wenn wir hier verschwinden,
In seinem Arm uns wiederfinden.

CLEMENS BRENTANO

Von den Mauern Widerklang –
Ach! – im Herzen frägt es bang:
Ist es ihre Stimme;
Und vergebens sucht mein Blick
Kehret mir ein Ton zurück? –
Ist's nur meine Stimme? –

Auf der Mauern höherm Rand
Sind die Blicke hingebannt,
Doch ich seh' nur Sterne;
Und in hoher Himmelssee
Ich die Sterne küssen seh',
Wären's unsre Sterne.

Nacht ist voller Lug und Trug,
Nimmer sehen wir genug
In den schwarzen Augen;
Heiß ist Liebe, Nacht ist kühl,
Ach ich seh' ihr viel zu viel
In die schwarzen Augen.

Sonne wollt' nicht untergehn,
Blieb am Berg neugierig stehn;

Kam die Nacht gegangen.
Stille Nacht in deinem Schoß
Liegt der Menschen höchstes Los,
Mütterlich umfangen.

Als ich in tiefen Leiden
Verzweifelnd wollt' ermatten,
Da sah ich deinen Schatten
Hin über meine Diele gleiten,
Da wußt' ich, was ich liebte,
Und was so schrecklich mich betrübte,
O Wunder aller Zierde,
Du feine ernste Myrte.

Alles lieben oder Eins lieben
All – Eins

Still folgt die Liebe deinen Schritten,
Denn alle Lust und alle Pracht,
Die dich ergötzt in Kunst und Sitten,
Hat sie ja selbst für dich erdacht.

Ich darf nicht rings umher mehr blicken
Der Farben Glut, der Formen Zier
Der Lüfte Wehn, der Blumen Nicken
Ist all für dich, kömmt all von mir.

Es wird kein stolzes Schloß gebauet,
Es wird kein edles Bild geschnitzt,
Die Liebe hat es durchgeschauet,
Die Liebe hat hindurchgeblitzt.

Weil du in Vielem liebst zu leben
Hab Vieles ich dir herbestellt,

Als Gott der Liebe sich ergeben,
Da kamst du selbst mitsamt der Welt.

Da kam auch ich mit meiner Liebe
Und alle Kunst und aller Sinn,
Und daß ich wüßt', wo Alles bliebe
Trug ich es zu der Einen hin.

Du gehst ganz lustig durch spazieren
Und drehst das Hälschen in die Rund,
Ich habe Eins nur zu verlieren,
Mit dir geht Alles mir zu Grund.

Du suchest das in allen Dingen
Was ich in dir gefunden hab',
Du möchtest allen Liebe bringen,
Ich tret' der Lieben Alles ab.

Du suchst die Liebe rings entfaltet
Ich sehe sie in dich verhüllt,
Nichts hast du, was sich dir gestaltet,
Ich hab' dich nicht du süßes Bild.

Was du inmitten von vier Winden
Zu suchen hin und her dich drehst
Kann mir in vier Fischbeinchen schwinden,
Wenn du ein bißchen schneller gehst.

Du möchtest in der Liebe wählen
Ich folge Arm Lind dir, weil ich muß.
Du möchtest die Gestirne zählen
Ich fand die Welt in einer Nuß.

Süß Lieb, das ich muß heiß verlangen,
Arm Lind, all, was du krank vermiss'st,
Wir werdens einst in Uns umfangen
In dem, der Eins und Alles ist.

Mir brennet in dem kranken Herzen
In einem Flammenblumenstrauß.
Von unermeßner Art der Schmerzen
Die tiefgebeugte Seele aus.

Und du, durch die der Strauß erblühet,
Streckst wohl zu ihm die feine Hand
Scheust nicht die Glut, aus dir erglühet,
Scheust nicht dies Herz von dir entbrannt,

Und wenn die Feuerblumen blitzen
Von meiner Tränen heißem Tau
Zählst du mit kühlen Fingerspitzen
Die Blümchen auf des Traumes Au.

Ich hab' den Schmerzenstrauß gedichtet,
Der flammend mir im Herzen rast,
Und hab' in Flammen es vernichtet
Daß nicht die Glut dein Herz verglast.

Ich habe viel zu dir gesprochen
Auch letzte Worte bis zum Tod,
Und hab' mein Herz vor dir gebrochen,
Wie ich dir brechen darf dein Brot.

Ich leb' nicht mehr, lieg' unbegraben,
Mein Schatten fleht in heißer Buß',
Süß Lieb, soll mich mit Tränen laben,
An der schwarzlaub'gen Linde Fuß.

14. Juli 1834

Ich weiß wohl, was dich bannt in mir,
Die Lebensglut in meiner Brust,
Die süße zauberhafte Zier,

Der bangen tiefgeheimen Lust,
Die aus mir strahlet, ruft zu dir,
Schließ mich in einen Felsen ein,
Ruft doch arm Lind durch Mark und Bein:
Komm, lebe, liebe, stirb an mir,
Leg' dir diesen Fels auf deine Brust,
    Du mußt, mußt.

Ich weiß wohl, was du liebst in mir –
Es ist die Glut in meiner Brust –
Es ist die zauberhafte Zier,
Der tief geheimen innern Lust,
Die strahlt aus mir, und ruft zu dir:
Schließ mich in einen Felsenstein,
So ruf' ich doch durch Mark und Bein!
Komm, lebe, liebe, stirb bei mir
    Du mußt, du mußt. –

Die Abendwinde wehen,
Ich muß zur Linde gehen,
Muß einsam weinend stehen,
Es kommt kein Sternenschein;
Die kleinen Vöglein sehen
Betrübt zu mir und flehen,
Und wenn sie schlafen gehen,
Dann wein' ich ganz allein!
  »Ich hör' ein Sichlein rauschen,
  Wohl rauschen durch den Klee,
  Ich hör' ein Mägdlein klagen
  Von Weh, von bitterm Weh!«

Ich soll ein Lied dir singen,
Ich muß die Hände ringen,
Das Herz will mir zerspringen
In bittrer Tränenflut,

Ich sing' und möchte weinen,
So lang der Mond mag scheinen,
Sehn' ich mich nach der Einen,
Bei der mein Leiden ruht!
    »Ich hör' ein Sichlein rauschen,
    Wohl rauschen durch den Klee,
    Ich hör' ein Mägdlein klagen
    Von Weh, von bitterm Weh!«

Mein Herz muß nun vollenden,
Da sich die Zeit will wenden,
Es fällt mir aus den Händen
Der letzte Lebenstraum.
Entsetzliches Verschwenden
In allen Elementen,
Mußt' ich den Geist verpfänden,
Und alles war nur Schaum!
    »Ich hör' ein Sichlein rauschen,
    Wohl rauschen durch den Klee,
    Ich hör' ein Mägdlein klagen
    Von Weh, von bitterm Weh!«

Was du mir hast gegeben,
Genügt ein ganzes Leben
Zum Himmel zu erheben;
O sage, ich sei dein!
Da kehrt sie sich mit Schweigen
Und gibt kein Lebenszeichen,
Da mußte ich erbleichen,
Mein Herz ward wie ein Stein.
    »Ich hör' ein Sichlein rauschen,
    Wohl rauschen durch den Klee,
    Ich hör' ein Mägdlein klagen
    Von Weh, von bitterm Weh!«

Heb Frühling jetzt die Schwingen,
Laß kleine Vöglein singen,

Laß Blümlein aufwärts dringen,
Süß Lieb geht durch den Hain.
Ich mußt' mein Herz bezwingen,
Muß alles niederringen,
Darf nichts zu Tage bringen,
Wir waren nicht allein!
 »Ich hör' ein Sichlein rauschen,
 Wohl rauschen durch den Klee,
 Ich hör' ein Mägdlein klagen
 Von Weh, von bitterm Weh!«

Wie soll ich mich im Freien
Am Sonnenleben freuen,
Ich möchte laut aufschreien,
Mein Herz vergeht vor Weh!
Daß ich muß alle Tränen,
All Seufzen und all Sehnen
Von diesem Bild entlehnen,
Dem ich zur Seite geh'!
 »Ich hör' ein Sichlein rauschen,
 Wohl rauschen durch den Klee,
 Ich hör' ein Mägdlein klagen
 Von Weh, von bitterm Weh!«

Wenn du von deiner Schwelle
Mit deinen Augen helle,
Wie letzte Lebenswelle
Zum Strom der Nacht mich treibst,
Da weiß ich, daß sie Schmerzen
Gebären meinem Herzen
Und löschen alle Kerzen,
Daß du mir leuchtend bleibst!
 »Ich hör' ein Sichlein rauschen,
 Wohl rauschen durch den Klee,
 Ich hör' ein Mägdlein klagen
 Von Weh, von bitterm Weh!«

ACHIM VON ARNIM

Nachtgruß

Er

O deinem Atemzuge
Horche ich feiernd leis,
Er hebet mich im Fluge
Über den Erdenkreis.

Sie

Dein Atem sanft im Schlafe
Tönt in die Saiten ein,
Du sprichst aus mir im Schlafe
Worte, sie sind nicht mein.
O lieblich waches Schlafen
Einzige einige Ruh
In der Gedanken Hafen
Singe, ich höre zu.

Er

Der Alp, der mich gedrücket
Fliehet vor deinem Klang,
Sein Roß mich fern anblicket,
Hörst du den Hufschlag bang;
Du hörst mein Herz nun schlagen,
Bebt nicht die Erd entzückt,
Sie soll dem Himmel sagen
Wie sie so hoch beglückt.

Sie

Du hauchest kühles Feuer
Nieder in meine Ruh,
Viel tönt mein Busen freier,
Schlafe und träume du.

Ich schweb in deinen Träumen
Schon in dem Morgenrot,
Und säusle in den Bäumen
Mitten im Feuertod.

Er

Ja wie ein wilder Leue
Nächtlich im Walde brüllt,
Bewachet er die Treue,
Die ihm den Schmerz gestillt:
So ruf ich an die Erde,
Die mir mein Haus verschlang,
Daß sie am heil'gen Herde
Uns dann zugleich umfang.

Sie

Nein stürz mich in den Becher,
Glühend noch raucht der Berg,
Und trink, du schöner Zecher,
Alles, was ich verberg.

Er

Ach all, was birgt dein Auge,
Alles, was birgt dein Herz;
Ich würde Himmel saugen
Mitten im schönsten Schmerz.

Beide

Nein dieser Stunde Feuer,
Nimmer o nimmer vergeht,
Nein dieser Töne Feier
Nimmer o nimmer verweht.
Wir leben ohn Besinnen,
Sind wir wohl außer uns?
Die Tropfen Tau schon rinnen,
Auf uns und über uns.

Wir ruhen auf Silbersaiten
Regend die Melodien;
Tanzend die Elfen schreiten
Übers erwachende Grün.

Mir ist zu licht zum Schlafen

Mir ist zu licht zum Schlafen,
Der Tag bricht in die Nacht,
Die Seele ruht im Hafen,
Ich bin so froh verwacht!

Ich hauchte meine Seele
Im ersten Kusse aus,
Was ist's, daß ich mich quäle,
Ob sie auch fand ein Haus!

Sie hat es wohl gefunden,
Auf ihren Lippen schön,
O welche sel'ge Stunden,
Wie ist mir so geschehn!

Was soll ich nun noch sehen,
Ach alles ist in ihr,
Was fühlen, was erflehen,
Es ward ja alles mir!

Ich habe was zu sinnen,
Ich hab, was mich beglückt;
In allen meinen Sinnen
Bin ich von ihr entzückt.

VOLKSLIEDER

Ach wie ists möglich dann,
Daß ich dich lassen kann,
Hab dich von Herzen lieb,
Das glaube mir!
Du hast das Herze mein
So sehr genommen ein,
Daß ich kein' Andern lieb,
Liebe so sehr.

Obschon das Glück nicht wollt,
Daß ich dein werden sollt,
So lieb ich dennoch dich,
Glaub's sicherlich!
Es soll kein Andrer sein,
Der mich soll nehmen ein,
Als du, o schönstes Kind,
Dir bleib ich treu!

Stoß mir das Herz entzwei,
Wenn du ein falsche Treu
Oder nur falsche Lieb
Spürest an mir!
Dir will ich jederzeit
Zu Diensten sein bereit,
Bis daß ich kommen werd
Unter die Erd.

Nach meinem Tod alsdann,
Auf daß du denkst daran,
Nimm an der Todtenbahr
Dieß Reimlein wahr:
Hier liegt begraben drein
Die dich geliebt allein,
Die dich geliebet hat
Bis in das Grab.

(Aus: *Des Knaben Wunderhorn*)

Abschied für immer

Mündlich

Heute marschieren wir,
Morgen marschieren wir
Zu dem hohen Tor hinaus;
Ei, du wacker schwarzbraun Mägdlein,
Unsre Lieb ist noch nicht aus.

Reist du schon fort?
Reist du denn schon fort?
Kommst du niemals wieder heim?
Und wenn du kommst in ein fremdes Ländchen,
Liebster Schatz, vergiß mein nicht.

Trink du ein Gläschen Wein
Zur Gesundheit mein und dein,
Kauf mir einen Strauß am Hut,
Nimm mein Tüchlein in die Tasche,
Deine Tränlein mit abwasch.

Es kommt die Lerche,
Es kommt der Storch,
Es kommt die Sonne ans Firmament.
In das Kloster will ich gehn,
Weil ich mein Schätzchen nicht mehr tu sehen,
Weil nicht wiederkommt mein Schatz!

Dorten sind zwei Turteltäubchen,
Sitzen auf dem dürren Ast,
Wo sich zwei Verliebte scheiden,
Da verwelket Laub und Gras.
Was batt mich ein schöner Garten,
Wenn ich nichts darinnen hab?

Was batt mich die schönste Rose,
Wenn ich sie nicht brechen soll?
Was batt mich ein jung frisch Leben,
Wenn ich's nicht der Lieb ergeb?

Feuerelement

Mündlich

Er
Du kannst mir glauben, liebes Herz,
Geh dich am Bronnen frischen,
Wenn heut die Stern am Himmel sind,
Komm ich zu dir, mein schönes Kind,
Da denkst du nicht der Schmerzen
Im Herzen.

Sie
Geh hin und nimm ein kühles Bad,
Tu dich im Tau erlaben,
Wenn Feuer und Stroh beisammen sind,
Den Schnee dazwischen treibt der Wind,
So muß es dennoch brennen,
Ja brennen.

1. Epistel

Aus Franken

Ich habe mein Herz in deines hineingeschlossen,
Darin liegen begraben
Drei güldene Buchstaben,
Der erste ist von rotem Gold,

Daß ich dir bin von Herzen hold;
Der ander ist von Edelstein,
Ich wollt, du wärst die Liebste mein;
Der dritt, der ist von Sammet und Seiden,
Du sollst all andere meiden.
So wünsch ich dir ein güldenes Schlafkämmerlein,
Von Kristall ein Fensterlein,
Von Sammet ein Bett,
Von Zimmet eine Tür,
Von Nägelein ein Riegel dafür,
Von Muskaten eine Schwell
Und mich zu deinem Schlafgesell.
Dieses wünsch ich der Hübschen und Feinen,
Der Zarten und Reinen,
Der Tugendreichen,
So nicht ihresgleichen,
Wir wollen Freund sein
Bis in das Grab hinein.
Hiermit bist du tausendmal geküßt auf deine Hand,
Das geb ich dir zum Unterpfand,
Ich schick dir ein Gruß von Sammet und von Gold,
Du bist mir lieb und ich dir hold,
So werd ich hernach dir Freund doch bleiben,
Solange die Rosse den Wagen tun treiben,
Solange der Main schwimmet durch den Rhein,
So lange werd ich der Freund doch sein.
Geschrieben im Jahr,
Da die Liebe Feuer war,
Obschon die Augen gleich weit voneinander,
Ein Herz doch allzeit liebet das andre,
Den Namen will ich nicht nennen,
Wenn du mich liebst, wirst du mich wohl kennen.

2. Epistel

Einen freundlichen Gruß,
Der in das Herze soll und muß;
Der Gruß liegt begraben
Zwischen zwei goldenen Buchstaben;
Der eine heiß: eine Perle fein,
Ich kann nicht, Herzallerliebste, stets bei dir sein.
Der andre heiß: Sammet und Seiden,
Mein Schatz soll andre Junggesellen meiden.
Ich habe einen heimlichen Boten ausgesandt,
Der dir und mir ist wohlbekannt;
Das Täublein tu ich bitten
Mit tugendlichen Sitten,
Daß es soll mein Bote sein
Und sagen zu der Liebsten mein:
Ich grüß sie heimlich in der Still
Und trau den falschen Zungen nicht viel.
Grüße nur ihr Mündlein rot und weiß,
Welches ist gezieret mit ganzem Fleiß,
Grüße sie durch grasgrünen Klee,
Nach ihr tut mir mein Herz so weh.
Ich wünsche ihr soviel gute Tage und Augenblick,
Als ich des Nachts Sterne am Himmel erblick.
Ich wünsche meiner Herzliebsten ein Haus,
Mich zu ihr immer ein und aus,
Von Kristallen eine Tür
Und von Nägelein einen Riegel dafür;
Von Sammet und Seiden ein Bett,
Das ist ihr zarter Leib wohl wert.
Wir leben beide auf dieser Erden,
Ach, daß sie bald mein eigen möcht werden.
Eh ich meine Herzvielgeliebte wollt lassen,
Eh sollt mein Herz ein Pfeil durchstoßen;
Eh ich meine Herzallerliebste wollt meiden,
Eh sollt mein Herz eine Säge durchschneiden.
Es kann keiner sein so behend,

Der von der Liebe könnt schreiben ein End.
Sie ist mein Morgen- und Abendstern,
Meine Augen sehen sie allezeit gern;
Ich sitze beim Trinken oder Essen,
So kann ich meine Herzallerliebste nicht vergessen;
Wenn ich sie seh voll Freuden schweben,
So freuet sich mein ganzes Leben.
Herzallerliebste, ich laß nicht von dir ab,
Bis man mich träget ins kühle Grab.
Herz in Herz geschlossen,
Pfeil in Pfeil gestoßen,
Lieb in Lieb verpflicht,
Herzallerliebste, verlaß mich nicht;
Denn mein Herz ist ein Diamant,
Dein und meine Liebe scheidet niemand.
Keine Rose, keine Nelke kann blühen so schön,
Als wenn zwei verliebte Seelen beisammen tun stehn.
Kein Feuer, keine Kohle kann brennen so heiß
Als zärtliche Liebe, von der niemand weiß.
Setz du mir einen Spiegel ins Herze hinein,
Damit du kannst schauen, wie treu ich es mein.
Nun, Täubchen, schwing die Flügel,
Bring frohe Botschaft wieder.

Edelkönigs-Kinder

Mitgeteilt von H. Schlosser

Es waren zwei Edelkönigs-Kinder,
Die beiden, die hatten sich lieb,
Beisammen konnten sie dir nit kommen,
Das Wasser war viel zu tief.

»Ach Liebchen, könntest du schwimmen,
So schwimme doch her zu mir,

Drei Kerzlein wollt ich dir anstecken,
Die sollten auch leuchten dir.«

Da saß ein loses Nönnechen,
Das tat, als wenn es schlief,
Es tat die Kerzlein ausblasen,
Der Jüngling vertrank so tief.

»Ach Mutter, herzliebste Mutter,
Wie tut mir mein Häuptchen so weh;
Könnt ich ein kleine Weile
Spazierengehn längs der See.«

»Ach Tochter, herzliebste Tochter,
Allein sollst du da nit gehn,
Weck auf deine jüngste Schwester
Und laß sie mit dir gehn.«

»Ach Mutter, herzliebste Mutter,
Mein Schwester ist noch ein Kind,
Sie pflückt ja all die Blumen,
Die in dem grünen Wald sind.

Ach Mutter, herzliebste Mutter,
Wie tut mir mein Häuptchen so weh.
Könnt ich eine kleine Weile
Spazierengehn längs der See.«

»Ach Tochter, herzliebste Tochter,
Allein sollst du da nit gehn,
Weck auf deinen jüngsten Bruder
Und laß ihn mit dir gehn.«

»Ach Mutter, herzliebste Mutter,
Mein Bruder ist noch ein Kind,
Er fängt ja alle die Hasen,
Die in dem grünen Wald sind.«

Die Mutter und die ging schlafen,
Die Tochter ging ihren Gang,
Sie ging so lange spazieren,
Bis sie ein Fischer fand.

Den Fischer sah sie fischen:
»Fisch mir ein verdientes rot Gold,
Fisch mir doch einen Toten,
Er ist ein Edelkönigs-Kind.«

Der Fischer fischte so lange,
Bis er den Toten fand,
Er griff ihn bei den Haaren
Und schleift ihn an das Land.

Sie nahm ihn in ihre Arme
Und küßt ihm seinen Mund:
»Adie, mein Vater und Mutter,
Wir sehn uns nimmermehr.«

Abendstern

Mündlich

Schlaf nur ein, geliebtes Leben,
Schlaf, ich will ja gern zufrieden sein,
Deine lieben Augen geben
Dennoch deinem Diener hellen Schein.
   Hast du dich verschlossen,
   Will ich unverdrossen
Liebend doch vor deiner Türe stehn;
   Daß sie Liebe quäle,
   Jauchzet meine Seele,
Darf ich liebend doch an deiner Türe stehn.

Schlaf nur ein, dein Sternenschimmer
Läßt mich nie zu meinem Bette gehn,
Meine müden Augen sehn dich immer,
Bis sie vor den deinen untergehn;
    Wie die Blätter fallen,
    Also werd ich fallen,
Unter deinem Fuße rauschen hin,
    Mild bist du den Armen,
    Trage mir Erbarmen,
Unter deinem Fuße rausch ich hin.

Schlaf nur ein, und heiß mich wachend gehen,
Herz und Seele bleibet doch bei dir,
Will mir mit dem Tag die Sonne untergehen,
Ist ein Liebeshimmel doch in mir;
    Denn da seh ich immer
    Deiner Sterne Schimmer,
Wie sie flüchtig auf mein Herze gehn,
    Säh ich dich doch morgen,
    Ließ ich alle Sorgen
Also flüchtig durch mein Herze gehn.

ADELBERT VON CHAMISSO

Frauen-Liebe und Leben

1

Seit ich ihn gesehen,
    Glaub ich blind zu sein;
Wo ich hin nur blicke,
    Seh ich ihn allein;
Wie im wachen Traume
    Schwebt sein Bild mir vor,

Taucht aus tiefstem Dunkel
  Heller nur empor.

Sonst ist licht- und farblos
  Alles um mich her,
Nach der Schwestern Spiele
  Nicht begehr ich mehr,
Möchte lieber weinen
  Still im Kämmerlein;
Seit ich ihn gesehen,
  Glaub ich blind zu sein.

3

Ich kann's nicht fassen, nicht glauben,
  Es hat ein Traum mich berückt;
Wie hätt' er doch unter allen
  Mich Arme erhöht und beglückt?

Mir war's, er habe gesprochen:
  Ich bin auf ewig dein –
Mir war's – ich träume noch immer,
  Es kann ja nimmer so sein.

Oh, laß im Traume mich sterben,
  Gewieget an seiner Brust,
Den seligsten Tod mich schlürfen
  In Tränen unendlicher Lust.

Adelbert an seine Braut

Ich schlich so blöd für mich allein,
Ich wälzte so mich in den Staub,
Ich war so schwach, ich war so klein,
Ich war so blind, ich war so taub,
Ich war so nackt, ich war so kalt,
Ich war so arm, ich war so alt –

Und bin nun aller Siechheit los
Und fühle in den Knochen Mark;
Ich bin so reich, ich bin so groß,
Ich bin so jung, ich bin so stark.
Du, die du alles, alles gibst,
Du segnest mich, wie du mich liebst.
Ich drücke dich an meine Brust.
Du bist mein Stolz und meine Lust,
Du bist mein Hort, du bist mein Gut,
Du bist mein Herz, du bist mein Blut,
Du bist mein Stern und meine Kron',
Bist meine Tugend und mein Lohn.
O du mein frommes, gutes Kind,
Mein guter Engel, hold und lind,
Mir ward durch dich das Heil verliehn!
Oh, lasse mich zu deinen Füßen
In meiner Demut niederknien
Und beten und in Tränen fließen:
Du hast, o Herr, in ihrem Blick
Eröffnet mir den Himmel dein!
Gib Heil für Heil, gib Glück für Glück,
Und laß auch mich dein Werkzeug sein!

JOSEPH VON EICHENDORFF

Wahl

Der Tanz, der ist zerstoben,
Die Musik ist verhallt,
Nun kreisen Sterne droben,
Zum Reigen singt der Wald.

Sind alle fortgezogen,
Wie ists nun leer und tot!

Du rufst vom Fensterbogen:
»Wann kommt das Morgenrot!«

Mein Herz möcht mir zerspringen,
Darum so wein ich nicht,
Darum so muß ich singen,
Bis daß der Tag anbricht.

Eh es beginnt zu tagen:
Der Strom geht still und breit,
Die Nachtigallen schlagen,
Mein Herz wird mir so weit!

Du trägst so rote Rosen,
Du schaust so freudenreich,
Du kannst so fröhlich kosen,
Was stehst du still und bleich?

Und laß sie gehn und treiben
Und wieder nüchtern sein,
Ich will wohl bei dir bleiben!
Ich will dein Liebster sein!

Der Gärtner

Wohin ich geh und schaue,
In Feld und Wald und Tal,
Vom Berg hinab in die Aue:
Viel schöne, hohe Fraue,
Grüß ich dich tausendmal.

In meinem Garten find ich
Viel Blumen, schön und fein,
Viel Kränze wohl draus wind ich
Und tausend Gedanken bind ich
Und Grüße mit darein.

Ihr darf ich keinen reichen,
Sie ist zu hoch und schön,
Die müssen alle verbleichen,
Die Liebe nur ohnegleichen
Bleibt ewig im Herzen stehn.

Ich schein wohl froher Dinge
Und schaffe auf und ab,
Und, ob das Herz zerspringe,
Ich grabe fort und singe
Und grab mir bald mein Grab.

Der letzte Gruß

Ich kam vom Walde hernieder,
Da stand noch das alte Haus,
Mein Liebchen, sie schaute wieder
Wie sonst zum Fenster hinaus.

Sie hat einen andern genommen,
Ich war draußen in Schlacht und Sieg.
Nun ist alles anders gekommen,
Ich wollt, 's wär wieder erst Krieg.

Am Wege dort spielte ihr Kindlein,
Das glich ihr recht auf ein Haar,
Ich küßts auf sein rotes Mündlein:
»Gott segne dich immerdar!«

Sie aber schaute erschrocken
Noch lange Zeit nach mir hin,
Und schüttelte sinnend die Locken
Und wußte nicht, wer ich bin. –

Da droben hoch stand ich am Baume,
Da rauschten die Wälder so sacht,

Mein Waldhorn, das klang wie im Traume
Hinüber die ganze Nacht.

Und als die Vögelein sangen
Frühmorgens, sie weinte so sehr,
Ich aber war weit schon gegangen,
Nun sieht sie mich nimmermehr!

Neue Liebe

Herz, mein Herz, warum so fröhlich,
So voll Unruh und zerstreut,
Als käm über Berge selig
Schon die schöne Frühlingszeit?

Weil ein liebes Mädchen wieder
Herzlich an dein Herz sich drückt,
Schaust du fröhlich auf und nieder,
Erd und Himmel dich erquickt.

Und ich hab die Fenster offen,
Neu zieh in die Welt hinein
Altes Bangen, altes Hoffen!
Frühling, Frühling soll es sein!

Still kann ich hier nicht mehr bleiben,
Durch die Brust ein Singen irrt,
Doch zu licht ists mir zum Schreiben,
Und ich bin so froh verwirrt.

Also schlendr ich durch die Gassen,
Menschen gehen her und hin,
Weiß nicht, was ich tu und lasse,
Nur, daß ich so glücklich bin.

Frühlingsnacht

Übern Garten durch die Lüfte
Hört ich Wandervögel ziehn,
Das bedeutet Frühlingsdüfte,
Unten fängts schon an zu blühn.

Jauchzen möcht ich, möchte weinen,
Ist mirs doch, als könnts nicht sein!
Alte Wunder wieder scheinen
Mit dem Mondesglanz herein.

Und der Mond, die Sterne sagens,
Und in Träumen rauschts der Hain,
Und die Nachtigallen schlagens:
Sie ist Deine, sie ist dein!

Der Blick

Schaust du mich aus deinen Augen
Lächelnd wie aus Himmeln an,
Fühl ich wohl, daß keine Lippe
Solche Sprache führen kann.

Könnte sies auch wörtlich sagen,
Was dem Herzen tief entquillt,
Still den Augen aufgetragen,
Wird es süßer nur erfüllt.

Und ich seh des Himmels Quelle,
Die mir lang verschlossen war,
Wie sie bricht in reinster Helle
Aus dem reinsten Augenpaar.

Und ich öffne still im Herzen
Alles, alles diesem Blick,

Und den Abgrund meiner Schmerzen
Füllt er strömend aus mit Glück!

An Luise

Ich wollt in Liedern oft dich preisen,
Die wunderstille Güte,
Wie du ein halbverwildertes Gemüte
Dir liebend hegst und heilst auf tausend süße Weisen,
Des Mannes Unruh und verworrnem Leben
Durch Tränen lächelnd bis zum Tod ergeben.

Doch wie den Blick ich dichtend wende,
So schön in stillem Harme
Sitzt du vor mir, das Kindlein auf dem Arme,
Im blauen Auge Treu und Frieden ohne Ende,
Und alles lass ich, wenn ich dich so schaue –
Ach, wen Gott lieb hat, gab er solche Fraue!

LUDWIG UHLAND

Seliger Tod

Gestorben war ich
Vor Liebeswonne;
Begraben lag ich
In ihren Armen;
Erwecket ward ich
Von ihren Küssen;
Den Himmel sah ich
In ihren Augen.

Die Zufriedenen

Ich saß bei jener Linde
Mit meinem trauten Kinde,
Wir saßen Hand in Hand.
Kein Blättchen rauscht' im Winde,
Die Sonne schien gelinde
Herab aufs stille Land.

Wir saßen ganz verschwiegen
Mit innigem Vergnügen,
Das Herz kaum merklich schlug.
Was sollten wir auch sagen?
Was konnten wir uns fragen?
Wir wußten ja genug.

Es mocht' uns nichts mehr fehlen,
Kein Sehnen konnt' uns quälen,
Nichts Liebes war uns fern.
Aus liebem Aug' ein Grüßen,
Vom lieben Mund ein Küssen
Gab eins dem andern gern.

Der Ungenannten

Zu eines Tages Ruhme,
Der uns viel Heil beschied,
Bricht man wohl eine Blume,
Und singt man wohl ein Lied.
Was heißt's, ein Blümchen brechen,
Wo reicher Frühling blüht?
Ein armes Lied zu sprechen,
Wo volle Liebe glüht?

Auf eines Berges Gipfel,
Da möcht' ich mit dir stehn,

Auf Täler, Waldeswipfel
Mit dir herniedersehn;
Da möcht' ich rings dir zeigen
Die Welt im Frühlingsschein,
Und sprechen: wär's mein eigen,
So wär' es mein und dein.

In meiner Seele Tiefen,
O sähst du da hinab,
Wo alle Lieder schliefen,
Die je ein Gott mir gab!
Da würdest du erkennen:
Wenn Echtes ich erstrebt,
Und mag's auch dich nicht nennen,
Doch ist's von dir belebt.

FRIEDRICH RÜCKERT

Du bist mein Mond

Du bist mein Mond und ich bin deine Erde;
Du sagst, du drehest dich um mich.
Ich weiß es nicht, ich weiß nur, daß ich werde
In meinen Nächten hell durch dich.

Du bist mein Mond und ich bin deine Erde;
Sie sagen, du veränderst dich.
Allein, du änderst nur die Lichtgebärde
Und liebst mich unveränderlich.

Du bist mein Mond und ich bin deine Erde;
Nur mein Erdschatten hindert dich,
Die Liebesfackel stets am Sonnenherde
Zu zünden in der Nacht für mich.

Du meine Seele

Du meine Seele, du mein Herz,
Du meine Wonn', o du mein Schmerz,
Du meine Welt, in der ich lebe,
Mein Himmel du, darein ich schwebe,
O du mein Grab, in das hinab
Ich ewig meinen Kummer gab!

Du bist die Ruh', du bist der Frieden,
Du bist der Himmel mir beschieden.
Daß du mich liebst, macht mich mir wert,
Dein Blick hat mich vor mir verklärt,
Du hebst mich liebend über mich,
Mein guter Geist, mein beßres Ich!

Eh' es dich fand

Eh' es dich fand, geahnet
Hat dich das Lied in mir;
Und hat mir nicht gebahnet
Das Lied den Weg zu dir?

Da bist du mir begegnet,
Wo ich die Laute trug;
Die Stunde sei gesegnet,
Seit ich für dich sie schlug.

Einst mußt' ich wie im Traume
Als Dichter kund mich tun;
Nun stehst du mir im Raume,
Ein Seher bin ich nun.

Ich hab' in Formenschranken
Mich dazu vorgeübt,

Um nun den Gottgedanken
Zu spiegeln ungetrübt;

Um diesen Gottgedanken
Der Liebe, die mich schwellt,
Aus deiner Arme Schranken
Zu singen in die Welt.

AUGUST GRAF VON PLATEN

Nach lieblicher'm Geschicke sehn' ich mich,
Wie nach dem Stab die Wicke, sehn' ich mich;
Nach deines Mundes Duft, nach deines Haars
Geringel am Genicke sehn' ich mich;
Ich sehne mich, daß poche mir dein Herz,
Daß mich dein Arm umstricke, sehn' ich mich;
Du gehst, o Schönheit, mich so stolz vorbei,
Nach einem zweiten Blicke sehn' ich mich!

Wenn ich deine Hand liebkose, zittert sie,
Und berührst du die Mimose, zittert sie.
Zwar die Flamme, Sommervogel, bringt dich um,
Doch gerührt von deinem Lose, zittert sie:
Ragend droht die Segelstange dem Gewölk,
Doch besteigt sie der Matrose, zittert sie:
Dich umblüht die Lotosblume, Wasserfall,
Aber hört sie dein Getose, zittert sie,
Eine Ros' im Garten nenn' ich dies Gedicht,
Aber geb' ich dir die Rose, zittert sie.

Tristan

Wer die Schönheit angeschaut mit Augen,
Ist dem Tode schon anheimgegeben,
Wird für keinen Dienst auf Erden taugen,
Und doch wird er vor dem Tode beben,
Wer die Schönheit angeschaut mit Augen!

Ewig währt für ihn der Schmerz der Liebe,
Denn ein Tor nur kann auf Erden hoffen,
Zu genügen einem solchen Triebe:
Wen der Pfeil des Schönen je getroffen,
Ewig währt für ihn der Schmerz der Liebe!

Ach, er möchte wie ein Quell versiechen,
Jedem Hauch der Luft ein Gift entsaugen
Und den Tod aus jeder Blume riechen:
Wer die Schönheit angeschaut mit Augen,
Ach, er möchte wie ein Quell versiechen!

Wem Leben Leiden ist und Leiden Leben,
Der mag nach mir, was ich empfand, empfinden;
Wer jedes Glück sah augenblicks entschwinden,
Sobald er nur begann, darnach zu streben;

Wer je sich in ein Labyrinth begeben,
Aus dem der Ausweg nimmermehr zu finden,
Wen Liebe darum nur gesucht zu binden,
Um der Verzweiflung dann ihn hinzugeben;

Wer jeden Blitz beschwor, ihn zu zerstören,
Und jeden Strom, daß er hinweg ihn spüle
Mit allen Qualen, die sein Herz empören,

Und wer den Toten ihre harten Pfühle
Mißgönnt, wo Liebe nicht mehr kann betören:
Der kennt mich ganz und fühlet, was ich fühle.

KARL IMMERMANN

Wenn ich dies und das wäre

Wenn ich der König wär',
Spräch' ich: »Sei Königin!«
Und reichte dir die goldne Binde hin.

Wenn ich ein Krieger wär',
Rief' ich vor jedem Strauß
Erst deinen Namen in die Welt hinaus.

Wenn ich ein Kaufmann wär',
Führ' ich nach Morgenland
Und brächte dir ein güldenes Gewand.

Wenn ich ein Vogler wär',
Fing' ich dir einen Star,
Der sagte dir, daß ich so treu dir war.

Wenn ich ein Klausner wär',
Wollt' beten anders nie:
»Herr, wie du willst mit mir! Nur schütze *sie*!«

Weil ich ein Garnichts bin,
Geb' ich mich selber her,
O nimm die Gab', als ob sie etwas wär'!

Tödliche Ahnung

In deinem Saale belauscht' ich dich jüngst,
Wo der Farnesina Gedicht,
Heiter nachgebildet,
Lacht von glänzendgetünchter Wand.

Du saßest, gelehnet
Zurück das reingewölbete Haupt,
Blässe bedeckte
Antlitz und Busen,
Deine Wimpern schlossen
Tränenperlende Augen zu.

Ich wußte, du dachtest
Der Zeit, wann hinschwand
Unser Gefühl,
Und wir einander
Nicht mehr erkennen,
Schicksalkrank.

Da verstand ich den Schmerz,
Der uns so rührend ansieht
Aus den Marmorbildern der Alten.
Freudenatmend
Schreitet Anadyomene
Aus dem Schaume der Wogenflut,
Aber das Leben fühlet
In dem begeisteten Stein
Sich als ferne Vergangenheit.

HEINRICH HEINE

Im wunderschönen Monat Mai,
Als alle Knospen sprangen,
Da ist in meinem Herzen
Die Liebe aufgegangen.

Im wunderschönen Monat Mai,
Als alle Vögel sangen,

da hab ich ihr gestanden
Mein Sehnen und Verlangen.

Wenn ich in deine Augen seh,
So schwindet all mein Leid und Weh;
Doch wenn ich küsse deinen Mund,
So werd ich ganz und gar gesund.

Wenn ich mich lehn an deine Brust,
Kommts über mich wie Himmelslust;
Doch wenn du sprichst: ich liebe dich!
So muß ich weinen bitterlich.

Auf Flügeln des Gesanges,
Herzliebchen, trag ich dich fort,
Fort nach den Fluren des Ganges
Dort weiß ich den schönsten Ort.

Dort liegt ein rotblühender Garten
Im stillen Mondenschein;
Die Lotosblumen erwarten
Ihr trautes Schwesterlein.

Die Veilchen kichern und kosen,
Und schaun nach den Sternen empor;
Heimlich erzählen die Rosen
Sich duftende Märchen ins Ohr.

Es hüpfen herbei und lauschen
Die frommen, klugen Gazelln;
Und in der Ferne rauschen
Des heiligen Stromes Welln.

Dort wollen wir niedersinken
Unter dem Palmenbaum,
Und Liebe und Ruhe trinken,
Und träumen seligen Traum.

Als ich, auf der Reise, zufällig
Der Liebsten Familie fand,
Schwesterchen, Vater und Mutter,
Sie haben mich freudig erkannt.

Sie fragten nach meinem Befinden,
Und sagten selber sogleich:
Ich hätte mich gar nicht verändert,
Nur mein Gesicht sei bleich.

Ich fragte nach Muhmen und Basen,
Nach manchem langweilgen Geselln,
Und nach dem kleinen Hündchen
Mit seinem sanften Belln.

Auch nach der vermählten Geliebten
Fragte ich nebenbei;
Und freundlich gab man zur Antwort:
Daß sie in den Wochen sei.

Und freundlich gratuliert ich,
Und lispelte liebevoll:
Daß man sie von mir recht herzlich
Viel tausendmal grüßen soll.

Schwesterchen rief dazwischen:
Das Hündchen, sanft und klein,
Ist groß und toll geworden,
Und ward ertränkt, im Rhein.

Die Kleine gleicht der Geliebten,
Besonders wenn sie lacht;
Sie hat dieselben Augen,
Die mich so elend gemacht.

Du bist wie eine Blume,
So hold und schön und rein;
Ich schau dich an, und Wehmut
Schleicht mir ins Herz hinein.

Mir ist, als ob ich die Hände
Aufs Haupt dir legen sollt,
Betend, daß Gott dich erhalte
So rein und schön und hold.

Wenn ich auf dem Lager liege,
In Nacht und Kissen gehüllt,
So schwebt mir vor ein süßes,
Anmutig liebes Bild.

Wenn mir der stille Schlummer
Geschlossen die Augen kaum,
So schleicht das Bild sich leise
Hinein in meinen Traum.

Doch mit dem Traum des Morgens
Zerrinnt es nimmermehr;
Dann trag ich es im Herzen
Den ganzen Tag umher.

Über die Berge steigt schon die Sonne,
Die Lämmerherde läutet fern;
Mein Liebchen, mein Lamm, meine Sonne und
                                    Wonne,
Noch einmal säh ich dich gar zu gern!

Ich schaue hinauf, mit spähender Miene –
Leb wohl, mein Kind, ich wandre von hier!
Vergebens! Es regt sich keine Gardine;
Sie liegt noch und schläft – und träumt von mir?

Wieder ist das Herz bezwungen,
Und der öde Groll verrauchet,
Wieder zärtliche Gefühle
Hat der Mai mir eingehauchet.

Spät und früh durcheil ich wieder
Die besuchtesten Alleen,
Unter jedem Strohhut such ich
Meine Schöne zu erspähen.

Wieder an dem grünen Flusse,
Wieder steh ich an der Brücke –
Ach, vielleicht fährt sie vorüber,
Und mich treffen ihre Blicke.

Im Geräusch des Wasserfalles
Hör ich wieder leises Klagen,
Und mein schönes Herz versteht es,
Was die weißen Wellen sagen.

Wieder in verschlungnen Gängen
Hab ich träumend mich verloren,
Und die Vögel in den Büschen
Spotten des verliebten Toren.

Es haben unsre Herzen
Geschlossen die heilge Allianz;
Sie lagen fest aneinander,
Und sie verstanden sich ganz.

Ach, nur die junge Rose,
Die deine Brust geschmückt,
Die arme Bundesgenossin,
Sie wurde fast zerdrückt.

Es war ein alter König,
Sein Herz war schwer, sein Haupt war grau;
Der arme alte König,
Er nahm eine junge Frau.

Es war ein schöner Page,
Blond war sein Haupt, leicht war sein Sinn;
Er trug die seidne Schleppe
Der jungen Königin.

Kennst du das alte Liedchen?
Es klingt so süß, es klingt so trüb!
Sie mußten beide sterben,
Sie hatten sich viel zu lieb.

In der Fremde

Mir träumte von einem schönen Kind,
Sie trug das Haar in Flechten;
Wir saßen unter der grünen Lind
In blauen Sommernächten.

Wir hatten uns lieb und küßten uns gern,
Und kosten von Freuden und Leiden.

Es seufzten am Himmel die gelben Stern,
Sie schienen uns zu beneiden.

Ich bin erwacht und schau mich um,
Ich steh allein im Dunkeln.
Am Himmel droben, gleichgültig und stumm,
Seh ich die Sterne funkeln.

Der Asra

Täglich ging die wunderschöne
Sultanstochter auf und nieder
Um die Abendzeit am Springbrunn,
Wo die weißen Wasser plätschern.

Täglich stand der junge Sklave
Um die Abendzeit am Springbrunn,
Wo die weißen Wasser plätschern;
Täglich ward er bleich und bleicher.

Eines Abends trat die Fürstin
Auf ihn zu mit raschen Worten:
Deinen Namen will ich wissen,
Deine Heimat, deine Sippschaft!

Und der Sklave sprach: Ich heiße
Mohamet, ich bin aus Yemmen,
Und mein Stamm sind jene Asra,
Welche sterben, wenn sie lieben.

Es kommt der Tod – jetzt will ich sagen,
Was zu verschweigen ewiglich
Mein Stolz gebot: für dich, für dich,
Es hat mein Herz für dich geschlagen.

Der Sarg ist fertig, sie versenken
Mich in die Gruft. Da hab ich Ruh.
Doch du, doch du, Maria, du,
Wirst weinen oft und mein gedenken.

Du ringst sogar die schönen Hände –
O tröste dich – Das ist das Los,
Das Menschenlos: – was gut und groß
Und schön, das nimmt ein schlechtes Ende.

Lotosblume

Wahrhaftig, wir beide bilden
Ein kurioses Paar,
Die Liebste ist schwach auf den Beinen,
Der Liebhaber lahm sogar.

Sie ist ein leidendes Kätzchen,
Und er ist krank wie ein Hund,
Ich glaube, im Kopfe sind beide
Nicht sonderlich gesund.

Sie sei eine Lotosblume,
Bildet die Liebste sich ein;
Doch er, der blasse Geselle,
Vermeint der Mond zu sein.

Die Lotosblume erschließet
Ihr Kelchlein im Mondenlicht,
Doch statt des befruchtenden Lebens
Empfängt sie nur ein Gedicht.

Worte! Worte! keine Taten!
Niemals Fleisch, geliebte Puppe,

Immer Geist und keinen Braten,
Keine Knödel in der Suppe!

Doch vielleicht ist dir zuträglich
Nicht die wilde Lendenkraft,
Welche galoppieret täglich
Auf dem Roß der Leidenschaft.

Ja, ich fürchte fast, es riebe,
Zartes Kind, dich endlich auf
Jene wilde Jagd der Liebe,
Amors Steeple-chase-Wettlauf.

Viel gesünder, glaub ich schier,
Ist für dich ein kranker Mann
Als Liebhaber, der gleich mir
Kaum ein Glied bewegen kann.

Deshalb unsrem Herzensbund,
Liebste, widme deine Triebe;
Solches ist dir sehr gesund,
Eine Art Gesundheitsliebe.

NIKOLAUS LENAU

Erinnerung

Erinnrungsvoller Baum, du stehst in Trauer;
Dein Laub ist welk, mein Leben ist es auch.
Mein Herz durchziehen bange Wehmutschauer,
Wie dein Gezweig des Herbstes kühler Hauch.

Hier saßen wir in abendlicher Stille,
Sanft bebte über uns dein flüsternd Grün,

Auf jenen Höhn, die nun in Nebelhülle,
Verweilte noch der Sonne letztes Glühn.

Wie selig hielt das Mädchen ich umfangen
Und horchte ihrem leisen Liebesschwur;
Und holder lachten uns die Blütenwangen
Der auferwachten göttlichen Natur.

Doch hatte kaum der Lenz die sanfte Seele
Verhaucht und seine Blüten hingestreut,
Kaum war verhaucht im Hain die süße Kehle:
War auch dahin der Liebe Seligkeit.

O traure, Herz, vorüber sind die Tage,
Da liebend dir ein Herz entgegenschlug,
Die andern schleichen hin, in stiller Klage,
Der toten Liebe finst'rer Leichenzug.

Zueignung

Von allen, die den Sänger lieben,
Die, was ich fühlte, nachempfanden,
Die es besprochen und beschrieben,
Hat Niemand mich wie du verstanden.

Des Herzens Klagen, heiß und innig,
Die, liedgeworden, ihm entklangen,
Hat deine Seele, tief und sinnig,
Getreuer als mein Lied empfangen.

Die Schauer, die mein Herz durchwehten,
Die unerfaßlich meinem Sange,
Sie sprachen, tröstende Propheten,
In deines Wortes süßem Klange.

Und durft' ich ahnend in den Bronnen
Der göttlichen Gedanken sinken,
So sah ich klar die dunklen Wonnen
In deinem schönen Auge blinken.

Der Himmel taut in finstern Hainen
Zum Lied der Nachtigallen nieder,
Und deine Augen sah ich weinen
Herab auf meine bangen Lieder.

Seh' ich der Augen Zauberkreise
Gesenkt, geschwellt in trauter Nähe,
Ist's, ob ich deine Seele leise
Die Luft der Tugend atmen sehe.

Dein ist mein Herz, mein Schmerz dein eigen,
Und alle Freuden, die es sprengen,
Dein ist der Wald mit allen Zweigen,
Mit allen Blüten und Gesängen.

Das Liebste, was ich mag erbeuten
Mit Liedern, die mein Herz entführten,
Ist mir ein Wort, daß sie dich freuten,
Ein stummer Blick, daß sie dich rührten.

Und sollt' ich nach dem hellen Ruhme
Mich manchmal auch am Wege bücken,
So will ich mit der schönen Blume
Nur, Freundin, dir den Busen schmücken.

Zweifelnder Wunsch

Wenn Worte dir vom Rosenmunde wehen,
Bist du so schön! – Gesenkten Angesichts
Und still, bist du so schön! – Was soll ich flehen:
O rede mir!? O sage nichts!?

Drum laß mich zwischen beiden Himmeln
                              schwanken,
Halb schweigend, sprechend halb, beglücke mich
Und flüstre mir, wie heimlich in Gedanken,
Das süße Wort: »Ich liebe dich!«

EDUARD MÖRIKE

Ein Stündlein wohl vor Tag

Derweil ich schlafend lag,
Ein Stündlein wohl vor Tag,
Sang vor dem Fenster auf dem Baum
Ein Schwälblein mir, ich hört es kaum,
Ein Stündlein wohl vor Tag:

»Hör an, was ich dir sag,
Dein Schätzlein ich verklag:
Derweil ich dieses singen tu,
Herzt er ein Lieb in guter Ruh,
Ein Stündlein wohl vor Tag.«

O weh! nicht weiter sag!
O still! nichts hören mag!
Flieg ab, flieg ab von meinem Baum!
– Ach, Lieb und Treu ist wie ein Traum
Ein Stündlein wohl vor Tag.

Erstes Liebeslied eines Mädchens

Was im Netze? Schau einmal!
Aber ich bin bange;
Greif ich einen süßen Aal?
Greif ich eine Schlange?

Lieb ist blinde
Fischerin;
Sagt dem Kinde,
Wo greifts hin?

Schon schnellt mirs in Händen!
Ach Jammer! o Lust!
Mit Schmiegen und Wenden
Mir schlüpfts an die Brust.

Es beißt sich, o Wunder!
Mir keck durch die Haut,
Schießt 's Herze hinunter!
O Liebe, mir graut!

Was tun, was beginnen?
Das schaurige Ding,
Es schnalzet da drinnen,
Es legt sich im Ring.

Gift muß ich haben!
Hier schleicht es herum,
Tut wonniglich graben
Und bringt mich noch um!

Frage und Antwort

Fragst du mich, woher die bange
Liebe mir zum Herzen kam,

Und warum ich ihr nicht lange
Schon den bittern Stachel nahm?

Sprich, warum mit Geisterschnelle
Wohl der Wind die Flügel rührt,
Und woher die süße Quelle
Die verborgnen Wasser führt?

Banne du auf seiner Fährte
Mir den Wind in vollem Lauf!
Halte mit der Zaubergerte
Du die süßen Quellen auf!

Nimmersatte Liebe

So ist die Lieb! So ist die Lieb!
Mit Küssen nicht zu stillen:
Wer ist der Tor und will ein Sieb
Mit eitel Wasser füllen?
Und schöpfst du an die tausend Jahr,
Und küssest ewig, ewig gar,
Du tust ihr nie zu Willen.

Die Lieb, die Lieb hat alle Stund
Neu wunderlich Gelüsten;
Wir bissen uns die Lippen wund,
Da wir uns heute küßten.
Das Mädchen hielt in guter Ruh,
Wie 's Lämmlein unterm Messer;
Ihr Auge bat: nur immer zu,
Je weher, desto besser!

So ist die Lieb, und war auch so,
Wie lang es Liebe gibt,
Und anders war Herr Salomo,
Der Weise, nicht verliebt.

Der Gärtner

Auf ihrem Leibrößlein,
So weiß wie der Schnee,
Die schönste Prinzessin
Reit't durch die Allee.

Der Weg, den das Rößlein
Hintanzet so hold,
Der Sand, den ich streute,
Er blinket wie Gold.

Du rosenfarbs Hütlein,
Wohl auf und wohl ab,
O wirf eine Feder
Verstohlen herab!

Und willst du dagegen
Eine Blüte von mir,
Nimm tausend für *eine*,
Nimm alle dafür!

Das verlassene Mägdlein

Früh, wann die Hähne krähn,
Eh die Sternlein verschwinden,
Muß ich am Herde stehn,
Muß Feuer zünden.

Schön ist der Flammen Schein,
Es springen die Funken;
Ich schaue so drein,
In Leid versunken.

Plötzlich, da kommt es mir,
Treuloser Knabe,

Daß ich die Nacht von dir
Geträumet habe.

Träne auf Träne dann
Stürzet hernieder;
So kommt der Tag heran –
O ging er wieder!

Agnes

Rosenzeit! Wie schnell vorbei,
                Schnell vorbei
Bist du doch gegangen!
Wär mein Lieb nur blieben treu,
                Blieben treu,
Sollte mir nicht bangen.

Um die Ernte wohlgemut,
                Wohlgemut
Schnitterinnen singen.
Aber, ach! mir kranken Blut,
                Mir kranken Blut
Will nichts mehr gelingen.

Schleiche so durchs Wiesental,
                So durchs Tal,
Als im Traum verloren,
Nach dem Berg, da tausendmal,
                Tausendmal
Er mir Treu geschworen.

Oben auf des Hügels Rand,
                Abgewandt,
Wein ich bei der Linde;
An dem Hut mein Rosenband,
                Von seiner Hand,
Spielet in dem Winde.

Peregrina

I

Der Spiegel dieser treuen, braunen Augen
Ist wie von innerm Gold ein Widerschein;
Tief aus dem Busen scheint ers anzusaugen,
Dort mag solch Gold in heilgem Gram gedeihn.
In diese Nacht des Blickes mich zu tauchen,
Unwissend Kind, du selber lädst mich ein –
Willst, ich soll kecklich mich und dich entzünden,
Reichst lächelnd mir den Tod im Kelch der Sünden!

II

Aufgeschmückt ist der Freudensaal.
Lichterhell, bunt, in laulicher Sommernacht
Stehet das offene Gartengezelte.
Säulengleich steigen, gepaart,
Grün-umranket, eherne Schlangen,
Zwölf, mit verschlungenen Hälsen,
Tragend und stützend das
Leicht gegitterte Dach.

Aber die Braut noch wartet verborgen
In dem Kämmerlein ihres Hauses.
Endlich bewegt sich der Zug der Hochzeit,
Fackeln tragend,
Feierlich stumm.
Und in der Mitte,
Mich an der rechten Hand,
Schwarz gekleidet, geht einfach die Braut;
Schön gefaltet ein Scharlachtuch
Liegt um den zierlichen Kopf geschlagen.
Lächelnd geht sie dahin; das Mahl schon duftet.

Später im Lärmen des Fests
Stahlen wir seitwärts uns beide

Weg, nach den Schatten des Gartens wandelnd,
Wo im Gebüsche die Rosen brannten,
Wo der Mondstrahl um Lilien zuckte,
Wo die Weymouthsfichte mit schwarzem Haar
Den Spiegel des Teiches halb verhängt.

Auf seidnem Rasen dort, ach, Herz am Herzen,
Wie verschlangen, erstickten meine Küsse den
                            scheueren Kuß!
Indes der Springquell, unteilnehmend
An überschwänglicher Liebe Geflüster,
Sich ewig des eigenen Plätscherns freute;
Uns aber neckten von fern und lockten
Freundliche Stimmen,
Flöten und Saiten umsonst.

Ermüdet lag, zu bald für mein Verlangen,
Das leichte, liebe Haupt auf meinem Schoß.
Spielender Weise mein Aug auf ihres drückend
Fühlt ich ein Weilchen die langen Wimpern,
Bis der Schlaf sie stellte,
Wie Schmetterlingsgefieder auf und nieder gehn.

Eh das Frührot schien,
Eh das Lämpchen erlosch im Brautgemache,
Weckt ich die Schläferin,
Führte das seltsame Kind in mein Haus ein.

III
Ein Irrsal kam in die Mondscheingärten
Einer einst heiligen Liebe.
Schaudernd entdeckt ich verjährten Betrug.
Und mit weinendem Blick, doch grausam,
Hieß ich das schlanke,
Zauberhafte Mädchen
Ferne gehen von mir.

Ach, ihre hohe Stirn,
War gesenkt, denn sie liebte mich;
Aber sie zog mit Schweigen
Fort in die graue
Welt hinaus.

Krank seitdem,
Wund ist und wehe mein Herz.
Nimmer wird es genesen!

Als ginge, luftgesponnen, ein Zauberfaden
Von ihr zu mir, ein ängstig Band,
So zieht es, zieht mich schmachtend ihr nach!
– Wie? wenn ich eines Tags auf meiner Schwelle
Sie sitzen fände, wie einst, im Morgen-Zwielicht,
Das Wanderbündel neben ihr,
Und ihr Auge, treuherzig zu mir aufschauend,
Sagte, da bin ich wieder
Hergekommen aus weiter Welt!

IV
Warum, Geliebte, denk ich dein
Auf einmal nun mit tausend Tränen,
Und kann gar nicht zufrieden sein,
Und will die Brust in alle Weite dehnen?
Ach, gestern in den hellen Kindersaal,
Beim Flimmer zierlich aufgesteckter Kerzen,
Wo ich mein selbst vergaß in Lärm und Scherzen,
Tratst du, o Bildnis mitleid-schöner Qual;
Es war dein Geist, er setzte sich ans Mahl,
Fremd saßen wir mit stumm verhaltnen Schmerzen;
Zuletzt brach ich in lautes Schluchzen aus,
Und Hand in Hand verließen wir das Haus.

V

Die Liebe, sagt man, steht am Pfahl gebunden,
Geht endlich arm, zerrüttet, unbeschuht;
Dies edle Haupt hat nicht mehr, wo es ruht,
Mit Tränen netzet sie der Füße Wunden.

Ach, Peregrinen hab ich so gefunden!
Schön war ihr Wahnsinn, ihrer Wange Glut,
Noch scherzend in der Frühlingsstürme Wut,
Und wilde Kränze in das Haar gewunden.

Wars möglich, solche Schönheit zu verlassen?
– So kehrt nur reizender das alte Glück!
O komm, in diese Arme dich zu fassen!

Doch weh! o weh! was soll mir dieser Blick?
Sie küßt mich zwischen Lieben noch und Hassen,
Sie kehrt sich ab, und kehrt mir nie zurück.

Liebesglück

Wenn Dichter oft in warmen Phantasien,
Von Liebesglück und schmerzlichem Vergnügen,
Sich oder uns, nach ihrer Art, belügen,
So sei dies Spielwerk ihnen gern verziehen.

Mir aber hat ein gütger Gott verliehen,
Den Himmel, den sie träumen, zu durchfliegen,
Ich sah die Anmut mir im Arm sich schmiegen,
Der Unschuld Blick von raschem Feuer glühen.

Auch ich trug einst der Liebe Müh und Lasten,
Verschmähte nicht den herben Kelch zu trinken,
Damit ich seine Lust nun ganz empfinde.

Und dennoch gleich ich jenen Erzphantasten:
Mir will mein Glück so unermeßlich dünken,
Daß ich mir oft im wachen Traum verschwinde.

Zu viel

Der Himmel glänzt vom reinsten Frühlingslichte,
Ihm schwillt der Hügel sehnsuchtsvoll entgegen,
Die starre Welt zerfließt in Liebessegen,
Und schmiegt sich rund zum zärtlichsten Gedichte.

Am Dorfeshang, dort bei der luftgen Fichte,
Ist meiner Liebsten kleines Haus gelegen –
O Herz, was hilft dein Wiegen und dein Wägen,
Daß all der Wonnestreit in dir sich schlichte!

Du, Liebe, hilf den süßen Zauber lösen,
Womit Natur in meinem Innern wühlet!
Und du, o Frühling, hilf die Liebe beugen!

Lisch aus, o Tag! Laß mich in Nacht genesen!
Indes ihr sanften Sterne göttlich kühlet,
Will ich zum Abgrund der Betrachtung steigen.

An die Geliebte

Wenn ich, von deinem Anschaun tief gestillt,
Mich stumm an deinem heilgen Wert vergnüge,
Dann hör ich recht die leisen Atemzüge
Des Engels, welcher sich in dir verhüllt.

Und ein erstaunt, ein fragend Lächeln quillt
Auf meinem Mund, ob mich kein Traum betrüge,

Daß nun in dir, zu ewiger Genüge,
Mein kühnster Wunsch, mein einzger, sich erfüllt?

Von Tiefe dann zu Tiefen stürzt mein Sinn,
Ich höre aus der Gottheit nächtger Ferne
Die Quellen des Geschicks melodisch rauschen.

Betäubt kehr ich den Blick nach oben hin,
Zum Himmel auf – da lächeln alle Sterne;
Ich kniee, ihrem Lichtgesang zu lauschen.

ANNETTE VON DROSTE-HÜLSHOFF

An Levin Schücking

O frage nicht, was mich so tief bewegt,
Seh ich dein junges Blut so freudig wallen,
Warum, an deine klare Stirn gelegt,
Mir schwere Tropfen aus den Wimpern fallen.

Mich träumte einst, ich sei ein albern Kind,
Sich emsig mühend an des Tisches Borden;
Wie übermächtig die Vokabeln sind,
Die wieder Hieroglyphen mir geworden!

Und als ich dann erwacht, da weint ich heiß,
Daß mir so klar und nüchtern jetzt zu Mute,
Daß ich so schrankenlos und überweis',
So ohne Furcht vor Schelten und vor Rute.

So, wenn ich schaue in dein Antlitz mild,
Wo tausend frische Lebenskeime walten,
Da ist es mir, als ob Natur mein Bild
Mir aus dem Zauberspiegel vorgehalten;

Und all mein Hoffen, meiner Seele Brand
Und meiner Liebessonne dämmernd Scheinen,
Was noch entschwinden wird und was entschwand,
Das muß ich alles dann in dir beweinen.

An Levin Schücking

Kein Wort, und wär es scharf wie Stahles Klinge,
Soll trennen, was in tausend Fäden eins,
So mächtig kein Gedanke, daß er dringe
Vergällend in den Becher reinen Weins;
Das Leben ist so kurz, das Glück so selten,
So großes Kleinod, einmal sein statt gelten!

Hat das Geschick uns, wie in frevlem Witze,
Auf feindlich starre Pole gleich erhöht,
So wisse, dort, dort auf der Scheidung Spitze
Herrscht, König über alle, der Magnet,
Nicht fragt er, ob ihn Fels und Strom gefährde,
Ein Strahl fährt mitten er durchs Herz der Erde.

Blick in mein Auge – ist es nicht das deine,
Ist nicht mein Zürnen selber deinem gleich?
Du lächelst – und dein Lächeln ist das meine,
An gleicher Lust und gleichem Sinnen reich;
Worüber alle Lippen freundlich scherzen,
Wir fühlen heil'ger es im eignen Herzen.

Pollux und Kastor – wechselnd Glühn und Bleichen,
Des einen Licht geraubt dem andern nur,
Und doch der allerfrömmsten Treue Zeichen. –
So reiche mir die Hand, mein Dioskur!
Und mag erneuern sich die holde Mythe,
Wo überm Helm die Zwillingsflamme glühte.

Brennende Liebe

Und willst du wissen, warum
So sinnend ich manche Zeit,
Mitunter so töricht und dumm,
So unverzeihlich zerstreut,
Willst wissen auch ohne Gnade,
Was denn so Liebes enthält
Die heimlich verschlossene Lade,
An die ich mich öfters gestellt?

Zwei Augen hab ich gesehn,
Wie der Strahl im Gewässer sich bricht,
Und wo zwei Augen nur stehn,
Da denke ich an ihr Licht.
Ja, als du neulich entwandtest
Die Blume vom blühenden Rain
Und »Oculus Christi« sie nanntest,
Da fielen die Augen mir ein.

Auch gibts einer Stimme Ton,
Tief, zitternd, wie Hornes Hall,
Die tuts mir völlig zum Hohn,
Sie folget mir überall.
Als jüngst im flimmernden Saale
Mich quälte der Geigen Gegell,
Da hört ich mit einem Male
Die Stimme im Violoncell.

Auch weiß ich eine Gestalt,
So leicht und kräftig zugleich,
Die schreitet vor mir im Wald
Und gleitet über den Teich;
Ja, als ich eben in Sinnen
Sah über des Mondes Aug
Einen Wolkenstreifen zerrinnen,
Das war ihre Form, wie ein Rauch.

Und höre, höre zuletzt,
Dort liegt, da drinnen im Schrein,
Ein Tuch mit Blute genetzt,
Das legte ich heimlich hinein.
Er ritzte sich nur an der Schneide,
Als Beeren vom Strauch er mir hieb,
Nun hab ich sie alle beide,
Sein Blut und meine brennende Lieb.

ROBERT PRUTZ

Liebeskalender

Wann ist zum Lieben die beste Zeit?
Wenn der Frühling sich schwingt in den Lüften,
Wenn der Kuckuck ruft so weit, so weit,
Wenn die Bäume blühen und düften;
Du aber am Arme der lieblichsten Frau,
Du wandelst mit Neigen und Grüßen
Und windest zum Kranze die Blumen der Au –
O seliges Lieben und Küssen!

Wann ist zum Lieben die beste Zeit?
Wenn der Sommer lächelt, der holde,
Es stehen die Fluren in festlichem Kleid,
Die Ähren prangen im Golde.
Da sitzt die Geliebte im blühenden Feld,
Du ruhest ihr kosend zu Füßen,
Und über euch dämmert das wogende Zelt –
O seliges Lieben und Küssen!

Wann ist zum Lieben die beste Zeit?
Wenn der Herbst sich neiget zu Ende,

Wenn die Buche sich färbt und das Rebhuhn schreit,
Es färbt sich der Wein am Gelände.
Die Kleine, die Feine, die hat sich versteckt,
Sie wirft dich mit Trauben und Nüssen,
Du aber, du hast sie im Fluge entdeckt –
O seliges Lieben und Küssen!

Wann ist zum Lieben die beste Zeit?
Wenn der Winter knirscht auf dem Eise;
Die Wälder begraben, die Wege verschneit,
O süße Beschwerden der Reise!
Nun sitzst du im Stübchen so traulich und warm,
Es labt dich die Liebste mit Küssen,
Sie hält dich, sie wiegt dich im schwellenden Arm –
O seliges Lieben und Küssen!

So ist zum Lieben jedwede Zeit
Die echte, die rechte, die beste,
So halte, o Herz, dich immer bereit,
Zu empfangen die himmlischen Gäste!
Und hast du die flüchtige Stunde verträumt,
Mit Tränen wirst du es büßen,
So leere den Becher, solang er dir schäumt –
O seliges Lieben und Küssen!

FRIEDRICH HEBBEL

Sie sehn sich nicht wieder

Von dunkelnden Wogen
Hinuntergezogen,
   Zwei schimmernde Schwäne, sie schiffen daher,
Die Winde, sie schwellen

Allmählich die Wellen,
   Die Nebel, sie senken sich finster und schwer.

Die Schwäne, sie meiden
Einander und leiden,
   Nun tun sie es nicht mehr, sie können die Glut
Nicht länger verschließen,
Sie wollen genießen,
   Verhüllt von den Nebeln, gewiegt von der Flut.

Sie schmeicheln, sie kosen,
Sie trotzen dem Tosen
   Der Wellen, die zweie in eines verschränkt,
Wie die sich auch bäumen,
Sie glühen und träumen,
   In Liebe und Wonne zum Sterben versenkt.

Nach innigem Gatten
Ein süßes Ermatten,
   Da trennt sie die Woge, bevor sie's gedacht.
Laßt ruhn das Gefieder!
Ihr seht euch nicht wieder,
   Der Tag ist vorüber, es dämmert die Nacht.

Ich und du

Wir träumten voneinander
   Und sind davon erwacht,
Wir leben, um uns zu lieben,
   Und sinken zurück in die Nacht.

Du tratst aus meinem Traume,
   Aus deinem trat ich hervor,
Wir sterben, wenn sich eines
   Im andern ganz verlor.

Auf einer Lilie zittern
   Zwei Tropfen, rein und rund,
Zerfließen in eins und rollen
   Hinab in des Kelches Grund.

THEODOR STORM

Dämmerstunde

Im Nebenzimmer saßen ich und du;
Die Abendsonne fiel durch die Gardinen,
Die fleißigen Hände fügten sich der Ruh,
Von rotem Licht war deine Stirn beschienen.

Wir schwiegen beid'; ich wußte mir kein Wort,
Das in der Stunde Zauber mochte taugen;
Nur nebenan die Alten schwatzten fort –
Du sahst mich an mit deinen Märchenaugen.

Hyazinthen

Fern hallt Musik; doch hier ist stille Nacht,
Mit Schlummerduft anhauchen mich die Pflanzen;
Ich habe immer, immer dein gedacht,
Ich möchte schlafen; aber du mußt tanzen.

Es hört nicht auf, es rast ohn Unterlaß;
Die Kerzen brennen und die Geigen schreien,
Es teilen und es schließen sich die Reihen,
Und alle glühen; aber du bist blaß.

Und du mußt tanzen; fremde Arme schmiegen
Sich an dein Herz; o leide nicht Gewalt!
Ich seh dein weißes Kleid vorüberfliegen
Und deine leichte, zärtliche Gestalt. – –

Und süßer strömend quillt der Duft der Nacht
Und träumerischer aus dem Kelch der Pflanzen.
Ich habe immer, immer dein gedacht;
Ich möchte schlafen; aber du mußt tanzen.

Auf Wiedersehen

(Das Mädchen spricht:)

Auf Wiedersehn! Das ist ein trüglich Wort! –
O reiß dich nicht von meinem warmen Herzen!
Auf Wiedersehn! Das spricht von Seligkeit,
Und bringt mir doch so tausend bittre Schmerzen.

Auf Wiedersehn! Das Wort ist für den Tod! –
Weißt du, wie über uns die Sterne stehen!
Noch schlägt mein Herz, und meine Lippe glüht –
Mein süßer Freund, ich will dich immer sehen.

Du schwurst mir ja, mein Aug bezaubre dich;
Schaut ich dich an, so könntst du nimmer gehen!
Mein bist du ja! – Erst wenn mein Auge bricht,
Dann küss' mich sanft und sprich: Auf Wiedersehen!

Wir haben nicht das Glück genossen
In indischer Gelassenheit;
In Qualen ist's emporgeschossen,
Wir wußten nichts von Seligkeit.

Verzehrend kam's in Sturm und Drange;
Ein Weh nur war es, keine Lust!
Es bleichte deine zarte Wange
Und brach den Atem meiner Brust.

Es schlang uns ein in wilde Fluten,
Es riß uns in den jähen Schlund;
Zerschmettert fast und im Verbluten
Lag endlich trunken Mund auf Mund.

Des Lebens Flamme war gesunken,
Des Lebens Feuerquell verrauscht,
Bis wir aufs neu den Götterfunken
Umfangend, selig eingetauscht.

Lied des Harfenmädchens

Heute, nur heute
Bin ich so schön;
Morgen, ach morgen
Muß alles vergehn!

Nur diese Stunde
Bist du noch mein;
Sterben, ach sterben
Soll ich allein.

Trost

So komme, was da kommen mag!
Solang du lebest, ist es Tag.

Und geht es in die Welt hinaus,
Wo du mir bist, bin ich zu Haus.

Ich seh dein liebes Angesicht,
Ich sehe die Schatten der Zukunft nicht.

GOTTFRIED KELLER

In eines Armen Gärtchen

In eines Armen Gärtchen, tief verborgen,
Blüht einsam eine wunderschöne Rose,
Sie schmückt mit Tau der klare Sommermorgen,
Und schmeichelnd um sie her die Abendlüfte kosen.

Doch nichts bewegt ihr schuldlos heitres Leben;
Sich unbewußt, in kindlich süßem Träumen,
Schaut unverwandt mit ahnungsvollem Beben
Die Zarte nach des Äthers fernen blauen Räumen.

Da naht es sich mit goldnen Liebesschwingen,
Der Schmetterling wiegt sich im Glanz der Sonne;
Er wird der Rose teure Grüße bringen,
Sie wecken zu der Liebe Weh und Wonne.

Schon glühet sie von seinen heißen Küssen,
Nicht weiß die Arme, wie ihr will geschehen,
Sie siehet tausend Blütensterne sprießen
Und rings um sich ein Zauberland entstehen.

Das zarte Herz, das lang verschlossen träumte,
Erschließt sich jetzt in unbegrenztem Sehnen;
Was unsichtbar im reichen Innern keimte,
Eröffnet üppig sich mit Liebestränen.

Noch zittert sie, und schon ist er entschwunden,
Der schöne Fremdling, dem sie sich ergeben.
Er hat sie leider nimmermehr gefunden –
Lang ist die Liebe, doch nur kurz das Leben.

Und stille wird die Rose nun verblühen,
Die Blätter fallen schon, eins nach dem andern.
So wird auch unser Jugendstern verglühen –
Wir träumen nur, wir lieben und wir wandern.

Es bricht aus mir ein bunter Faschingszug
   Und zieht dahin mit tönendem Gepränge;
   Talüber wallt im luftigen Gedränge
Ein Bilderreigen, mein Gedankenflug!

Wie spielend sie die Luft hinüber trug,
   So ranken sich, ein üppig Laubgehänge,
   Bis auf zum Giebel, meine Nachtgesänge
Rings um ihr Haus, ein zauberischer Trug!

Es rauscht und schwillt und bricht ins Schlafgemach
   Und singt und klingt die reine Seele wach,
   Betäubt tritt sie in meine Blumenschlingen!

Nun ist es Zeit, mein Herz! mach dich hinzu!
   Nachtwandelnd weiß sie's nicht und lauscht in Ruh:
   Kannst alles, alles ihr zu Ohren bringen!

Weil ich den schwarzen untreu ward
Und mich zu blauen Augen wandte,
Kamst du, zu rächen jene, her,
Du dunkelglühende Nachtgesandte!

Ich sollt auf deiner Augen Grund
Die Strafe meines Leichtsinns lesen
Und schamerrötend auch zugleich
Der wahren Liebe Glut und Wesen!

Der Liebe, die im heiligen Ernst
Zu lieben denkt und dann zu sterben
Und deren dunkle Rosen sich
Nur mit dem besten Herzblut färben!

Und als ich büßend dich geliebt,
Bist du wie ein Phantom entschwunden;
Da hab ich mich mit meiner Reu
Verlassen und allein gefunden!

Ich fühlte wohl, warum ich dich,
O teures Weib! so sehr geliebt,
So stark, so wahr, so inniglich,
So ohne Wahn geliebt!

Ich fühlt es wohl und weiß es nun,
Und weiß, welch große Seligkeit
Muß tief in deinem Herzen ruhn
Für den, dem es geweiht!

Ich sah nun in dein goldnes Herz
Wie in den Hort im tiefsten Rhein;
Ich sah mit wundersüßem Schmerz
In einen Himmel tief hinein!

Ich schaute und mir ward so weh,
So wohl und weh bei meinem Schaun,
Als blickt ich durch die grüne See
Hinab auf lenzbesonnte Aun!

Ich ward so arm und doch so reich,
Zum stolzen Wissen mein Verlust!
Und in dem Elend lag zugleich
Der Balsam für die wunde Brust.

Und besser ging ich als ich kam,
Von reinem Feuer neu getauft,
Und hätte meinen reichren Gram
Nicht um ein reiches Glück verkauft!

CONRAD FERDINAND MEYER

Zwei Segel

Zwei Segel erhellend
Die tiefblaue Bucht!
Zwei Segel sich schwellend
Zu ruhiger Flucht!

Wie eins in den Winden
Sich wölbt und bewegt,
Wird auch das Empfinden
Des andern erregt.

Begehrt eins zu hasten,
Das andre geht schnell,
Verlangt eins zu rasten,
Ruht auch sein Gesell.

Stapfen

In jungen Jahren war's. Ich brachte dich
Zurück ins Nachbarhaus, wo du zu Gast,
Durch das Gehölz. Der Nebel rieselte,
Du zogst des Reisekleids Kapuze vor
Und blicktest traulich mit verhüllter Stirn.
Naß ward der Pfad. Die Sohlen prägten sich
Dem feuchten Waldesboden deutlich ein,
Die wandernden. Du schrittest auf dem Bord,
Von deiner Reise sprechend. Eine noch,
Die längre, folge drauf, so sagtest du.
Dann scherzten wir, der nahen Trennung klug
Das Angesicht verhüllend, und du schiedst,
Dort wo der First sich über Ulmen hebt.
Ich ging denselben Pfad gemach zurück,
Leis schwelgend noch in deiner Lieblichkeit,
In deiner wilden Scheu, und wohlgemut
Vertrauend auf ein baldig Wiedersehn.
Vergnüglich schlendernd, sah ich auf dem Rain
Den Umriß deiner Sohlen deutlich noch
Dem feuchten Waldesboden eingeprägt,
Die kleinste Spur von dir, die flüchtigste,
Und doch dein Wesen: wandernd, reisehaft,
Schlank, rein, walddunkel, aber o wie süß!
Die Stapfen schritten jetzt entgegen dem
Zurück dieselbe Strecke Wandernden:
Aus deinen Stapfen hobst du dich empor
Vor meinem innern Auge. Deinen Wuchs
Erblickt' ich mit des Busens zartem Bug.
Vorüber gingst du, eine Traumgestalt.
Die Stapfen wurden jetzt undeutlicher,
Vom Regen halb gelöscht, der stärker fiel.
Da überschlich mich die Traurigkeit:
Fast unter meinem Blick verwischten sich
Die Spuren deines letzten Gangs mit mir.

Liebesjahr

Hat sich die Kelter gedreht? Tanzt dort mit dem Laub
                      eine Flocke?
  Zuckte der Blitz im August? Blühten die Kirschen
                      im Mai?
Blüten und Ähren und Trauben erblickt' ich in
                      schwellendem Kranz nur
  Um das geliebteste Haupt und ich erblicke sie noch.

THEODOR FONTANE

Im Garten

Die hohen Himbeerwände
Trennten dich und mich,
Doch im Laubwerk unsre Hände
Fanden von selber sich.

Die Hecke konnt' es nicht wehren,
Wie hoch sie immer stund:
Ich reichte dir die Beeren,
Und du reichtest mir deinen Mund.

Ach, schrittest du durch den Garten
Noch einmal im raschen Gang,
Wie gerne wollt' ich warten,
Warten stundenlang.

DETLEV VON LILIENCRON

Liebesnacht

Nun lös ich sanft die lieben Hände,
Die du mir um den Hals gelegt,
Daß ich in deinen Augen finde,
Was dir das kleine Herz bewegt.

O sieh die Nacht, die wundervolle;
In ferne Länder zog der Tag.
Der Birke Zischellaub verstummte,
Sie horcht dem Nachtigallenschlag.

Der weiße Schlehdorn uns zu Häupten,
Es ist die liebste Blüte mir;
Trenn ab ein Zweiglein, eh wir scheiden,
Zu dein und meines Hutes Zier.

Laß, Mädchen, uns die Nacht genießen!
Allein gehört sie mir und dir.
Die Blüte will ich aufbewahren
An diese Frühlingsstunde hier.

Glückes genug

Wenn sanft du mir im Arme schliefst,
Ich deinen Atem hören konnte,
Im Traum du meinen Namen riefst,
Um deinen Mund ein Lächeln sonnte –
     Glückes genug.

Und wenn nach heißem, ernstem Tag
Du mir verscheuchtest schwere Sorgen,

Wenn ich an deinem Herzen lag
Und nicht mehr dachte an ein Morgen –
    Glückes genug.

Letzter Gruß

Herbsttag, und doch wie weiches Frühlingswetter.
Ich schlenderte längseits der Friedhofshecke,
Ein Sarg schien unter Gramgeläut zu sinken,
Dann bog ich auf dem Wege um die Ecke.

Da kamst du, keine Täuschung, mir entgegen;
Wir hatten gestern Abschied schon genommen.
Du gingst zur Bahn, geleitet von Geschwistern;
Noch einmal mußte mir die Marter kommen.

Ich grüßte dich, und sah dein freundlich Danken;
Die mit dir schritten, habens nicht beachtet.
Und ich blieb stehn, du wandtest dich verstohlen,
Von Leid war meine Seele dicht umnachtet.

Im Schmerz grub ich die Linke in den Dornbusch
Und ließ die Stacheln tief ins Fleisch mir dringen.
Ein letzter Gruß von dir, von mir. Vorüber.
Die Hand im Strauche will die Qual bezwingen.

Es tat nicht weh, ich hab in Wachs gegriffen;
Kein Tropfen sprang, es hat nicht warm geflutet.
Die roten Ströme sind zurückgeschrocken;
Es hat mein Herz, mein Herz nur hat geblutet.

RICHARD DEHMEL

An die Ersehnte

Ich habe dich Gerte getauft, weil du so schlank bist
und weil mich Gott mit dir züchtigen will,
und weil eine Sehnsucht in deinem Gang ist
wie in schmächtigen Pappeln im April.

Ich kenne dich nicht – aber eines Tages
wirst du im Sturm an meine Türe klopfen,
und ich werde öffnen auf dies Klopfen,
und meine zuchtlose Brust wird gleichen Schlages
an Deine zuchtlosen Brüste klopfen.

Denn ich kenne dich – deine Augen glänzen wie
                                           Knospen
und du willst blühen, blühen, blühen!
und deine jungen Gedanken sprühen
wie gepeitschte Sträucher an Sturzbächen;
und du möchtest wie ich den Stürmen Gottes trotzen
oder zerbrechen!

Anders

Du hast mir wundervoll beschrieben,
wie dich die Liebe fast zerbricht;
mich aber, du, mich liebst du nicht,
sonst würdest du mich anders lieben.

Sonst würdest du den Freund beglücken
und dächtest nicht an Ruf und Pflicht,
und dankbar würd' ich mein Gesicht
in deine seligen Brüste drücken.

Sonst wär ich nicht so stumm geblieben,
wenn mir dein Mund von Liebe spricht.
Ich nicht! – Nein, nein, du liebst mich nicht;
sonst – o, wie anders würd' ich lieben!

RICARDA HUCH

Was für ein Feuer, o was für ein Feuer
Warf in den Busen mir der Liebe Hand!
Schon setzt es meinen zarten Leib in Brand
Und wächst an deiner Brust doch ungeheuer.
Zwei Fackeln lodern nun in eins zusammen:
Die Augen, die mich anschaun, sind zwei Kerzen,
Die Lippen, die mich küssen, sind zwei Flammen,
Die Sonne selbst halt ich an meinem Herzen.

Du kamst zu mir, mein Abgott, meine Schlange,
In dunkler Nacht, die um dich her erglühte.
Ich diente dir mit Liebesüberschwange
Und trank das Feuer, das dein Atem sprühte.
Du flohst, ich suchte lang in Finsternissen.
Da kannten mich die Götter und Dämonen
An jenem Glanze, den ich dir entrissen,
Und führten mich ins Licht, mit dir zu thronen.

Wie wenn Gott winkt, und die Ströme und Meere der
                    Erde
Brausend sich wenden, gestürzt vor der Allmacht
                    Gebärde,

Stürmt dir mein Blut, wenn du winkst; aus den
                            Schluchten der Seele
Quillt es mit Inbrunst, gewendet zu deinem Befehle.

Ich bin dein Schatten, du bist, der mich schafft,
Du gibst Gestalt und Maß mir und Bewegen.
Mit dir nur kann ich heben mich und legen,
Ich dein Geschöpf, du Willen mir und Kraft.

Dir angeschmiegt bin ich in deiner Haft,
Wie die von Ketten schwer den Fuß nicht regen.
Was du mir tust, ich kämpfe nicht entgegen,
Durch dein Gebot belebt und hingerafft.

Doch bin ich dein, auch du gehörst der Deinen.
Du kannst mir nicht entfliehn, dich neu gewänn ich,
Mich nicht verstoßen, neu würd ich erkoren.

Solange Sonn und Sterne dich bescheinen,
Siehst du zu deinen Füßen unzertrennlich
Die Liebende, für dich aus dir geboren.

Du warst in dieser götterlosen Zeit,
Wo trübe Träumer ohne Lichtgedanken
Wie leere Schiffe unterm Himmel schwanken,
Der Stern, der mich geführt hat und gefeit.

Die Spur, die du gegangen zu betreten,
Daß ich nicht irrte, war mein hohes Ziel.
Von irdischen Geschäften, Drang und Spiel
Trug mich empor das Glück, dich anzubeten.

Wie nachts ein Segel steuernd heimatwärts
Der Leuchte zu die schweren Nebel spaltet
Und so gelenkt sich in den Hafen rettet,

Ging ich getrost, den Blick an dich gekettet,
Die Hände gläubig auf der Brust gefaltet,
Durch Flut und Dunkel an dein strahlend Herz.

OTTO JULIUS BIERBAUM

Traum durch die Dämmerung

Weite Wiesen im Dämmergrau;
Die Sonne verglomm, die Sterne ziehn:
Nun geh ich zu der schönsten Frau,
Weit über Wiesen im Dämmergrau,
Tief in den Busch von Jasmin.

Durch Dämmergrau in der Liebe Land;
Ich gehe nicht schnell, ich eile nicht;
Mich zieht ein weiches, samtenes Band
Durch Dämmergrau in der Liebe Land,
In ein blaues, mildes Licht.

KARL KRAUS

Verwandlung

Du bist mir nur von weitem noch. Und kaum
an meinem Horizont ein Rand mehr, nur ein Saum

purpurnen Abschieds. Nur noch eine Spur.
Schien mir die Sonne? Nein, sie schien mir nur!
Du bist es nicht! Den Brand noch im Gesicht,
ruf' ich dir nach: Bist du nicht, warst du nicht!
Warum verglommst du mir? – Doch warst du, doch!
Du warst, du bist es: denn ich seh' dich noch.
Wohin entsinkst du mir? Zurück bleibt Nacht.
Wo lebst du, leuchtest jetzt? Wohin die Pracht?
Noch spielt mein Geist mit deinem Licht; im Wähnen
um das lebendige, stets nachgezogen,
schaff' deinem Schimmer ich durch meine Thränen
den nie verlöschend letzten Regenbogen.

Ich weiß von Wüsten, wo ein Mittag war
und nichts als Lust,
und alles wurde klar.
Aufriß das große Licht mein Menschenauge,
daß ihm die dunkle Welt nicht tauge;
und aller Ursprung wurde mir bewußt.
Und über mir war Mittag, stand die Zeit,
und eine Weile war Unendlichkeit,
ein Teil von dir. Mit Armen hielt ich sie,
da war kein Anfang und das Ende nie!
Dein Strahl traf durch mein Haupt und diese Welt
brach auf in Flammen, die mein Herz verbrannten.
Als alle Sinne dich erkannten,
war ihnen gleich der Geist gesellt.
Naturhaft jedes Ding um uns; der Mond
nannte dich Schwester, und ein weher Wind
war Stimme dir, die Stürme übertönt,
und Sterne flohen, schwebten wir vorbei.
Vorbei du mir! Dies ist der andre Herbst,
dem niemals mehr entwandelt die Natur;
sie ging ins Grab, woraus ich sie empfing.
Und überall ist nichts als Zeit, und nichts
als Erde. Und du ließest nichts zurück
als die Gewalten, die mich rückwärts rufen,

und alles Opfer, das umsonst sich bietet,
Herzuntergang in gnadenloser Weite,
irres Gebet zu niemand und um nichts,
gottlosen Altar, sternenlose Nächte,
furchtbare Mächte der Gewesenheit!
Ich renne rasend durch die Erdenzeit
zurück in dich und finde dich nicht mehr!

STEFAN GEORGE

Ich darf so lange nicht am tore lehnen ·
Zum garten durch das gitter schaun ·
Ich höre einer flöte fernes sehnen ·
Im schwarzen lorbeer lacht ein faun.

So oft ich dir am roten turm begegne
Du lohnest nie mich mit gelindrem tritt ·
Du weisst nicht wie ich diese stunde segne
Und traurig bin da sie entglitt.

Ich leugne was ich selber mir verheissen ..
Auch wir besitzen einen alten ruhm ·
Kann ich mein tuch von haar und busen reissen
Und büssen mit verfrühtem witwentum?

O mög er ahnen meiner lippe gaben
– Ich ahnte sie seit er als traum erschien –
DIE oleander die in duft begraben
Und andre leise schmeichelnd wie jasmin.

Ich darf so lange nicht am tore lehnen ·
Zum garten durch das gitter schaun ·
Ich höre einer flöte fernes sehnen ·
Im schwarzen lorbeer lacht ein faun.

Wenn ich heut nicht deinen leib berühre
Wird der faden meiner seele reissen
Wie zu sehr gespannte sehne.
Liebe zeichen seien trauerflöre
Mir der leidet seit ich dir gehöre.
Richte ob mir solche qual gebühre ·
Kühlung sprenge mir dem fieberheissen
Der ich wankend draussen lehne.

Als wir hinter dem beblümten tore
Endlich nur das eigne hauchen spürten
Warden uns erdachte seligkeiten?
Ich erinnere dass wie schwache rohre
Beide stumm zu beben wir begannen
Wenn wir leis nur an uns rührten
Und dass unsre augen rannen –
So verbliebest du mir lang zu seiten.

Vorklang

Sterne steigen dort ·
Stimmen an den sang.
Sterne sinken dort
Mit dem wechselsang:

Dass du schön bist
Regt den weltenlauf.
Wenn du mein bist
Zwing ich ihren lauf.

Dass du schön bist
Bannt mich bis zum tod.
Dass du herr bist
Führt in not und tod.

›Dass ich schön bin
Also deucht es mir.
Dass ich dein bin
Also schwör ich dir.‹

Im windes-weben
War meine frage
Nur träumerei.
Nur lächeln war
Was du gegeben.
Aus nasser nacht
Ein glanz entfacht –
Nun drängt der mai ·
Nun muss ich gar
Um dein aug und haar
Alle tage
In sehnen leben.

Wenn meine lippen sich an deine drängen
Ich ganz in deinem innren oden lebe
Und dann von deinem leib der mich umfängt
Dem ich erglühe die umschlingung löse
Und mit gesenktem haupte von dir trete:
So ists weil ich mein eigen fleisch errate –
In schreckensfernen die der sinn nie misst
Mit dir entspross dem gleichen königstamm.

Was kann ich mehr wenn ich dir dies vergönne?
Dass ich als thon mich schmiege deinen händen
Nach deines herzens schlag mein sinnen stimme?
Dass mich dein mark in mir dir leise ähnelt

Dein blick dein schritt mir eingibt wo ich gehe?
Du tränkst mit deiner farbe meine träume
Du hilfst den laut mir bilden wenn ich bete
Dein odem rinnt in meinem wort der sterne.

Was ist geschehn dass ich mich kaum noch kenne
Kein andrer bin und mehr doch als ich war?
Wer mich geliebt geehrt tut es nicht minder
Gefährten suchen mich mit schöner scheu.
Kein frühres fehlt mir: meiner sommer freuden
Und stolzer traum und weicher lippe kuss..
Ein kühnres wallen pocht in meinem blute –
Ich war noch arm als ich noch wahrt und wehrte
Seitdem ich ganz mich gab hab ich mich ganz.

Du schlank und rein wie eine flamme
Du wie der morgen zart und licht
Du blühend reis vom edlen stamme
Du wie ein quell geheim und schlicht

Begleitest mich auf sonnigen matten
Umschauerst mich im abendrauch
Erleuchtest meinen weg im schatten
Du kühler wind du heisser hauch

Du bist mein wunsch und mein gedanke
Ich atme dich mit jeder luft
Ich schlürfe dich mit jedem tranke
Ich küsse dich mit jedem duft

Du blühend reis vom edlen stamme
Du wie ein quell geheim und schlicht
Du schlank und rein wie eine flamme
Du wie der morgen zart und licht.

HUGO VON HOFMANNSTHAL

Die Beiden

Sie trug den Becher in der Hand
– Ihr Kinn und Mund glich seinem Rand –,
So leicht und sicher war ihr Gang,
Kein Tropfen aus dem Becher sprang.

So leicht und fest war seine Hand:
Er ritt auf einem jungen Pferde,
Und mit nachlässiger Gebärde
Erzwang er, daß es zitternd stand.

Jedoch, wenn er aus ihrer Hand
Den leichten Becher nehmen sollte,
So war es beiden allzu schwer:

Denn beide bebten sie so sehr,
Daß keine Hand die andre fand
Und dunkler Wein am Boden rollte.

Drei kleine Lieder

I

Hörtest du denn nicht hinein,
Daß Musik das Haus umschlich?
Nacht war schwer und ohne Schein,
Doch der sanft auf hartem Stein
Lag und spielte, das war ich.

Was ich konnte, sprach ich aus:
»Liebste du, mein Alles du!«
Östlich brach ein Licht heraus,

Schwerer Tag trieb mich nach Haus,
Und mein Mund ist wieder zu.

II

Im Grünen zu singen

War der Himmel trüb und schwer,
Waren einsam wir so sehr,
Voneinander abgeschnitten!
Aber das ist nun nicht mehr:
Lüfte fließen hin und her;
Und die ganze Welt inmitten
Glänzt, als ob sie gläsern wär.

Sterne kamen aufgegangen,
Flimmern mein- und deinen Wangen,
Und sie wissens auch:
Stark und stärker wird ihr Prangen;
Und wir atmen mit Verlangen,
Liegen selig wie gefangen,
Spüren eins des andern Hauch.

III

Die Liebste sprach: »Ich halt dich nicht,
Du hast mir nichts geschworn.
Die Menschen soll man halten nicht,
Sind nicht zur Treu geborn.

Zieh deine Straßen hin, mein Freund,
Beschau dir Land um Land,
In vielen Betten ruh dich aus,
Viel Frauen nimm bei der Hand.

Wo dir der Wein zu sauer ist,
Da trink du Malvasier,
Und wenn mein Mund dir süßer ist,
So komm nur wieder zu mir!«

RAINER MARIA RILKE

Die Liebende

Ja ich sehne mich nach dir. Ich gleite
mich verlierend selbst mir aus der Hand,
ohne Hoffnung, daß ich Das bestreite,
was zu mir kommt wie aus deiner Seite
ernst und unbeirrt und unverwandt.

... jene Zeiten: O wie war ich Eines,
nichts was rief und nichts was mich verriet;
meine Stille war wie eines Steines,
über den der Bach sein Murmeln zieht.

Aber jetzt in diesen Frühlingswochen
hat mich etwas langsam abgebrochen
von dem unbewußten dunklen Jahr.
Etwas hat mein armes warmes Leben
irgendeinem in die Hand gegeben,
der nicht weiß was ich noch gestern war.

Liebes-Lied

Wie soll ich meine Seele halten, daß
sie nicht an deine rührt? Wie soll ich sie
hinheben über dich zu andern Dingen?
Ach gerne möcht ich sie bei irgendwas
Verlorenem im Dunkel unterbringen
an einer fremden stillen Stelle, die
nicht weiterschwingt, wenn deine Tiefen schwingen.
Doch alles, was uns anrührt, dich und mich,
nimmt uns zusammen wie ein Bogenstrich,
der aus zwei Saiten *eine* Stimme zieht.

Auf welches Instrument sind wir gespannt?
Und welcher Geiger hat uns in der Hand?
O süßes Lied.

An der sonngewohnten Straße, in dem
hohlen halben Baumstamm, der seit lange
Trog ward, eine Oberfläche Wasser
in sich leis erneuernd, still' ich meinen
Durst: des Wassers Heiterkeit und Herkunft
in mich nehmend durch die Handgelenke.
Trinken schiene mir zu viel, zu deutlich;
aber diese wartende Gebärde
holt mir helles Wasser ins Bewußtsein.

Also, kämst du, braucht ich, mich zu stillen,
nur ein leichtes Anruhn meiner Hände,
sei's an deiner Schulter junge Rundung,
sei es an den Andrang deiner Brüste.

Leise hör ich dich rufen
in jedem Flüstern und Wehn.
Auf lauter weißen Stufen,
die meine Wünsche sich schufen,
hör ich dein Zu-mir-gehn.

Jetzt weißt du von dem Gefährten,
und daß er dich liebt ... das macht:
es blühen in seinen Gärten
die lang vom Licht gekehrten
Blüten, blühn über Nacht ...

Du, Gütige
in deiner Größe Glanz
demütige
dir meine Seele ganz.

Errette sie
aus ihrem dunkeln Bann
und kette sie
an dein Erbarmen an.

Und denke dir:
sie blüht in deinem Mai,
und schenke ihr
die süße Sklaverei.

Du Liebe, sag du mir erst wer ich bin,
ich sage dir wer du bist.
Und dann nimmt uns ein Großer Dritter hin
und sagt uns groß was *ist*.
O laß uns zusammen in Demut sein:
wir waren bei vielen bisher.
Und jetzt sind wir allein auf der Welt zu zwein
und die Welt ist bewegt wie ein Meer.
Und wir stehn aneinander angelehnt,
und die Hände ruhn in einander aus;
wir haben uns lange nach Herz und Haus
gesehnt.

HERMANN HESSE

Wie der stöhnende Wind –

Wie der stöhnende Wind durch die Nacht
Stürmt mein Verlangen nach dir,
Jede Sehnsucht ist aufgewacht –
O du, die mich krank gemacht,
Was weißt du von mir!
Leise lösch ich mein spätes Licht,
Fiebernde Stunden zu wachen,
Und die Nacht hat dein Angesicht,
Und der Wind, der von Liebe spricht,
Hat dein unvergeßliches Lachen!

Liebeslied

Ich bin der Hirsch und du das Reh,
Der Vogel du und ich der Baum,
Die Sonne du und ich der Schnee,
Du bist der Tag und ich der Traum.

Nachts aus meinem schlafenden Mund
Fliegt ein Goldvogel zu dir,
Hell ist seine Stimme, sein Flügel bunt,
Der singt dir das Lied von der Liebe,
Der singt dir das Lied von mir.

Der Liebende

Nun liegt dein Freund wach in der milden Nacht,
Noch warm von dir, noch voll von deinem Duft,

Von deinem Blick und Haar und Kuß – o Mitternacht,
O Mond und Stern und blaue Nebelluft!
In dich, Geliebte, steigt mein Traum
Tief wie in Meer, Gebirg und Kluft hinein,
Verspritzt in Brandung und verweht zu Schaum,
Ist Sonne, Wurzel, Tier,
Nur um bei dir,
Um nah bei dir zu sein.
Saturn kreist fern und Mond, ich seh sie nicht,
Seh nur in Blumenblässe dein Gesicht,
Und lache still und weine trunken,
Nicht Glück, nicht Leid ist mehr,
Nur du, nur ich und du, versunken
Ins tiefe All, ins tiefe Meer,
Darein sind wir verloren,
Drin sterben wir und werden neugeboren.

ELSE LASKER-SCHÜLER

Ein alter Tibetteppich

Deine Seele, die die meine liebet,
Ist verwirkt mit ihr im Teppichtibet.

Strahl in Strahl, verliebte Farben,
Sterne, die sich himmellang umwarben.

Unsere Füße ruhen auf der Kostbarkeit,
Maschentausendabertausendweit.

Süßer Lamasohn auf Moschuspflanzenthron,
Wie lange küßt dein Mund den meinen wohl
Und Wang die Wange buntgeknüpfte Zeiten schon?

Siehst du mich

Zwischen Erde und Himmel?
Nie ging einer über meinen Pfad.

Aber dein Antlitz wärmt meine Welt,
Von dir geht alles Blühen aus.

Wenn du mich ansiehst,
Wird mein Herz süß.

Ich liege unter deinem Lächeln
Und lerne Tag und Nacht bereiten,

Dich hinzaubern und vergehen lassen,
Immer spiele ich das eine Spiel.

Ein Liebeslied

Aus goldenem Odem
Erschufen uns Himmel.
O, wie wir uns lieben...

Vögel werden Knospen an den Ästen,
Und Rosen flattern auf.

Immer suche ich nach deinen Lippen
Hinter tausend Küssen.

Eine Nacht aus Gold,
Sterne aus Nacht...
Niemand sieht uns.

Kommt das Licht mit dem Grün,
Schlummern wir;
Nur unsere Schultern spielen noch wie Falter.

Abschied

Ich wollte dir immerzu
Viele Liebesworte sagen,

Nun suchst du ruhlos
Nach verlorenen Wundern.

Aber wenn meine Spieluhren spielen
Feiern wir Hochzeit.

O, deine süßen Augen
Sind meine Lieblingsblumen.

Und dein Herz ist mein Himmelreich...
Laß mich hineinschaun.

Du bist ganz aus glitzernder Minze
Und so weich versonnen.

Ich wollte dir immerzu
Viele Liebesworte sagen,

Warum tat ich das nicht?

Es kommt der Abend

Es kommt der Abend und ich tauche in die Sterne,
Daß ich den Weg zur Heimat im Gemüte nicht
                              verlerne
Umflorte sich auch längst mein armes Land.

Es ruhen unsere Herzen liebverwandt,
Gepaart in einer Schale:
Weiße Mandelkerne –

..... Ich weiß, du hältst wie früher meine Hand
Verwunschen in der Ewigkeit der Ferne .....
Ach meine Seele rauschte, als dein Mund es mir
gestand.

Ein Liebeslied

Komm zu mir in der Nacht – wir schlafen
engverschlungen.
Müde bin ich sehr, vom Wachen einsam.
Ein fremder Vogel hat in dunkler Frühe schon
gesungen,
Als noch mein Traum mit sich und mir gerungen.

Es öffnen Blumen sich vor allen Quellen
Und färben sich mit deiner Augen Immortellen .....

Komm zu mir in der Nacht auf Siebensternenschuhen
Und Liebe eingehüllt spät in mein Zelt.
Es steigen Monde aus verstaubten Himmelstruhen.

Wir wollen wie zwei seltene Tiere liebesruhen
Im hohen Rohre hinter dieser Welt.

ERNST STADLER

Lover's Seat

Im Abend sind wir steile grünbebuschte Dünenwege
hingeschritten.
Du ruhst an mich gedrängt. Die Kreideklippe schwingt
ihr schimmerndes Gefieder über tiefem Meere.

Hier, wo der Fels in jäher Todesgier ins Leere
Hinüberlehnt, sind einst zwei Liebende ins weiche
    blaue Bett geglitten.

Fern tönt die Brandung. Zwischen Küssen lausch ich
    der Legende,
Die lachend mir dein Mund in den erglühten
    Sommerabend spricht.
Doch tief mich beugend seh' ich wie im Glück
    erstarren dein Gesicht
Und dumpfe Schwermut hinter deinen Wimpern
    warten und das nahe Ende.

GEORG TRAKL

Abendlied

Am Abend, wenn wir auf dunklen Pfaden gehn,
Erscheinen unsere bleichen Gestalten vor uns.

Wenn uns dürstet,
Trinken wir die weißen Wasser des Teichs,
Die Süße unserer traurigen Kindheit.

Erstorbene ruhen wir unterm Hollundergebüsch,
Schaun den grauen Möven zu.

Frühlingsgewölke steigen über die finstere Stadt,
Die der Mönche edlere Zeiten schweigt.

Da ich deine schmalen Hände nahm
Schlugst du leise die runden Augen auf,
Dieses ist lange her.

Doch wenn dunkler Wohllaut die Seele heimsucht,
Erscheinst du Weiße in des Freundes herbstlicher
                                    Landschaft.

Traumwandler

Wo bist du, die mir zur Seite ging,
Wo bist du, Himmelsangesicht?
Ein rauher Wind höhnt mir ins Ohr: du Narr!
Ein Traum! Ein Traum! Du Tor!
Und doch, und doch! Wie war es einst,
Bevor ich in Nacht und Verlassenheit schritt?
Weißt du es noch, du Narr, du Tor!
Meiner Seele Echo, der rauhe Wind:
O Narr! O Tor!
Stand sie mit bittenden Händen nicht,
Ein trauriges Lächeln um den Mund,
Und rief in Nacht und Verlassenheit!
Was rief sie nur! Weißt du es nicht?
Wie Liebe klang's. Kein Echo trug
Zur ihr zurück, zu ihr dies Wort.
War's Liebe? Weh, daß ich's vergaß!
Nur Nacht um mich und Verlassenheit,
Und meiner Seele Echo – der Wind!
Der höhnt und höhnt: O Narr! O Tor!

GEORG HEYM

Anna-Maria

Kommt vom Meer, aus abendlicher Helle,
Ferner Muschelhörner bittres Lied,
Wiegt ein Vogel weiß auf Purpurwelle,
Der herein zum hohen Horste zieht,

Deinen Mund, darauf die Trauer tönet
Wie ein Harfen-Schall am Königstor,
Deinen Mund, den dunkle Qual verschönet,
Wie ein Grab der blauen Lilien Flor,

Gib ihn mir herüber. Laß uns tauschen
Einen Kuß. O wilder Liebe Los.
Von den Pappeln, die zu Häupten rauschen,
Taumeln Blätter braun in deinen Schoß.

Nichts. Nur Traum, nur Schlaf. Noch eine Stunde
Wohnen wir im Licht der Seligkeit.
Sie verrinnt, wenn in die dunkle Runde
Schwarz herab des Abends Vogel schreit.

Früher Herbst. Des Winters grauer Stecken
Schwingt sich schon am fernen Horizont,
Wo das Meer in herbstlich gelben Flecken
Leise schwimmt, vom Lichte bleich besonnt.

Sieh, ein Segel, das die Schatten färben
Schon mit Nacht herauf, das ferne rückt.
Komm herab. In Kusses Qual zu sterben,
Den ein roter Dolch ins Herz uns drückt.

Deine Wimpern, die langen...

An Hildegard K.

Deine Wimpern, die langen,
Deiner Augen dunkele Wasser,
Laß mich tauchen darein,
Laß mich zur Tiefe gehn.

Steigt der Bergmann zum Schacht
Und schwankt seine trübe Lampe
Über der Erze Tor,
Hoch an der Schattenwand,

Sieh, ich steige hinab,
In deinem Schoß zu vergessen,
Fern, was von oben dröhnt,
Helle und Qual und Tag.

An den Feldern verwächst,
Wo der Wind steht, trunken vom Korn,
Hoher Dorn, hoch und krank
Gegen das Himmelsblau.

Gib mir die Hand,
Wir wollen einander verwachsen,
Einem Wind Beute,
Einsamer Vögel Flug,

Hören im Sommer
Die Orgel der matten Gewitter,
Baden in Herbsteslicht,
Am Ufer des blauen Tags.

Manchmal wollen wir stehn
Am Rand des dunkelen Brunnens,
Tief in die Stille zu sehn,
Unsere Liebe zu suchen.

Oder wir treten hinaus
Vom Schatten der goldenen Wälder,
Groß in ein Abendrot,
Das dir berührt sanft die Stirn.

Göttliche Trauer,
Schweige der ewigen Liebe.
Hebe den Krug herauf,
Trinke den Schlaf.

Einmal am Ende zu stehen,
Wo Meer in gelblichen Flecken
Leise schwimmt schon herein
Zu der September Bucht.

Oben zu ruhn
Im Hause der durstigen Blumen,
Über die Felsen hinab
Singt und zittert der Wind.

Doch von der Pappel,
Die ragt im Ewigen Blauen,
Fällt schon ein braunes Blatt,
Ruht auf dem Nacken dir aus.

MAX HERRMANN-NEISSE

Dein Haar hat Lieder, die ich liebe

Dein Haar hat Lieder, die ich liebe,
und sanfte Abende am Meer –
O glückte mir die Welt! O bliebe
mein Tag nicht stets unselig leer!

So kann ich nichts, als matt verlegen
vertrösten oder wehe tun,
und von den wundersamsten Wegen
bleibt mir der Staub nur auf den Schuhn.

Und meine Träume sind wie Diebe,
und meine Freuden frieren sehr –
dein Haar hat Lieder, die ich liebe,
und sanfte Abende am Meer.

FRANZ WERFEL

Ein Liebeslied

Alles, was von uns kommt,
Wandelt schon andern Raum.
Tat ich dir Liebe an,
Liebt' ich die Welt darum!

Bist du durch mich erhöht,
Lächelt und glänzt dein Schritt.
Wenn mich mein Weh verspült,
Bin ich im höchsten Sinn!

Ach, was man Schicksal nennt,
Raffe mich wolkenwärts!
Trifft mich am Tor der Pfeil...
Wenn du nur glücklich bist.

Daß du zur Flöte tönst,
Roste mein Tag im Nu!
Sieh, wir auf Erden sind
Ebenbild Gottes so!

KLABUND

O wenn mein Mund an deinem Munde brennt

(E. S. zu eigen)

O wenn mein Mund an deinem Munde brennt,
Firmamente erblühen feurig am Firmament!
Sonne hat sich in aber Sonnen gespalten,
Wo ein Büsser in dürre Kniee sank, Millionen Chöre
                singend die betenden Hände falten.
Mond rollt mit vielen Monden an goldner Kette.
Mädchen, o tanzte ich erst in deinem hüpfenden Bette!
Mein Atem weht wie Beduinenwind um deiner Brüste
                rosiges Gezelt.
Mein Auge ist kleiner Gott, dein Leib ist die grosse
                Welt.
Alle meine wilden Willen wurden zu Kindern, die
                spielen möchten
Und die sich gerne Veilchenblüten in ihre maibraunen
                Haare flöchten.
Der ich über das Gebirge hinschreite mit Macht:
Felsensturz nicht fürchte und nicht Lawine und nicht
                des Dunkels dunkle Nacht –
Ich zittre, dass mein Körper klirrend wie
                Kettenpanzer bebt,
Meine Füsse trommeln, Nebel grau an meinen
                Schläfen klebt:
Hebst du wie Schmetterlingsflügel den leichten Blick!
Ach wie fern ist noch nächste Nähe dem weitesten
                Glück!

YVAN GOLL

Ivan an Claire

Du bist ungreifbar
Wie ein Bach
In seinen Minzebüscheln:
Oft fröstelst du
Unter meinem Bild
Wenn ich mich über dich beuge
Die Sterne gehen auf
Wenn du mich ansiehst
Du gehörst zu mir
Wie das Auge zum Gesicht gehört
Und mit einem meiner Lieder
Auf den Lippen
Wirst du dem Tod entgegengehen...
Aber du fliehst mich, du fliehst
Wie ein Ton meiner Mandoline
Ungreifbar
Wie die Lerche – wie die Forelle
O Traum einer Liebe!
O Liebe eines Traums!

Ungreifbarer Als Wasser

Ungreifbarer als Wasser
Du mir Geschenkte
Im unsichtbaren Gefälle der Zeit

Ich streichelte dein niederrinnendes Haar
Und sah zu wie die Lichtjahre
Auf deinen Augen jagten

Weib, Freund, Antlitz, Wasser
Alles lieben und nichts fassen
Du aus den Wurzeln der Nacht

Emporgerankte Gefährtin
In der mir zugeneigten Dolde deines Gesichts
Las ich von Sein und Anfang

Und von der Anmut der Insekten –
Doch wenn wir uns umgekehrt anschaun
Wie erschreckt noch sind die Dämonen!

In Dir Enden Die Unendlichen Ufer
Des Nachtmeers

In dir enden die unendlichen Ufer des Nachtmeers
In dir beginnen die neugeborenen Flieder
Die Welt ist Gegenwart
Nur weil wir sie erdenken
Die Sonne würde sich zunichte sägen
Der Mond wäre verwundbarer als die Mimose
Wenn du Geliebte nicht mit mir sie liebtest

Liane, Meine Verzauberte Landschaft

Liane, meine verzauberte Landschaft
Du Lichtung mit den Walderdbeeren
Wo hohe Hirsche gerne grasen

Tochter der Urzeit
Im Quell hör ich deine mystische Stimme
Geladen mit den Worten der Tiere

Ich beuge mich um das Stöhnen des Rehs
In deinem Herzen zu belauschen
In deinem Aug zu lesen die Sternenschrift

Und was ein Vogel zwitschert
Erfuhr ich nur
Weil du mich liebtest

AUGUST STRAMM

Blüte

Diamanten wandern übers Wasser!
Ausgereckte Arme
spannt der falbe Staub zur Sonne!
Blüten wiegen im Haar!
Geperlt
verästelt
spinnen Schleier!
Duften
weiße matte bleiche
Schleier!
Rosa, scheu gedämpft, verschimmert
zittern Flecken
Lippen, Lippen
durstig, krause, heiße Lippen!
Blüten! Blüten!
Küsse! Wein!
Roter
goldner
rauscher
Wein!
Du und Ich!
Ich und Du!
Du?!

KURT SCHWITTERS

An Anna Blume

O du Geliebte meiner 27 Sinne, ich liebe dir – du
deiner dich dir, ich dir, du mir, – Wir?
Das gehört (beiläufig) nicht hierher.
Wer bist du, umgewühltes Frauenzimmer? Du bist – –
bist du? Die Leute sagen, du wärest. – Laß sie sagen,
sie wissen nicht, wie der Kirchturm steht. Du trägst
den Hut auf deinen Füßen und wanderst auf die
Hände, auf den Händen wanderst du.
Halloh deine roten Kleider in weiße Falten zersägt, rot
liebe ich Anna Blume, rot liebe ich dir. – Du deiner
dich dir, ich dir, du mir – Wir?
Das gehört (beiläufig) wohl hierher.
Rote Blume, rote Anna, wie sagen die Leute?
»Du wärest?« – Preisfrage:
1. Anna Blume hat ein Vogel.
2. Anna Blume ist rot.
3. Welche Farbe hat der Vogel?
Blau ist die Farbe seines gelben Haares.
Rot ist das Girren deines grünen Vogels.
Du schlichtes Mädchen im Alltagskleid, du liebes
grünes Tier, ich liebe dir. – Du deiner dich dir, ich dir,
du mir – Wir?
Das gehört (beiläufig) in die kalte Glut.
Anna Blume, Anna, A–N–N–A, ich kaue deinen
Namen. Wenn ich dich kaue überquellen meine 27
Sinne. Dein Name tropft wie weiches Rindertalg.
Weißt du es Anna, weißt du es?
So wisse: Man kann dich auch von hinten lesen, und
Du, du herrlichste von allen, du bist von hinten wie
von vorne: A–N–N–A.
Du deiner dich dir, ich dir, du mir – Wir?
Das gehört (beiläufig) in die Glutenkiste.

Rindertalg träufelt streicheln über meinen Rücken.
Anna Blume, du tropfes Tier, ich liebe deine Einfalt,
ich liebe dir!

GOTTFRIED BENN

D-Zug

Braun wie Kognak. Braun wie Laub. Rotbraun.
                        Malaiengelb.
D-Zug Berlin-Trelleborg und die Ostseebäder.

Fleisch, das nackt ging.
Bis in den Mund gebräunt vom Meer.
Reif gesenkt, zu griechischem Glück.
In Sichel-Sehnsucht: wie weit der Sommer ist!
Vorletzter Tag des neunten Monats schon!

Stoppel und letzte Mandel lechzt in uns.
Entfaltungen, das Blut, die Müdigkeiten,
die Georginennähe macht uns wirr.

Männerbraun stürzt sich auf Frauenbraun:

Eine Frau ist etwas für eine Nacht.
Und wenn es schön war, noch für die nächste!
Oh! Und dann wieder dies Bei-sich-selbst-Sein!
Diese Stummheiten! Dies Getriebenwerden!

Eine Frau ist etwas mit Geruch.
Unsägliches! Stirb hin! Resede.
Darin ist Süden, Hirt und Meer.
An jedem Abhang lehnt ein Glück.

Frauenhellbraun taumelt an Männerdunkelbraun:

Halte mich! Du, ich falle!
Ich bin im Nacken so müde.
Oh, dieser fiebernde süße
letzte Geruch aus den Gärten.

Untergrundbahn

Die weichen Schauer. Blütenfrühe. Wie
aus warmen Fellen kommt es aus den Wäldern.
Ein Rot schwärmt auf. Das große Blut steigt an.

Durch all den Frühling kommt die fremde Frau.
Der Strumpf am Spann ist da. Doch, wo er endet,
ist weit von mir. Ich schluchze auf der Schwelle:
laues Geblühe, fremde Feuchtigkeiten.

Oh, wie ihr Mund die laue Luft verpraßt!
Du Rosenhirn, Meer-Blut, du Götter-Zwielicht,
du Erdenbeet, wie strömen deine Hüften
so kühl den Gang hervor, in dem du gehst!

Dunkel: nun lebt es unter ihren Kleidern:
nur weißes Tier, gelöst und stummer Duft.

Ein armer Hirnhund, schwer mit Gott behangen.
Ich bin der Stirn so satt. Oh, ein Gerüste
von Blütenkolben löste sanft sie ab
und schwölle mit und schauerte und triefte.

So losgelöst. So müde. Ich will wandern.
Blutlos die Wege. Lieder aus den Gärten.
Schatten und Sintflut. Fernes Glück: ein Sterben
hin in des Meeres erlösend tiefes Blau.

Dir auch –:

Dir auch –: tauschen die Nächte
dich in ein dunkleres Du,
Psyche, strömende Rechte
schluchzend dem andern zu,
ist es auch ungeheuer
und du littest genug:
Liebe ist Wein ins Feuer
aus dem Opferkrug.

Selbst du beugst dich und jeder
meint, hier sei es vollbracht,
ach, in Schattengeäder
flieht auch deine, die Nacht,
wohl den Lippen, den Händen
glühst du das reinste Licht,
doch die Träume vollenden
können wir nicht.

Nur die Stunden, die Nächte,
wo dein Atem erwacht,
Psyche, strömende Rechte,
tiefe tauschende Nacht,
ach, es ist ungeheuer,
ach, es ist nie genug
von deinem Wein im Feuer
aus dem Opferkrug.

Liebe

Liebe – halten die Sterne
über den Küssen Wacht,
Meere – Eros der Ferne –
rauschen, es rauscht die Nacht,

steigt um Lager, um Lehne,
eh sich das Wort verlor,
Anadyomene
ewig aus Muscheln vor.

Liebe – schluchzende Stunden
Dränge der Ewigkeit
löschen ohne viel Wunden
ein paar Monde der Zeit,
landen – schwärmender Glaube! –
Arche und Ararat
sind dem Wasser zu Raube,
das keine Grenzen hat.

Liebe – du gibst die Worte
weiter, die dir gesagt,
Reigen – wie sind die Orte
von Verwehtem durchjagt,
Tausch – und die Stunden wandern
und die Flammen wenden sich,
zwischen Schauern von andern
gibst du und nimmst du dich.

Du liegst und schweigst –

Du liegst und schweigst und träumst der Stunde nach,
der Süßigkeit, dem sanften Sein des andern,
keiner ist übermächtig oder schwach,
du gibst und nimmst und gibst – die Kräfte wandern.

Gewisses Fühlen und gewisses Sehn,
gewisse Worte aus gewisser Stunde,
und keiner löst sich je aus diesem Bunde
der Veilchen, Nesseln und der Orchideen.

Und dennoch mußt du es den Parzen lassen,
dem Fädenspinnen und dem Flockenstreun –
du kannst nur diese Hand, die schmale, fassen
und diesmal noch das tiefe Wort erneun.

Blaue Stunde

I

Ich trete in die dunkelblaue Stunde –
da ist der Flur, die Kette schließt sich zu
und nun im Raum ein Rot auf einem Munde
und eine Schale später Rosen – du!

Wir wissen beide, jene Worte,
die jeder oft zu anderen sprach und trug,
sind zwischen uns wie nichts und fehl am Orte:
dies ist das Ganze und der letzte Zug.

Das Schweigende ist so weit vorgeschritten
und füllt den Raum und denkt sich selber zu
die Stunde – nichts gehofft und nichts gelitten –
mit ihrer Schale später Rosen – du.

II

Dein Haupt verfließt, ist weiß und will sich hüten,
indessen sammelt sich auf deinem Mund
die ganze Lust, der Purpur und die Blüten
aus deinem angeströmten Ahnengrund.

Du bist so weiß, man denkt, du wirst zerfallen
vor lauter Schnee, vor lauter Blütenlos,
todweiße Rosen Glied für Glied – Korallen
nur auf den Lippen, schwer und wundengroß.

Du bist so weich, du gibst von etwas Kunde,
von einem Glück aus Sinken und Gefahr
in einer blauen, dunkelblauen Stunde
und wenn sie ging, weiß keiner, ob sie war.

III

Ich frage dich, du bist doch eines andern,
was trägst du mir die späten Rosen zu?
Du sagst, die Träume gehn, die Stunden wandern,
was ist das alles: er und ich und du?

»Was sich erhebt, das will auch wieder enden,
was sich erlebt – wer weiß denn das genau,
die Kette schließt, man schweigt in diesen Wänden
und dort die Weite, hoch und dunkelblau.«

BERTOLT BRECHT

Gesang von einer Geliebten

1. Ich weiß es, Geliebte: jetzt fallen mir die Haare aus vom wüsten Leben, und ich muß auf den Steinen liegen. Ihr seht mich trinken den billigsten Schnaps, und ich gehe bloß im Wind.

2. Aber es gab eine Zeit, Geliebte, wo ich rein war.

3. Ich hatte eine Frau, die war stärker als ich, wie das Gras stärker ist als der Stier: es richtet sich wieder auf.

4. Sie sah, daß ich böse war, und liebte mich.

5. Sie fragte nicht, wohin der Weg ging, der ihr Weg
war, und vielleicht ging er hinunter. Als sie mir ihren
Leib gab, sagte sie: Das ist alles. Und es wurde mein
Leib.

6. Jetzt ist sie nirgends mehr, sie verschwand wie die
Wolke, wenn es geregnet hat, ich ließ sie, und sie fiel
abwärts, denn dies war ihr Weg.

7. Aber nachts, zuweilen, wenn ihr mich trinken seht
sehe ich ihr Gesicht, bleich im Wind, stark und mir
zugewandt, und ich verbeuge mich in den Wind.

Entdeckung an einer jungen Frau

Des Morgens nüchterner Abschied, eine Frau
Kühl zwischen Tür und Angel, kühl besehn.
Da sah ich: eine Strähn in ihrem Haar war grau
Ich konnt mich nicht entschließen mehr zu gehn.

Stumm nahm ich ihre Brust, und als sie fragte
Warum ich Nachtgast nach Verlauf der Nacht
Nicht gehen wolle, denn so war's gedacht
Sah ich sie unumwunden an und sagte:

Ist's nur noch eine Nacht, will ich noch bleiben
Doch nütze deine Zeit; das ist das Schlimme
Daß du so zwischen Tür und Angel stehst.

Und laß uns die Gespräche rascher treiben
Denn wir vergaßen ganz, daß du vergehst.
Und es verschlug Begierde mir die Stimme.

Erinnerung an die Marie A.

1

An jenem Tag im blauen Mond September
Still unter einem jungen Pflaumenbaum
Da hielt ich sie, die stille bleiche Liebe
In meinem Arm wie einen holden Traum.
Und über uns im schönen Sommerhimmel
War eine Wolke, die ich lange sah
Sie war sehr weiß und ungeheuer oben
Und als ich aufsah, war sie nimmer da.

2

Seit jenem Tag sind viele, viele Monde
Geschwommen still hinunter und vorbei.
Die Pflaumenbäume sind wohl abgehauen
Und fragst du mich, was mit der Liebe sei?
So sag ich dir: ich kann mich nicht erinnern
Und doch, gewiß, ich weiß schon, was du meinst.
Doch ihr Gesicht, das weiß ich wirklich nimmer
Ich weiß nur mehr: ich küßte es dereinst.

3

Und auch den Kuß, ich hätt ihn längst vergessen
Wenn nicht die Wolke dagewesen wär
Die weiß ich noch und werd ich immer wissen
Sie war sehr weiß und kam von oben her.
Die Pflaumenbäume blühn vielleicht noch immer
Und jene Frau hat jetzt vielleicht das siebte Kind
Doch jene Wolke blühte nur Minuten
Und als ich aufsah, schwand sie schon im Wind.

Das erste Sonett

Als wir zerfielen einst in DU und ICH
Und unsere Betten standen HIER und DORT
Ernannten wir ein unauffällig Wort
Das sollte heißen: ich berühre dich.

Es scheint: solch Redens Freude sei gering
Denn das Berühren selbst ist unersetzlich
Doch wenigstens wurd »sie« so unverletzlich
Und aufgespart wie ein gepfändet Ding.

Blieb zugeeignet und wurd doch entzogen
War nicht zu brauchen und war doch vorhanden
War wohl nicht da, doch wenigstens nicht fort

Und wenn um uns die fremden Leute standen
Gebrauchten wir geläufig dieses Wort
Und wußten gleich: wir waren uns gewogen.

Liebeslied aus einer schlechten Zeit

Wir waren miteinander nicht befreundet
Doch haben wir einander beigewohnt.
Als wir einander in den Armen lagen
War'n wir einander fremder als der Mond.

Und träfen wir uns heute auf dem Markte
Wir könnten uns um ein paar Fische schlagen:
Wir waren miteinander nicht befreundet
Als wir einander in den Armen lagen.

Allem, was du empfindest

Allem, was du empfindest, gib
Die kleinste Größe.

Er hat gesagt, ohne dich
Kann er nicht leben. Rechne also damit, wenn du ihn
                                            wieder triffst
Erkennt er dich wieder.

Tue mir also den Gefallen und liebe mich nicht zu
                                                    sehr.

Als ich das letzte Mal geliebt wurde, erhielt ich alle die
                                                 Zeit über
Nicht die kleinste Freundlichkeit.

Sonett Nr. 19

Nur eines möcht ich nicht: daß du mich fliehst.
Ich will dich hören, selbst wenn du nur klagst.
Denn wenn du taub wärst, braucht ich, was du sagst
Und wenn du stumm wärst, braucht ich, was du siehst

Und wenn du blind wärst, möcht ich dich doch sehn.
Du bist mir beigesellt als meine Wacht:
Der lange Weg ist noch nicht halb verbracht
Bedenk das Dunkel, in dem wir noch stehn!

So gilt kein »Laß mich, denn ich bin verwundet!«
So gilt kein »Irgendwo« und nur ein »Hier«
Der Dienst wird nicht gestrichen, nur gestundet.

Du weißt es: wer gebraucht wird, ist nicht frei.
Ich aber brauche dich, wie's immer sei
Ich sage ich und könnt auch sagen wir.

Die Liebenden

Sieh jene Kraniche in großem Bogen!
Die Wolken, welche ihnen beigegeben
Zogen mit ihnen schon, als sie entflogen
Aus einem Leben in ein andres Leben.
In gleicher Höhe und mit gleicher Eile
Scheinen sie alle beide nur daneben.
Daß so der Kranich mit der Wolke teile
Den schönen Himmel, den sie kurz befliegen
Daß also keines länger hier verweile
Und keines andres sehe als das Wiegen
Des andern in dem Wind, den beide spüren
Die jetzt im Fluge beieinander liegen
So mag der Wind sie in das Nichts entführen
Wenn sie nur nicht vergehen und sich bleiben
So lange kann sie beide nichts berühren
So lange kann man sie von jedem Ort vertreiben
Wo Regen drohen oder Schüsse schallen.
So unter Sonn und Monds wenig verschiedenen
                              Scheiben
Fliegen sie hin, einander ganz verfallen.
Wohin, ihr? – Nirgend hin. – Von wem davon? – Von
                              allen.
Ihr fragt, wie lange sind sie schon beisammen?
Seit kurzem. – Und wann werden sie sich trennen? –
                              Bald.
So scheint die Liebe Liebenden ein Halt.

JOACHIM RINGELNATZ

Ich habe dich so lieb

Ich habe dich so lieb!
Ich würde dir ohne Bedenken
Eine Kachel aus meinem Ofen
Schenken.

Ich habe dir nichts getan.
Nun ist mir traurig zu Mut.
An den Hängen der Eisenbahn
Leuchtet der Ginster so gut.

Vorbei – verjährt –
Doch nimmer vergessen.
Ich reise.
Alles, was lange währt,
Ist leise.

Die Zeit entstellt
Alle Lebewesen.
Ein Hund bellt.
Er kann nicht lesen.
Er kann nicht schreiben.
Wir können nicht bleiben.

Ich lache.
Die Löcher sind die Hauptsache
An einem Sieb.

Ich habe dich so lieb.

KURT TUCHOLSKY

Sie, zu ihm

Ich hab dir alles hingegeben:
mich, meine Seele, Zeit und Geld.
    Du bist ein Mann – du bist mein Leben,
    du meine kleine Unterwelt.
        Doch habe ich mein Glück gefunden,
        seh ich dir manchmal ins Gesicht:
        Ich kenn dich in so vielen Stunden –
        nein, zärtlich bist du nicht.

Du küßt recht gut. Auf manche Weise
zeigst du mir, was das ist: Genuß.
Du hörst gern Klatsch. Du sagst mir leise,
wann ich die Lippen nachziehn muß.
    Du bleibst sogar vor andern Frauen
    in gut gespieltem Gleichgewicht;
    man kann dir manchmal sogar trauen...
    aber zärtlich bist du nicht.

O wärst du zärtlich!
                Meinetwegen
kannst du sogar gefühlvoll sein.
Mensch, wie ein warmer Frühlingsregen
so hüllte Zärtlichkeit mich ein!
    Wärst du der Weiche von uns beiden,
    wärst du der Dumme. Bube sticht.
    Denn wer mehr liebt, der muß mehr leiden.
    Nein, zärtlich bist du nicht.

ERICH KÄSTNER

Sachliche Romanze

Als sie einander acht Jahre kannten
(und man darf sagen: sie kannten sich gut),
kam ihre Liebe plötzlich abhanden.
Wie andern Leuten ein Stock oder Hut.

Sie waren traurig, betrugen sich heiter,
versuchten Küsse, als ob nichts sei,
und sahen sich an und wußten nicht weiter.
Da weinte sie schließlich. Und er stand dabei.

Vom Fenster aus konnte man Schiffen winken.
Er sagte, es wäre schon Viertel nach Vier
und Zeit, irgendwo Kaffee zu trinken.
Nebenan übte ein Mensch Klavier.

Sie gingen ins kleinste Café am Ort
und rührten in ihren Tassen.
Am Abend saßen sie immer noch dort.
Sie saßen allein, und sie sprachen kein Wort
und konnten es einfach nicht fassen.

HANS CAROSSA

Heimweg

Dämmert mein Garten?
Rauscht schon der Fluß?
Noch glüht mein Leben
Von deinem Kuß,

Noch trinkt mein Auge,
Von dir erhellt,
Nur dich, nur deinen Bann
Im Bann der Welt.

Vom Himmel atmet
Des Mondes Traum,
Bleich webt eine Wolke,
Grün schmilzt ihr Saum.

Das Wasser führt Schollen
Herab aus der Nacht,
Es trägt jede Scholle
Von Licht schwere Fracht.

Eine Harfe von Drähten
Summt in der Allee,
Spuren von Rädern
Glänzen im Schnee,

Glänzen und deuten
Heilig zu dir zurück –
Ich weiß, daß du noch wachst
Tief tief im Glück.

Der Schirm deiner Lampe
Färbt dich wie Wein,
Du hauchst in das Eis
Deines Fensters hinein,

Deine Augen träumen
Herüber zum Fluß, –
Du bist nur noch Leben
Von meinem Kuß.

WILHELM LEHMANN

Fahrt über den Plöner See

Es schieben sich wie Traumkulissen
Bauminseln stets erneut vorbei,
Als ob ein blaues Fest uns rufe,
Die Landschaft eine Bühne sei.

Sich wandelnd mit des Bootes Gleiten
Erfrischt den Blick Laub, Schilf und See:
Hier könnte Händels Oper spielen,
Vielleicht Acis und Galathee.

Die Finger schleifen durch die Wasser,
Ein Gurgeln quillt um Bordes Wand,
Die Ufer ziehn wie Melodieen,
Und meine sucht nach deiner Hand.

Wenn alle nun das Schifflein räumen,
Wir endigen noch nicht das Spiel.
Fährmann! die runde Fahrt noch einmal!
Sie selbst, ihr Ende nicht, das Ziel.

Es schieben sich wie Traumkulissen
Bauminseln stets erneut vorbei,
Als ob ein blaues Fest uns rufe,
Die Landschaft eine Bühne sei.

Sich wandelnd mit des Bootes Gleiten
Erfrischt den Blick Laub, Schilf und See:
Wir dürfen Händels Oper hören,
Man gibt Acis und Galathee.

Wir sehen, was wir hören, fühlen,
Die Ufer *sind* die Melodien.

Bei ihrem Nahen, ihrem Schwinden,
Wie gern mag uns das Schifflein ziehn!

Dort schwimmt bebuscht die Prinzeninsel,
Hier steigt die Kirche von Bosau –
Wir fahren durch den Schreck der Zeiten,
Beisammen noch, geliebte Frau.

Heißt solcher Übermut vermessen?
Rächt sich am Traum der harte Tag?
Muß seine Eifersucht uns treffen,
Wie den Acis des Riesen Schlag?

Die Götter sind nicht liebeleer –
Was ihr den beiden tatet, tut!
Die Nymphe flüchtete ins Meer,
Acis zerrann zu Bachesflut.

OSKAR LOERKE

Überall

Du gehst von mir
Und läßt mich traurig zurück:
Ich fall dir zu Füßen Stück für Stück
Im Echo meines wunden Schreis,
Und Echos schrein die fernen Dampfsirenen,
Und ich bin überall, du mußt dich sehnen
Und kehrst zurück
Und kommst zu mir.

Lied

Wie wird mir meine Hand so jung,
Die dir die Stirne streicht!
Es schied aus der Erinnerung
Ein Schwermutslied vielleicht:

Zu einem Pferde Fallada
Auf seidne Wiesen gehn,
Zu fragen, was es aß und sah,
Und seine Sprache verstehn –

Nein, sprich du selbst, der Klang ist klar,
Und wenn uns Not beschleicht,
So kommt der Kummer in Gefahr
Vor diesem Klang vielleicht.

GEORG VON DER VRING

Liebeslied eines Mädchens

Wenn wir Mund auf Munde
Lagen in der Nacht,
Ward zu mir die Kunde
Jener Zeit gebracht,

Da ich dich nicht fühlte,
Und im Gartengrund
Mir die Lilie kühlte
Angesicht und Mund.

Weißt du jenen Garten,
Der von Lilien roch?

Hatt ich Ruh zu warten?
Ach, jetzt wein ich doch.

Keine Ruh zu weinen
Hatt ich bis zu dir,
Darum stehn und scheinen
Lilien hinter mir.

Gehab dich wohl

Tu sie fort, tu immer sie fort
Zu den Gallenäpfeln unter das welke Laub,
Die süße Liebe auf dieser bitteren Erde –

Wie wirst du leben, wie werden wir leben?
Einsam – und bald wird keiner,
Nach dem andern zu suchen, mehr sein.

Gehab dich wohl, gehab dich wohl.
Und auf der Steige des Waldes leuchtet noch
Dein rotes Tuch –

ALBIN ZOLLINGER

Glücklich

Mit meiner Amsel im Herzen!
Alles ist schön:
Wie die Linden im Morgen stehn,
Wie die Menschen gehen.
Mein Herz ist eine Quelle,
Deine liebe Hand spielt darin.

Jählings

Auf einmal duftest du mich an mit Schnee,
Und dein Geschlecht, du Süße, ist darin
Wie unterm Winter zarte Frucht von Schleh,
Und wilder Frühling reißt mich zu dir hin!

CARL ZUCKMAYER

Vergängliche Liebe

Das kleine Mal in deiner Schenkelbeuge
Ist mir so nah vertraut,
Als wär' ich deines Lebens erster Zeuge
Und hätt' als nacktes Kindlein dich erschaut.
Noch fühl' ich traumbeschneit in seligen Händen
Das Schauern deiner Haut –
Und weiß: eh sich die Wintersterne wenden,
Ist es wie Schnee zertaut.

Pocht Herz an Herz, und stammelt Mund bei Munde
Den Schwur der Ewigkeit –
Tropft schon das Blut aus jener süßen Wunde
Der zubemeßnen Zeit.
So leer den Becher bis zum bittren Grunde
Und mach dem Schmerz dich wie der Lust bereit –
Noch in dem Sturz der letzten Liebesstunde
Sei du, Vergängnis, hochgebenedeit.

NELLY SACHS

Linie wie
lebendiges Haar
gezogen
todnachtgedunkelt
von dir
zu mir.

Gegängelt
außerhalb
bin ich hinübergeneigt
durstend
das Ende der Fernen zu küssen.

Der Abend
wirft das Sprungbrett
der Nacht über das Rot
verlängert deine Landzunge
und ich setze meinen Fuß zagend
auf die zitternde Saite
des schon begonnenen Todes.

Aber so ist die Liebe –

Abgewandt
warte ich auf dich
weit fort von den Lebenden weilst du
oder nahe.

Abgewandt
warte ich auf dich
denn nicht dürfen Freigelassene
mit Schlingen der Sehnsucht

eingefangen werden
noch gekrönt
mit der Krone aus Planetenstaub –

die Liebe ist eine Sandpflanze
die im Feuer dient
und nicht verzehrt wird –

Abgewandt
wartet sie auf dich –

GERTRUD KOLMAR

Nächte

Deine Hände keimen in Finsternissen,
Und ich seh nicht, wie sie blühn,
Atmend aus dem Schnee der Kissen.
Meeresgrün,

Wogengrau verglitzern deine Augen;
Meine Wange leckt ihr Schaum.
Nelkenrote Quallen saugen...
Süßes Harz von weißem Birkenbaum

Tropft die Stille goldbraun nieder...

O breiter Flügel, zuckender Schulter entstiegen!
O bleicher Schwanenflügel, der mich beschattet!
O Nacken, flaumige Brust, o Leib, den ein Wiegen
Verschilfter Bucht umschläfert, zärtlich ermattet!

Libellensirrendes Wispern...

Komm.

Du hast meinem Munde die reife Granatfrucht
                                    geschenkt,
Des Apfels starken Saft, erzeugende Kerne,
Hast in die Himmelsgründe kristallen wachsender
                                    Sterne
Wurzeln des Rebstocks versenkt.

Blau schwellen Trauben: koste.

Siehe, ich bin ein Garten, den du gen Abend erreicht,
Fiebrige Arme an schlanker silberner Pforte zu
                                    kühlen,
Im verstummten Geäst Aprikose zu fühlen,
Bin unterm südlichen Hauch, der die Ruhende
                                    streicht,

Eine schmale, blasse Wiese.

Erschauerndes Gräsergefilde, lieg ich bereit und bloß;
Mitternachtsglut schloß mir Lippen bebender Winde
                                    zu,
Doch die verborgenste Blüte öffnet den purpurnen
                        Schoß:
Du.

Du... komm...

Spüre, ich bin die Frau; meine klugen Finger erfüllen
Milchiges Porzellan mit Gewürzen der Lust,
Gießen zaubrisches Naß. Du spreitest aus Hüllen
Schlagenden Fittich, taumelst an meine Brust,

Sinkst, ein großes, lastendes Glück, in Tiefen.

Sanfter nun trägt dich die Flut, streichelt lässig die
                                    Flanken

Wuchtendem Schiffe, das drüben im Hafen war
Mit ragenden Schornsteintürmen, Masten hoher
                          Gedanken;
Fühlst du die Möwe wehn dir durch rauchig
                          wirbelndes Haar?

»Manhattan«... »New York«... »City of Baltimore«
                    ... bleibe!

Aus Morgen ballt sich mählich graue Nebelhelle,
Nieselt dich schleichend fort
Meinem Schimmerspiegel, meiner armen Welle –
Letzter Blick, o letztes Wort!

O, ich ahne euch, da ferne Scharen
Wilder Enten klagend schrein...
Meine Muschelkrone stürzt aus dunklen Haaren –
Schlummre du... ach, schlummre ein.

Und laß mich weinen...

Die Verlassene

An K. J.

Du irrst dich. Glaubst du, daß du fern bist
Und daß ich dürste und dich nicht mehr finden kann?
Ich fasse dich mit meinen Augen an,
Mit diesen Augen, deren jedes finster und ein Stern ist.

Ich zieh dich unter dieses Lid
Und schließ es zu und du bist ganz darinnen.
Wie willst du gehn aus meinen Sinnen,
Dem Jägergarn, dem nie ein Wild entflieht?

Du läßt mich nicht aus deiner Hand mehr fallen
Wie einen welken Strauß,

Der auf die Straße niederweht, vorm Haus
Zertreten und bestäubt von allen.

Ich hab dich liebgehabt. So lieb.
Ich habe so geweint... mit heißen Bitten...
Und liebe dich noch mehr, weil ich um dich gelitten,
Als deine Feder keinen Brief, mir keinen Brief mehr
                                      schrieb.

Ich nannte Freund und Herr und Leuchtturmwächter
Auf schmalem Inselstrich,
Den Gärtner meines Früchtegartens dich,
Und waren tausend weiser, keiner war gerechter.

Ich spürte kaum, daß mir der Hafen brach,
Der meine Jugend hielt – und kleine Sonnen,
Daß sie vertropft, in Sand verronnen.
Ich stand und sah dir nach.

Sehnsucht

Ich denke dein,
Immer denke ich dein.
Menschen sprachen zu mir, doch ich achtet es nicht.
Ich sah in des Abendhimmels tiefes Chinesenblau,
    daran der Mond als runde gelbe Laterne hing,
Und sann einem anderen Monde, dem deinen, nach,
Der dir glänzender Schild eines ionischen Helden
    vielleicht oder sanfter goldener Diskus eines
    erhabenen Werfers wurde.
Im Winkel der Stube saß ich dann ohne Lampenlicht,
    tagmüde, verhüllt, ganz dem Dunkel gegeben,
Die Hände lagen im Schoß, Augen fielen mir zu.
Doch auf die innere Wand der Lider war klein und
    unscharf dein Bild gemalt.

Unter Gestirnen schritt ich an stilleren Gärten, den
    Schattenrissen der Kiefern, flacher, verstummter
    Häuser, steiler Giebel vorbei
Unter weichem düsteren Mantel, den nur zuweilen
    Radknirschen griff, Eulenschrei zerrte,
Und redete schweigend von dir, Geliebter, dem
    lautlosen, dem weißen mandeläugigen Hunde,
    den ich geleitete.

Verschlungene, in ewigen Meeren ertrunkene Nächte!
Da meine Hand in den Flaum deiner Brust sich bettete
    zum Schlummer,
Da unsere Atemzüge sich mischten zu köstlichem
    Wein, den wir in Rosenquarzschale darboten
    unserer Herrin, der Liebe,
Da in Gebirgen der Finsternis die Druse uns wuchs
    und reifte, Hohlfrucht aus Bergkristallen und
    fliedernen Amethysten,
Da die Zärtlichkeit unserer Arme Feuertulpen und
    porzellanblaue Hyazinthen aus welligen, weiten,
    ins Morgengrau reichenden Schollen rief,
Da, auf gewundenem Stengel spielend, die halb-
    erschlossene Knospe des Mohns wie Natter
    blutrot über uns züngelte,
Des Ostens Balsam- und Zimmetbäume mit
    zitterndem Laube um unser Lager sich hoben
Und purpurne Weberfinken unserer Munde Hauch in
    schwebende Nester verflochten. –
Wann wieder werden wir in des Geheimnisses Wälder
    fliehn, die, undurchdringlich, Hinde und Hirsch
    vor dem Verfolger schützen?
Wann wieder wird mein Leib deinen hungrig
    bittenden Händen weißes duftendes Brot, wird
    meines Mundes gespaltene Frucht deinen
    dürstenden Lippen süß sein?
Wann wieder werden wir uns begegnen?

Innige Worte gleich Samen von Würzkraut und
    Sommerblumen verstreun
Und beglückter verstummen, um nur die singenden
    Quellen unseres Blutes zu hören?
(Fühlst du, Geliebter, mein kleines horchendes Ohr,
    ruhend an deinem Herzen?)
Wann wieder werden im Nachen wir gleiten unter
    zitronfarbnem Segel,
Von silbrig beschäumter, tanzender Woge selig
    gewiegt,
Vorüber an Palmen, die grüner Turban schmückt wie
    den Sproß des Propheten,
Den Saumriffen ferner Inseln entgegen,
    Korallenbänken, an denen du scheitern willst?
Wann wieder, Geliebter... wann wieder...?...

MARIE LUISE KASCHNITZ

Einer von zweien

In meinem Gedächtnis wohnst Du
Mein Leib ist dein Haus
Mir aus den Augen siehst du den Frühling
Noch immer die rote Kastanie.

Auf dem Fluß jedes Tages
Kommst du geschwommen
Steigst mit jeder Sonne
Mir über den Hügel.
Hände hab ich
Zehn Finger und flinke Füße
Näher kommst du
Ich fasse dich nicht.

Ihr sollt in mir sehen
Einen von zweien
Und hinter meinen Worten
Unruhig horchen
Auf die andere Stimme.

Ihr sollt sehen wie meine Wunde
Zu glühen beginnt
Wenn die Welle kommt
Der Muschelgeruch der Häfen
Wenn im Buchenwald unsichtbar
Maisingen die Vögel.

Dein Schweigen

Du entfernst dich so schnell
Längst vorüber den Säulen des Herakles
Auf dem Rücken von niemals
Geloteten Meeren
Unter Bahnen von niemals
Berechneten Sternen
Treibst Du
Mit offenen Augen.

Dein Schweigen
Meine Stimme
Dein Ruhen
Mein Gehen
Dein Allesvorüber
Mein Immernochda.

Du sollst nicht

Du sollst mir nicht zusehen wenn
Meine Fratzen den Spiegel zerschneiden
Wenn ich mich umdrehe nachts
Fensterwärts wandwärts
Und die Leintücher seufzen.

Du sollst nicht sehen wie ich mich vorwärtstaste
Blind an der Kette meiner Niederlagen
(Auch an diese kann man sich halten)
Noch anwesend sein
Wenn ich meine pathetischen Verse lese.

Einmal bedurfte es nur eines Wortes von dir
Und die Laufschritte in meinem Rücken fielen ab.
Nur deiner Hand mir unter die Wange geschoben
Und ich schlief.

Am Strande

Heute sah ich wieder dich am Strand
Schaum der Wellen dir zu Füßen trieb
Mit dem Finger grubst du in den Sand
Zeichen ein, von denen keines blieb.

Ganz versunken warst du in dein Spiel
Mit der ewigen Vergänglichkeit,
Welle kam und Stern und Kreis zerfiel
Welle ging und du warst neu bereit.

Lachend hast du dich zu mir gewandt
Ahntest nicht den Schmerz, den ich erfuhr:
Denn die schönste Welle zog zum Strand,
Und sie löschte deiner Füße Spur.

HILDE DOMIN

Winter

Die Vögel, schwarze Früchte
in den kahlen Ästen.
Die Bäume spielen Verstecken mit mir,
ich gehe wie unter Leuten
die ihre Gedanken verbergen
und bitte die dunklen Zweige
um ihre Namen.

Ich glaube, daß sie blühen werden
– innen ist grün –
daß du mich liebst
und es verschweigt.

Magere Kost

Ich lege mich hin,
ich esse nicht und ich schlafe nicht,
ich gebe meinen Blumen
kein Wasser.
Es lohnt nicht den Finger zu heben.
Ich erwarte nichts.

Deine Stimme die mich umarmt hat,
es ist viele Tage her,
ich habe jeden Tag
ein kleines Stück von ihr gegessen,
ich habe viele Tage
von ihr gelebt.
Bescheiden wie die Tiere der Armen
die am Wegrand

die schütteren Halme zupfen
und denen nichts gestreut wird.

So wenig, so viel
wie die Stimme,
die mich in den Arm nimmt,
mußt du mir lassen.
Ich atme nicht
ohne die Stimme.

CHRISTINE LAVANT

Ob du es weißt?

Ob du es weißt, daß du mit jener Geste
aus meinem Leben etwas fortgenommen?
Das nun wo anders ist; – bei einem Feste? –
und ab und zu mit seinem leisen Kommen
mich tröstet, – wie ein Ding aus Gottes Hand,
das um mich wacht – und meistens ungeahnt
herzutritt und wie eine Abendstunde
Verweigerung in seinen Händen hält.
Weil es mich weiß!... Und daß im letzten Grunde
ich gar nichts bin als ein Gewicht, das fällt, –
das fallen muß! – hinein ins Uferlose...
Weißt du es auch, daß deine stille, große
Gebärde meine Armut krönte?
Als meine Stirne, diese so entwöhnte!,
mit zarter Güte du emporgenommen.
Oh, dieses leise wunderbare Kommen
von deinen Lippen, das nur Trösten war;
und meine Stirne und mein armes Haar
so zart berührt, als sei es eine Wunde!

Das geht mit mir und macht die schwere Runde
der Tage mit; – doch außerhalb und stumm,
wie man bei Prozessionen scheu dem Heiligtum
nur aus Entfernung folgt, um still zu beten! –
geht zag mein Herz als letztes in der Reihe;
und wird einmal mit einer kleinen Weihe
ganz unbemerkt, doch trostvoll abseits treten.
   Ob du es weißt?

Ach schreien, schreien! – Eine Füchsin sein
und bellen dürfen, bis die Sterne zittern!
Doch lautlos, lautlos würge ich den bittern
Trank deines Abschieds, meinen Totenwein.

Und schleiche kriechend, schattenlos schon fast,
Geripp aus Martern in der Stirn metallen
durch Schlangenzweige, die vom Walde fallen,
darin du gestern mich verwunschen hast.

In deiner Spur verreckt das fromme Wild,
die roten Vögel unsrer Zärtlichkeiten,
der schwarze Jäger will nach Hause reiten,
sucht nach dem Krebs im trüben Himmelsbild.

Zurück will alles. Auch der Totenwein
in meiner Kehle würgt sich noch nach oben.
Ich hör mein Herz die Gnade Gottes loben,
das dringt wie Bellen mir durch Mark und Bein.

GÜNTER EICH

Dezembermorgen

Rauch, quellend über die Dächer,
vom Gegenlichte gesäumt.
Ich hab in die Eisblumenfächer
deinen Namen geträumt.

Diesen Dezembermorgen
weiß ich schon einmal gelebt,
offenbar und verborgen,
wie ein Wort auf der Zunge schwebt.

Wachsen mir in die Fenster
Farne, golden von Licht,
zeigt sich im Schnee beglänzter
Name und Angesicht.

Muß ich dich jetzt nicht rufen,
weil ich dich nahe gespürt?
Über die Treppenstufen
hat sich kein Schritt gerührt.

Gegenwart

An verschiedenen Tagen gesehen,
die Pappeln der Leopoldstraße,
aber immer herbstlich,
immer Gespinste nebliger Sonne
oder von Regengewebe.

Wo bist du, wenn du neben mir gehst?

Immer Gespinste aus entrückten Zeiten,
zuvor und zukünftig:
Das Wohnen in Höhlen,
die ewige troglodytische Zeit,
der bittere Geschmack vor den Säulen Heliogabals
und den Hotels von St. Moritz.
Die grauen Höhlen, Baracken,
wo das Glück beginnt,
dieses graue Glück.

Der Druck deines Armes, der mir antwortet,
der Archipelag, die Inselkette, zuletzt Sandbänke,
nur noch erahnbare Reste
aus der Süße der Vereinigung.

(Aber du bist von meinem Blute,
über diesen Steinen, neben den Gartensträuchern,
ausruhenden alten Männern auf der Anlagenbank
und dem Rauschen der Straßenbahnlinie sechs,
Anemone, gegenwärtig
mit der Macht des Wassers im Aug
und der Feuchtigkeit der Lippe –)

Und immer Gespinste, die uns einspinnen,
Aufhebung der Gegenwart,
ungültige Liebe,
der Beweis, daß wir zufällig sind,
geringes Laub an Pappelbäumen
und einberechnet von der Stadtverwaltung,
Herbst in den Rinnsteinen
und die beantworteten Fragen des Glücks.

Westwind

Vorhergesagter Wind,
atlantische Störung,
der Schnee herträgt
und das Feuer im Ofen schürt.

Rostfleck
auf der Rüstung des Kreuzfahrers,
Regentropfen, nicht mehr weggewischt,
weil er starb.

Geruch des Hundefells
und verklebtes Haar.
Weich sinken die gespaltenen Hufe
der Zugochsen ein.

Auf der Kapuze
Perlen getauten Schnees,
beleuchtet
vom Schaufenster des Krämers.

Atlantisches Tief.
Morgen sind die Häher
auf den Tannen
voll Einverständnis.

Längen- und Breitengrad,
das Gemeindesiegel,
das den Ort festlegt,
der Regentropfen
auf der Geburtsurkunde.

Das Salz der Weisheit
und die Gräber auf dem Kirchenhügel.
Ich sage dir nicht oft genug,
daß ich dich liebe.

KARL KROLOW

Gedicht für J. S.

Auf dem Dezember-Bahnsteig in der ersten Stunde
                           nach Mitternacht
Dein Bild in die Kälte geschnitten,
Mit hellem Mantel, den Schal übers Haar getan,
Und einem im Abschied leuchtenden Gesicht!

Ich erfinde dich noch einmal im Augenblick der
                           Trennung,
Dunkel vor Zärtlichkeit und dem Verlangen nach
                           Glück,
Mit einer von Zuneigung leisen Stimme
In der winterlichen Frostluft.

Ich erfinde dich noch einmal: geschaffen nun,
Um mit mir zu gehen, einem anderen:
Mann im hochgeschlagenen Mantelkragen,
Der das Fenster im Fernzug-Abteil herunterläßt und
                           winkt.

Du bleibst zurück, auf Fluten grauen Windes treibend,
Zurück mit Umarmung und Kuß und dem Geruch
                           deiner Haut.
Das schwarze und weiße Schachbrett der Schneenacht
Liegt über deinem Gesicht; und ich weiß,
Daß nichts an dir für mich bestimmt ist.

Tausend Jahre

Tausend Jahre
Mein Gesicht,

Wenn es bei deinem ist.
Tausend Jahre die Dahlie,
Die ich für deine Augen kaufte.

So lange Zeit, zu warten,
Seine Lippen zu verschließen
Und andere sterben zu sehen!

So alt die Zärtlichkeit,
Wenn nur noch dein Nacken gilt,
Das blaue Wasser Luft, in dem er
Badet!

In der Nacht
Legen sich unsere Hände zusammen
Und schlafen tausend Jahre.
Bis dich jemand bei dem Namen ruft,
Der einmal dein war,
Ehe er mit mir altern wollte ...

Liebesgedicht

Mit halber Stimme rede ich zu dir:
Wirst du mich hören hinter dem bitteren
                            Kräutergesicht
Des Mondes, der zerfällt?
Unter der himmlischen Schönheit der Luft,
Wenn es Tag wird,
Die Frühe ein rötlicher Fisch ist mit bebender Flosse?

Du bist schön.
Ich sage es den Feldern voll grüner Pastinaken.
Kühl und trocken ist deine Haut. Ich sage es
Zwischen den Häuserwürfeln dieser Stadt, in der ich
                                    lebe.

Dein Blick – sanft und sicher wie der eines Vogels.
Ich sage es dem schwingenden Wind.
Dein Nacken – hörst du – ist aus Luft,
Die wie eine Taube durch die Maschen des blauen
                              Laubes schlüpft.

Du hebst dein Gesicht.
An der Ziegelmauer erscheint es noch einmal als
                              Schatten.
Schön bist du. Du bist schön.
Wasserkühl war mein Schlaf an deiner Seite.
Mit halber Stimme rede ich zu dir.
Und die Nacht zerbricht wie Soda, schwarz und blau.

WOLFDIETRICH SCHNURRE

Gedenken

Die Heiterkeit
deines Nasenrückens.
Kolibriflügel
sind deine Brauen.

Finger, gemacht,
um Tautropfen
zu modellieren.

Wo schläft
dein Schatten?
Ich lege mich zu ihm.

Glück

In der Sonne
liegst du, Füchsin;
träg, vorm
Eingang des Baues.

Dein Pelz
flirrt. Wie kupferne
Funken die
springenden Flöhe
darin.

Mit dem linken
Ohr lauschst
du
dem Häherschrei
im Wald;

das rechte, zer-
franst,
ruht umgeknickt
aus.

Abseits im Farn
zerkaut
unser Kind
schräg gehaltenen
Kopfs

den Lauf des
gestrigen
Hasen.

Messungen

Der Kuckuck lügt. Er zählt die Zeit
nach falscher Währung.

Gezinkt die Zeiger. Der Kalender
tröstet den Zerfall mit Kochrezepten.

Allein dein Puls mißt die Sekunden,
die wir leben, ganz. Ihm laß uns trauen.

Unterwerfung

Eine, die ist
wie Seidelbast rauh;
und das Gift
in der Beere
bewahrt sie dem,
der sie ehrt.

Siehe dies Knie;
es grünt schon
vor Moosen. Bald
wird das Nackenhaar
den Horizontrand
bewalden.

Daphne, dein Blick:
kühl, voll
salamandrischem
Feuer, brennt
er mir
auf den Nägeln.

PAUL CELAN

Chanson einer Dame im Schatten

Wenn die Schweigsame kommt und die Tulpen köpft:
Wer gewinnt?
      Wer verliert?
            Wer tritt an das Fenster?
Wer nennt ihren Namen zuerst?

Es ist einer, der trägt mein Haar.
Er trägts wie man Tote trägt auf den Händen.
Er trägts wie der Himmel mein Haar trug im Jahr, da
                            ich liebte.
Er trägt es aus Eitelkeit so.

Der gewinnt.
      Der verliert nicht.
            Der tritt nicht ans Fenster.
Der nennt ihren Namen nicht.

Es ist einer, der hat meine Augen.
Er hat sie, seit Tore sich schließen.
Er trägt sie am Finger wie Ringe.
Er trägt sie wie Scherben von Lust und Saphir:
er war schon mein Bruder im Herbst;
er zählt schon die Tage und Nächte.

Der gewinnt.
      Der verliert nicht.
           Der tritt nicht ans Fenster.
Der nennt ihren Namen zuletzt.

Es ist einer, der hat, was ich sagte.
Er trägts unterm Arm wie ein Bündel.

Er trägts wie die Uhr ihre schlechteste Stunde.
Er trägt es von Schwelle zu Schwelle, er wirft es nicht
fort.

Der gewinnt nicht.
      Der verliert.
              Der tritt an das Fenster.
Der nennt ihren Namen zuerst.

Der wird mit den Tulpen geköpft.

Die Jahre von dir zu mir

Wieder wellt sich dein Haar, wenn ich wein. Mit dem
                      Blau deiner Augen
deckst du den Tisch unsrer Liebe: ein Bett zwischen
                      Sommer und Herbst.
Wir trinken, was einer gebraut, der nicht ich war,
                  noch du, noch ein dritter:
wir schlürfen ein Leeres und Letztes.

Wir sehen uns zu in den Spiegeln der Tiefsee und
                      reichen uns rascher die Speisen:
die Nacht ist die Nacht, sie beginnt mit dem Morgen,
sie legt mich zu dir.

Corona

Aus der Hand frißt der Herbst mir sein Blatt: wir sind
Freunde.
Wir schälen die Zeit aus den Nüssen und lehren sie
gehn:
die Zeit kehrt zurück in die Schale.

Im Spiegel ist Sonntag,
im Traum wird geschlafen,
der Mund redet wahr.

Mein Aug steigt hinab zum Geschlecht der Geliebten:
wir sehen uns an,
wir sagen uns Dunkles,
wir lieben einander wie Mohn und Gedächtnis,
wir schlafen wie Wein in den Muscheln,
wie das Meer im Blutstrahl des Mondes.

Wir stehen umschlungen im Fenster sie sehen uns zu
                                        von der Straße:
es ist Zeit, daß man weiß!
Es ist Zeit, daß der Stein sich zu blühen bequemt,
daß der Unrast ein Herz schlägt.
Es ist Zeit, daß es Zeit wird.

Es ist Zeit.

Der Tauben weißeste flog auf: ich darf dich lieben!
Im leisen Fenster schwankt die leise Tür.
Der stille Baum trat in die stille Stube.
Du bist so nah, als weiltest du nicht hier.

Aus meiner Hand nimmst du die große Blume:
sie ist nicht weiß, nicht rot, nicht blau – doch nimmst
                                              du sie.
Wo sie nie war, da wird sie immer bleiben.
Wir waren nie, so bleiben wir bei ihr.

Im Spätrot

Im Spätrot schlafen die Namen:
einen

weckt deine Nacht
und führt ihn, mit weißen Stäben entlang-
tastend am Südwall des Herzens,
unter die Pinien:
eine, von menschlichem Wuchs,
schreitet zur Töpferstadt hin,
wo der Regen einkehrt als Freund
einer Meeresstunde.
Im Blau
spricht sie ein schattenverheißendes Baumwort,
und deiner Liebe Namen
zählt seine Silben hinzu.

HANS CARL ARTMANN

Vom morgenstern laß uns
träume keltern und trinken.
sieh! um die stirnen der scheunen
treibt der blaue oktober..
aufgeschlagen vor uns das frische
buchstabenbuch des herbstes
lesen wir beide die gelben verse
einer verwendeten ernte,
winden die heißen zenithe des sommers
in brunnen hinab,
segnen das wiederaufgezogene,
die eimer der kühle
und tauchen die hände hinein
und befeuchten den mund,
frischen ihn auf zu neuen,
zu helleren küssen,
denen nicht anklebt
das bittere vergangener brände.

komm!
wir wollen zusammen
über gilbende wiesen gehn,
damit sich die zeitlose
zart im blut unserer liebe erlöst!

Antonia,
du kannibalin,
ist dir
mein hals nicht genug?
sie beißt mir
die augenbrauen
wie die schuppen eines fisches
weg!
ist sie ein seeadler geworden
der dem ozean
ins fleisch stößt?
meiner seel,
klagt anselmo,
wenn das so weiter geht,
dann bleiben mir
grad noch die augensterne
und die haut
an den fingerspitzen..
aber sei's drum:
antonien sehen
und fühlen
ist mir ein himmel
aus rutschiger seide und
den bezauberndsten farben,
die sich ein mensch
überhaupt vorstellen
kann..

INGEBORG BACHMANN

Nebelland

Im Winter ist meine Geliebte
unter den Tieren des Waldes.
Daß ich vor Morgen zurückmuß,
weiß die Füchsin und lacht.
Wie die Wolken erzittern! Und mir
auf den Schneekragen fällt
eine Lage von brüchigem Eis.

Im Winter ist meine Geliebte
ein Baum unter Bäumen und lädt
die glückverlassenen Krähen
ein in ihr schönes Geäst. Sie weiß,
daß der Wind, wenn es dämmert,
ihr starres, mit Reif besetztes
Abendkleid hebt und mich heimjagt.

Im Winter ist meine Geliebte
unter den Fischen und stumm.
Hörig den Wassern, die der Strich
ihrer Flossen von innen bewegt,
steh ich am Ufer und seh,
bis mich Schollen vertreiben,
wie sie taucht und sich wendet.

Und wieder vom Jagdruf des Vogels
getroffen, der seine Schwingen
über mir steift, stürz ich
auf offenem Feld: sie entfiedert
die Hühner und wirft mir ein weißes
Schlüsselbein zu. Ich nehm's um den Hals
und geh fort durch den bitteren Flaum.

Treulos ist meine Geliebte,
ich weiß, sie schwebt manchmal
auf hohen Schuh'n nach der Stadt,
sie küßt in den Bars mit dem Strohhalm
die Gläser tief auf den Mund,
und es kommen ihr Worte für alle.
Doch diese Sprache verstehe ich nicht.

Nebelland hab ich gesehen,
Nebelherz hab ich gegessen.

Erklär mir, Liebe

Dein Hut lüftet sich leis, grüßt, schwebt im Wind,
dein unbedeckter Kopf hat's Wolken angetan,
dein Herz hat anderswo zu tun,
dein Mund verleibt sich neue Sprachen ein,
das Zittergras im Land nimmt überhand,
Sternblumen bläst der Sommer an und aus,
von Flocken blind erhebst du dein Gesicht,
du lachst und weinst und gehst an dir zugrund,
was soll dir noch geschehen –

Erklär mir, Liebe!

Der Pfau, in feierlichem Staunen, schlägt sein Rad,
die Taube stellt den Federkragen hoch,
vom Gurren überfüllt, dehnt sich die Luft,
der Entrich schreit, vom wilden Honig nimmt
das ganze Land, auch im gesetzten Park
hat jedes Beet ein goldner Staub umsäumt.

Der Fisch errötet, überholt den Schwarm
und stürzt durch Grotten ins Korallenbett.
Zur Silbersandmusik tanzt scheu der Skorpion.
Der Käfer riecht die Herrlichste von weit;

hätt ich nur seinen Sinn, ich fühlte auch,
daß Flügel unter ihrem Panzer schimmern,
und nähm den Weg zum fernen Erdbeerstrauch!

Erklär mir, Liebe!

Wasser weiß zu reden,
die Welle nimmt die Welle an der Hand,
im Weinberg schwillt die Traube, springt und fällt.
So arglos tritt die Schnecke aus dem Haus!

Ein Stein weiß einen andern zu erweichen!

Erklär mir, Liebe, was ich nicht erklären kann:
sollt ich die kurze schauerliche Zeit
nur mit Gedanken Umgang haben und allein
nichts Liebes kennen und nichts Liebes tun?
Muß einer denken? Wird er nicht vermißt?

Du sagst: es zählt ein andrer Geist auf ihn...
Erklär mir nichts. Ich seh den Salamander
durch jedes Feuer gehen.
Kein Schauer jagt ihn, und es schmerzt ihn nichts.

FRIEDERIKE MAYRÖCKER

Todes- und Liebeslied

Komm ich führe dich ich geleite dich ich nehme dich
                               mit
in den Lerchenschlag in das beschattete Auge von
                               Siena
in den gemähten Tulpenwald in die sinkenden
                               Katakomben

ins gehiszte Blau unseres Himmels in die mühseligen
   Nächte
in die Botschaft der sechzehnten Stunde (mit sanften
   Rufen
   roten Arien Glassturzgesichtern)

komm ich führe dich ich geleite dich ich nehme dich
   mit
an meine Schmerzlippe in den Schlaf in das Innere
   meines Herzens
komm ich führe dich wir gehen verschlungene Wege
ich geleite dich du wirst viel weinen
ich nehme dich mit die dunklen Bäume verstellen das
   Licht
komm ich führe dich ich geleite dich ich nehme dich
   mit
fürchte dich nicht ich werde bei dir sein
komm ich nehme dich mit (Fra Angelico Botticelli
   Primavera
   der Föhrenwald in der Hand)

mit dir überall hin
ich fürchte mich nicht
mit dir überall hin überall hin

Wo du auch hingehst
mit deinen träumenden Füszen
sorgsam hingesetzt in dein gegenwärtiges Leben
seltsam beflügelt jedoch wie Merkurs Fersen
in einer ahnungsvollen Erwartung:

immer wieder werden sich riesige Blöcke von Luft
wie fügsame Herden bewegen lassen durch dich
und auf mich zukommen
alle Regen die je deine Wange treffen werden

kommen zu mir zurück
aufgelöst bist du in jedes Teilchen der Erde
mitgeteilt hast du dich allen schwebenden Wolken
und die Wälder der Blumen sprechen in deiner
                              Sprache

nichts kann dich mehr trennen von meinem Herzen
mit jedem Sonnenstrahl sinkst du in mich
wie ein Same

über alle Wasser hinweg

bis zu den blätternden Sternen der Windrose

ERNST JANDL


```
du warst zu mir ein  gutes mädchen
    worst zo mür eun gotes mödchen
du warst zu mir ein  gutes
          zo mür eun gotes mödchen
du warst zu mir ein
               mür eun gotes mödchen
du warst zu mir
                   eun gotes mödchen
du warst zu
                       got  mödchen
du warst
         zo mür
         zu      gut
                       mödchen

   worst zo            got
         zu
             mür
```

paar, über 50

daß nur noch eines von beiden
eine weitere lebensphase wird haben
müssen
und sie noch lange nicht kommen
und kurz sein
möge

HANS MAGNUS ENZENSBERGER

larisa

I

auf dem großen pferdemarkt
geile klarinettenlieder
glockenhändler teppichzelte
ohne zahl zigeunerweiber
träge drehn am spieß die hammel
braune ungewaschne buben

dort: im rauch des kohlenfeuers
hab ich dich gesehen.

II

rote abendsonne kommt
spiegelt sich im kupferkessel
dunkel schmurgeln auberginen
fische knistern leis am rost
gut zu sitzen auf den kieseln
wenn die weidenblätter rascheln

dort: am fluß auf weißen steinen
hab ich dich gefangen.

III

nachts wirds kälter: und sie schnarchen
fest in rauchverqualmten träumen
ist kein obdach? ach die wirte
schwenken glänzend schwer das kinn
und ihr auge schließt sich sanft:
schwarzer himmel brache felder

dort: das stroh des jungen herbstes
haben wir geteilt.

IV

früh ist spreu in haar und ohren
über stoppeln kriecht der durst
vögel schreien wie von sinnen
dunkel geht der breite fluß
wie er heißt? das weiß ich nicht
will es gar nicht wissen

dort: im kalten grünen spiegel
hab ich dich zuletzt gesehen.

V

spiegel ist zu eis geworden
unser stroh vom wind gestohlen
und das kohlenfeuer kalt.
dort: am ufer geht der pope
klopft mit hartem stock die steine
die der liebe freundlich waren.

klopft: und horcht mit dummen ohren.
gut: daß ich kein pope bin.

warn lied

die narbe auf meiner stirn
entzifferst du nicht.
deine hand ist zart:
ich wohne im dickicht.

zu spät

meine rinde wird
dir die lippen zerreißen.
ich führe dich
an ein salziges wasser.

zu früh

geh zu den tauben zurück,
iß von einem tisch
ohne flecken,
sei klug.

zu spät

der blitz schlägt dir
den pelz von der schulter,
der regen wäscht
dir das lied aus der brust.

zu früh

das kies wird deine
seufzer hören,
wenn ich dich liebe.

zu spät

befragung zur mitternacht

wo, die meine hand hält, gefährtin,
verweilst du, durch welche gewölbe
geht, wenn in den türmen die glocken
träumen daß sie zerbrochen sind,
dein herz?

wo, welchen kahlschlag durcheilst du,
die ich berühre wangenzart, welch ein
betäubendes nachtkraut streift dich,
träumerin, welch eine furt benetzt
deinen fuß?

wo, wenn der hohle himmel graut, liebste,
rauschst du durch traumschilf, streichelst
türen und grüfte, mit wessen boten
tauscht küsse, der leise bebt,
dein mund?

wo ist die flöte, der du dein ohr neigst,
wo das geheul das lautlos dein haar
bauscht, und ich liege wie ein gelähmter
und horch und wach und wohin
dein gefieder?

wo, in was für wälder verstrickt dich,
die meine hand hält, gefährtin,
dein traum?

nänie auf die liebe

dies haarige zeichen
auf der abortwand
wer erriete daraus

die lieder die tränen
die gewitter der lust
die tausend und eine nacht
in der das geschlecht der menschen
wie ein meerleuchten
sich verzehrt hat
bewahrt
und vergessen

von gezeugten
und ungezeugten
zeugt nichts hier
als dies haarige zeichen
eingeritzt
in die verkohlte abortwand

GÜNTER GRASS

Ehe

Wir haben Kinder, das zählt bis zwei.
Meistens gehen wir in verschiedene Filme.
Vom Auseinanderleben sprechen die Freunde.
   Doch meine und Deine Interessen
   berühren sich immer noch
   an immer den gleichen Stellen.
   Nicht nur die Frage nach den Manschettenknöpfen.
   Auch Dienstleistungen:
   Halt mal den Spiegel.
   Glühbirnen auswechseln.
   Etwas abholen.
   Oder Gespräche, bis alles besprochen ist.
Zwei Sender, die manchmal gleichzeitig
auf Empfang gestellt sind.

Soll ich abschalten?
 Erschöpfung lügt Harmonie.
 Was sind wir uns schuldig? Das.
 Ich mag das nicht: Deine Haare im Klo.
Aber nach elf Jahren noch Spaß an der Sache.
Ein Fleisch sein bei schwankenden Preisen.
Wir denken sparsam in Kleingeld.
Im Dunkeln glaubst Du mir alles.
Aufribbeln und Neustricken.
Gedehnte Vorsicht.
Dankeschönsagen.
 Nimm Dich zusammen.
 Dein Rasen vor unserem Haus.
 Jetzt bist Du wieder ironisch.
 Lach doch darüber.
 Hau doch ab, wenn Du kannst.
 Unser Haß ist witterungsbeständig.
Doch manchmal, zerstreut, sind wir zärtlich.
Die Zeugnisse der Kinder
müssen unterschrieben werden.
 Wir setzen uns von der Steuer ab.
 Erst übermorgen ist Schluß.
 Du. Ja Du. Rauch nicht so viel.

WOLFGANG WEYRAUCH

Signale

Ich sah dich, und ich sah dich nicht,
ich seh dich nicht und seh dich doch,
ich sah dich nie und seh dich noch,
denn dein Gesicht ist mein Gesicht,

denn meins ist deins, und du bist ich,
und ich bin du. Wir sind die Welt,
und wenn die Lava niederfällt,
denkst du an mich, denk ich an dich.

Die Asche fliegt, du rufst Signale,
das Feuer knirscht, ich ruf zurück,
die Flamme winselt vor dem Glück,
dann zischelt sie zum letzten Male.

Wir aber atmen Ewigkeiten,
wir atmen Wasser, atmen Brot,
wir wissen es: der Tod ist tot,
im Hauch der Orte und der Zeiten.

Zum letzten Mal

Dann atmen wir zum letzten Mal.
Die Häute beben, naß und fahl,
sie röten sich, sie trocknen jäh,
der Atem dröhnt zu Lid und Zeh,
wir atmen, und der Elefant
schlurft in das Elefantenland.
Wir atmen, und der Radiomast
zerschellt, vom Taifun angefaßt.
Wir atmen, und die Welt ist taub.
Wir waren Staub, wir wurden Staub.
Wir atmen, und die Welt ist blind.
Die Welt ist stumm, wir beide sind
zum letzten Mal ein Hauch, ein Haar.
Das Bett war groß, es war, es war,
ich liebe Dich, das Bett war groß.
Ich deck Dich zu. Du liegst ganz bloß.

DAGMAR NICK

Liebe

Nachtbeben.
Wir werden wegfrieren,
wenn die Sterne uns rücklings
ins Kreuz fallen,
Kristallisches über uns
aussprühen,
als wären wir längst
paläontologische Präparate,
Erstorbenes –
wo doch erst gestern noch
meine Sohlen signalisierten
was nicht aufhört zu sein:
dieses Beben in den Membranen
unter dem Boden,
deine Stimme ohne Erinnerung,
oder ganz einfach
Liebe.

PETER RÜHMKORF

Gemeines Liebeslied

Abend gießt Rotspon ein,
mir ins Gesicht –
Ewig ist der Wackerstein,
ich bin es nicht.

Wer hält mein Leben kurz?
Fei oder Dschinn?

Leicht wie ein Vogelfurz
fliegt es dahin.

Hagel pickt, Hegel packt
nicht mein Geweid, aber bei
Liebe und Schnickschnack
vergeht mir die Zeit.

Liebste, ich sing: an dich
denk ich bei Tag und Nacht,
weil mich das Ding an sich
trübsinnig macht.

Treib ich meine Dohlen heim,
– you can't be true dear –
wie ein verrückter Reim
leg ich mich zu dir.

Tu meinen Wanst, diridum,
vor deinen Birnenbug –
Was du begreifen kannst,
macht mich nicht klug.

DIETER WELLERSHOFF

Deine Lippen waren trocken
deine Lippen waren feucht
es begann dunkel zu werden
so langsam
und allmählich war da
in meinem Kopf
jenes andere Feld
wo es unentwegt regnete.

Ich ging mit dir
Arm in Arm
von einer Vergangenheit
in die andere
und immer sagten wir uns
Guten Morgen Gute Nacht.
Ist es die verbrauchte
oder die verbrachte Zeit
die ich in deinem Gesicht sehe?
Oder ist hinter uns alles
ohne Unterschied?
Du warst schön
im grasgrünen Traumwasser
der neuen Jahreszeiten
du warst neben mir
in den schlaflosen Nächten
und auf der anderen Seite
     der Einsamkeit
hörte ich dich sagen:
Laß mich die kurze Wärme
des Lebens spüren.

Für Maria
30. Dezember 1973

GÜNTER HERBURGER

Ehegedicht

Geliebt haben wir uns,
daß das Gras um uns sich entzündete,
doch die Glut schadete uns nicht,
so selbstvergessen waren wir.

Verfolgt haben wir uns,
daß wir uns bis ins Mark trafen,
doch die Wunden schlossen sich wieder,
da kein Blut aus ihnen kam.

Seitdem wir uns aber geeinigt haben,
zusammen alt zu werden,
verwandelt sich die Liebe in Behutsamkeit,

und das Blut, das mitunter
nun aus Rissen quillt, schmerzt
Tropfen um Tropfen wie heißes Wachs.

ROSEMARIE BRONIKOWSKI

Als er ein Alter erreichte
das auf einer Traueranzeige
niemanden bestürzen würde

Verlaß mich nicht sprach ich
an seiner Brust die sich
gleichmäßig hob und senkte

ERICH FRIED

Nähe

Wenn ich weit weg bin von dir
und wenn ich die Augen zumache

und die Lippen öffne
dann spüre ich wie du schmeckst
nicht nach Seife und antiseptischen Salben
nur nach dir
und immer näher nach dir
und immer süßer nach dir
je länger ich an dich denke
und manchmal nach uns
nach dir und nach mir und nach dir

Aber wenn ich bei dir bin
wenn ich dich küsse und trinke
und dich einatme
und ausatme und wieder einatme
wenn ich mit offenen Augen
fast nichts von dir sehe
ganz vergraben in dich
in deine Haut und in deine
Haare und deine Decken
die duften nach dir
dann denke ich an dein Gesicht
weit oben
wie es jetzt leuchtet
oder sich schön verzieht in rascherem Atmen
und denke an deine
klugen genauen Worte
und an dein Weinen zuletzt
im Fenster des Zuges

Wenn ich bei dir bin
ist vieles voller Abschied
und wenn ich ohne dich bin
voller Nähe und Wärme von dir

DOROTHEE SÖLLE

Love careless love

Bis gestern wußte ich nicht
daß trauer über die haut verteilt
im körper ist und berührbar
daß schmerz nicht endet
wenn wir uns umarmen
nicht weggeschwemmt wird
die unterscheidung von lust und schmerz
wird täglich weniger möglich
bis gestern wußt ich nicht wie
auf die stimme des unglücks
in dem wir wohnen zu hören

Heute weiß ich
wie leise sie spricht
der schmerz wenn du in mich eindringst
ist der schmerz von übermorgen
wenn ich fort sein werde
wenn es gestern noch sicher schien
daß ich in nichts anderes fallen kann
als in deine hände
so weiß ich heute nicht mehr
ob du noch hände haben wirst
die asche die von mir übrig sein wird
zu sammeln

JOHANNES BOBROWSKI

Liebesgedicht

Mond, Ölschwamm, Laterne
Mond – oder ein Feldgewächs,
Mond, vergeh,
Arbuse oder grün beschnörkelter
Kürbis, ich will
selber leuchten, allein,
Freundin, ich will
auslöschen über dir,
nur ein Gras hoch
über dir – in einem Baum
über dem Fluß,
wenn es Morgen wird,
feucht, dort lieg ich
und atme noch.

Und ich frag dich,
die neben mir lag,
nach einem Mond
gestern, wann er verging – du
antwortest nicht, an die Wolke
streift der Lichtschein, der tönt
von deiner Stimme.

Gestern –
ich bin vergangen –
heute –
ich hab dich gehört –
und ich atme noch immer.

Einmal haben

Einmal haben
wir beide Hände voll Licht –
die Strophen der Nacht, die bewegten
Wasser treffen den Uferrand
wieder, den rauhen, augenlosen
Schlaf der Tiere im Schilf
nach der Umarmung – dann
stehen wir gegen den Hang
draußen, gegen den weißen
Himmel, der kalt
über den Berg
kommt, die Kaskade Glanz,
und erstarrt ist, Eis,
wie von Sternen herab.

Auf deiner Schläfe
will ich die kleine Zeit
leben, vergeßlich, lautlos
wandern lassen
mein Blut durch dein Herz.

GÜNTER KUNERT

Was ist denn in dir

Was ist denn in dir
und was soll geliebt sein?

Was deine Brüste vortreibt
die Hüften kurvt was
Wölbung und Bauchung und Regung

und zuckt und da ist?
Was rosenrot schneeweiß was schwarz?
Armkraft Lachmuskel Salzträne?

Was denn wenn nicht
das aller Natur Allerfernste gestempelt
mit dem verachteten veralteten verlogenen
abwaschbaren Wort Mensch.

Widmung für M.

Mehr als Gedichte wiegt, wie wir zusammen leben,
vereint in einem Dasein Tag und Nacht:
so brennt ein Licht, von Schatten rings umgeben,
die es doch heller durch sein Leuchten macht.

Wohl sind wir Tiere, die sich selbst dressieren,
kurzfristiger Bestand aus Fleisch und Bein,
und doch: das eine Leben, das wir beide führen,
für tausend reichte es zum Glücklichsein.

Unterwegs mit M.

Im Auto gemeinsam
unterwegs auf vergessenen Straßen
geborstene Wespen am Glas
platzender Regen
Sonne und Dunkelheit
und wieder Sonne: Wechsel
weniger Worte. Abwesendes
Beieinandersein. Sorglos.
Glück.

Fantasus
(Für Marianne)

In den Winternächten wächst
aus Schichten von Lust und Wollust
bis zum Plafond
eine Pyramide: umschließt
die geheime Kammer, in der wir
unsre Auferstehung erwarten,
erwachen wir
aus gemeinsamer Abwesenheit,
aus getrennten Träumen, geweckt
vom Donner des fallenden Schnees.

SARAH KIRSCH

Die Luft riecht schon nach Schnee

Die Luft riecht schon nach Schnee, mein Geliebter
Trägt langes Haar, ach der Winter, der Winter der uns
Eng zusammenwirft steht vor der Tür, kommt
Mit dem Windhundgespann. Eisblumen
Streut er ans Fenster, die Kohlen glühen im Herd, und
Du Schönster Schneeweißer legst mir deinen Kopf in
                                        den Schoß
Ich sage das ist
Der Schlitten der nicht mehr hält, Schnee fällt uns
Mitten ins Herz, er glüht
Auf den Aschekübeln im Hof Darling flüstert die
                                        Amsel

KARL MICKEL

Maischnee

Sie sagte nichts, als ich ihr offen sagte:
Es hängt von mir ab, wann ich wieder geh
Ihr damit sagend, anstatt daß ich klagte
Wie gern ich sie besäh von Kopf bis Zeh.

Der Regen wärmte, als wir raschen Schrittes
Uns suchten einen Ort, daß dies geschah.
Da sagte sie: Nur dieses und kein Drittes
Bis morgen, oder bis zum ersten Schnee.

Sie lag im weißen Laken und sie litt es.
Erst nach der ersten Frühe sprach sie: Ach
Ich bin ein Haus mit siebenfachem Dach.
Dann sahen wir: Es schneite.
                              Sie bestritt es.

Ich merkte wohl: Es ist mit ihr was Bittres
Und war zum Gehen wiederum zu schwach.

Korrektes Haar

Ich brauche immer lange, eh ich anbeiß
Bei dir besonders. Liegts am Haar, das so
Verflucht korrekt ist, keine Strähne selbständig
Daß ich vermut, du schläfst bewegungslos?

Auch wird mir deine Freundlichkeit jetzt unheimlich
Das kann nicht gutgehn auf die Dauer, denk ich
Und steigre meinerseits die Komplimente derart
Daß Unernst vorherrscht und Routine aufkommt

Und das ist falsch. Denn wenns an deinem Haar liegt
Das du dir ordnest mit Routine, brauchts
Den derben Griff, der plötzlich planlos zugreift:
Nicht nach dem Haar, das löst sich dann von selber.

So weit der Plan. Berechnendes berechnen:
Ich denk nicht gern dran, aber leider oft.

VOLKER BRAUN

Du liegst so still

Du liegst so still, in dich versenkt
Schatz, ungehoben, jede Nacht;
Laß mich zu dir, sperr dich nicht ein
Wie gefangen, nach dem Tag
Der dich zu vielem frei sah:

Komm, mach dich leicht, streif von den Gliedern
Das Blei, das dich beschwert
Die Last; ich bin bei dir

Tauch auf, aus diesem grauen Schlaf
Der deinen Tag entstellt, schwimme
Wie Kork leicht oben, ich halte dich
Auf dieser Planke, denk nicht nach:

An einem Strand, von Sonne weiß
Wenn wir nur treiben, finden wir
Uns wieder, Arm in Arm
Was sinnst du noch? Mein ganzer Sinn
In deiner Hand liegt, die du legst
Um meinen Kopf.

WOLF BIERMANN

Brigitte

Ich ging zu dir
dein Bett war leer.
Ich wollte lesen
und dachte an nichts.
Ich wollte ins Kino
und kannte den Film.
Ich ging in die Kneipe
und war allein.
Ich hatte Hunger
und trank zwei Spezi.
Ich wollte allein sein
und zwar zwischen Menschen.
Ich wollte atmen
und sah nicht den Ausgang.
Ich sah eine Frau
die ist öfters hier.
Ich sah einen Mann
der stierte ins Bier.
Ich sah zwei Hunde
die waren so frei.
Ich sah auch die Menschen
die lachten dabei.
Ich sah einen Mann
der fiel in den Schnee
er war besoffen
es tat ihm nicht weh.
Ich rannte vor Kälte
über das Eis
der Straßen zu dir
die all das nicht weiß.

WALTER HELMUT FRITZ

Weil du die Tage
zu Schiffen machst,
die ihre Richtung kennen.

Weil dein Körper
lachen kann.

Weil dein Schweigen
Stufen hat.

Weil ein Jahr
die Form deines Gesichts annimmt.

Weil ich durch dich verstehe,
daß es Anwesenheit gibt,

liebe ich dich.

Jetzt wo ich die Teekanne
– wie oft gebraucht,
dann zur Seite gestellt –
wieder aus dem Schrank nehme,
sehe ich sie plötzlich
– verbunden mit unseren Jahren –
mit Zärtlichkeit,
sehe ich den von Schneeflocken
punktierten Tag,
an dem du sie gebracht
und auf den Tisch gestellt hast.

HANS-JÜRGEN HEISE

Tagebuchnotiz

Ich: Echo deiner Rufe
Spiegelbild

Ein Schwimmer
in deinen Augen (wesenlos
wenn du schläfst)

Weil du

Weil du
wieder einen Garten geträumt hast
mit einer Bohnenlaube
Bienen

möchte ich einen Baum pflanzen
der schnell
alt wird
morsch hohl

damit in seinem Innern
Platz ist
für

dein Bienenvolk

JÜRGEN BECKER

Korrespondenzen

Blätternd in einem wiedergefundenen Buch,
und ich sehe, du hast
es gelesen und mit deinem Fingernagel
am Rand Zeilen und Sätze angeritzt,
Sätze wie »Liebe bedeutet,
auf das Schreckliche zugehen« und »Sie waren
Seiten in einem alten Buch, die zusammenkamen,
als man es schloß«.
                Ich weiß nicht,
du wolltest mir etwas sagen, für später, denn
ich war nicht in deiner Nähe, oder
warst *du* ganz woanders, ich lese ja auch:
»Ich gehe jetzt fort... ich habe Sehnsucht.«
Wir könnten jetzt telefonieren, ich könnte dich
fragen, aber, vielleicht, du würdest mich fragen,
welches Buch meinst du?
                Ich meine, ich meine
jetzt nichts und kein Buch (du weißt doch,
ich würde sonst fragen, hattest du denn
keinen Bleistift?); du hattest ja keinen Bleistift,
und du wolltest, stumm wie du bist, rasch
etwas sagen, oder
(würdest du fragen) hörte ich nichts?

PETER HÄRTLING

Vor deinen Segeln

Wie ich dein Boot bin,
kannst du meines sein.

Spann dein rotes auf mein blaues Segel.

Pflanz den Mond ins Meer
und lache, wenn ich weine.

Sei ein guter Steuermann,
wenn ich langsam sinke,
vor deinen Segeln sinke,
mit meinem Boot
vor deinem.

Anrede

Du, es ist alles
vorbei und nichts ist
vorüber, es bleibt
dieser Moment: wir
erinnern uns, wir
tauschen, was wir
gewesen sind, wissen
wie es war. Ich
bin älter als deine
Liebe, wir haben
uns überdauert,
was nicht mehr
bedeutet als der Blick,
mit dem wir uns

wiedererkennen und
voneinander abwenden.
Liebste. Jetzt gehst
du. Und ich?

CHRISTOPH MECKEL

Liebesgedicht

1
Den Anker aus dem Grund des Traums gerissen!
Der Tag treibt leicht auf Windes schnellen Fähren
der Nacht voraus um eine Springflut Licht

was braucht der Abgrund unter uns zu wissen –
er kann des Nachtmahrs Hengste stampfen hören
und streicht die Raupen lässig vom Gesicht

er liegt im Schlaf und wird uns nicht vermissen
und wenn wir einst ein Grab von ihm begehren
weist er uns ab und sagt: ich kenn euch nicht.

2
Was dir zuliebe dort im Dunkeln leuchtet
von Pomeranzen Meerlicht Mirabel,
Nachtschattenblüte glänzt, von Salz befeuchtet
und wird im Auge von Delphinen hell.

Im Schatten drehn sich Pomeranzenkerne
zwei Atemzüge Mirabel und Salz –
die Nacht beraubt mich aller Morgensterne
und legt als Perlen sie um deinen Hals.

Speisewagen

Sonne, vereist über schlohweissen Ebenen
des späten Winters! An solchen Tagen
fahrn wir im Speisewagen nach Punt und Sesam.
Du hast nie tolle Hüte getragen und hältst nichts
von Federn und Frou-Frou, doch du hast
weisse Handschuhe an im Speisewagen
und malst dir Honigmonde auf Mund und Lider.

Dies ist ein anderer Tag, und ich habe
Kognak getrunken im Speisewagen, allein
mit einem fleckigen Tischtuch; ich habe
den Schnee memoriert und die Liebe nocheinmal
für möglich gehalten, obwohl deine Handschuhe
nicht mehr dieselben sind und kein Wort mehr da ist
für Honigmonde, und Punt, und Sesam.

Alles wie immer: das Frühstück, der Blick in die
                                                Bäume
    der Terminkalender, der Wintertag, die Gespräche
aber dein Lachen hell, deine Stimme sorglos wie selten
    so daß ich fürchte: das könnte schnell vorbei sein
grundlos, nicht abwendbar
                        mit einem Blick in die Zeitung
der Erwähnung eines Namens
            dem plötzlichen Anblick der Zukunft

Mal ist es das Ja, mal ist es das Nein
                        der Schlaf und der Regen
die Sonne, der Herbst, der Kuß auf die Brust
                       die Wut und das Weinen

Gier, Ohnmacht, Entsetzen, Betrug
            Meer, Bitterkeit, Hoffnung und Sommer
das Licht und der Kirschbaum
              das Lachen, der Wein und die Freude
Nacht, Rausch, Vergessen, Verzicht, Verlust und Ver-
                                            loren
und vielleicht am Ende, zuletzt, wenn geräuschlos und
                                           trocken
           die Öffnungen des Fleisches sich schließen
ist es die Liebe gewesen, mein Engel.

HELGA M. NOVAK

Resignation

noch sind die erstgebacknen Fladen nicht kalt
das Fett am Handgelenk ist nicht geronnen
ausgeatmet hat die Eintagsfliege kaum
der Kaffee und das Kindbett sind noch lau

da ist die Liebe aus – Anstand läßt die beiden
Totenwache halten bei den Gelöbnissen
denn Mehl und Brot sind allzu flott
im Preis gestiegen letzten Sommer

Liebe

und die Haare in deinen Achselhöhlen
die schmecken nach Salz und Schweiß
du – mein Geliebter – und bloß du
du brennst in den Spalten
flaches Glitzern läuft deine Arme entlang

ein Pferd versank im Flußsand
die Stuten standen herum und wieherten
betrübte Augen – zuletzt fiel die Nässe
in seine apfelgroßen Nüstern
so lange roch es nach den Pferdeweibern

ich rieche dich und ich will dich
wenn ich dich ansehe bestehst du
aus lauter Sonnen
und du scheinst die sauberste
Anschaffung der Erde zu sein

Abstoß

wie sich dir die Haare rechts und links
über dem lahmen Nacken sträuben
da sich ein dunkles glattes kratzendes Insekt
auf das Blatt setzt das du beschreibst

so noch verscherzt einem der Abstoß die Liebe
so setzt sich ein stechendes Tier auf die Hingabe
wie auf eine Schnecke außer Hause und wie hast du
zu tun dich dann irgendwie zusammenzureißen

RENATE RASP

Abschied von Pierre oder: Warum so erstaunt?

Warum sind wir erstaunt,
wenn wir verraten werden?
Wir haben das doch alles schon gewußt!
Auch meine Kindheit ist voll von Begebenheiten

und Träumen von Freundschaft, Wahlverwandt-
                                    schaften
zerbrochen wie das Porzellan am Boden,
und jedes Stück muß eingesammelt werden,
bevor wir diese Straße nochmal gehn.
So, wo ist jetzt der Unterschied,
mein lieber neuer Feind
und liebster Freund von gestern?
Ich weiß, du lächelst,
und ich habe das schon oft gesehn,
diese verständnisvolle Offenheit,
die Haß bedeckt
mit einer Maske des Biedermannes.
Das ist mir nicht neu,
nein, gar nicht neu
ist mir das.
Und doch dieser Schreck,
dieses Erstaunen...
Ach ja, ich weiß,
und ich erinnere mich,
es kommt langsam zurück,
daß ich in einer fremden Welt
alleine bin.
Und die Verbindung war für eine kurze Zeit
zwischen zwei Fremden,
die sich einmal ausgeruht
und fanden, daß dies doch nicht
ihr Zuhause war.
Es war nicht deine Schuld
noch meine, nur – siehst du
ich hab an dich geglaubt
du nicht an mich.

Bleib mir
erhalten, bis ich

Lebewohl dir sage
mit einem Lachen,
das bis über beide
Ohren reicht
und das Gesicht
verschwinden läßt
in einer Welle,
die alles mitreißt,
was da traurig war
und ernst.

NICOLAS BORN

Liebesgedicht

Du bist nicht mehr hier
du liebst inzwischen anderswo
nach mehreren Bluttransfusionen
hast du mich vergessen
zugunsten einer Neuerung
die du Einziger nennst.
Doch einmal muß er für ein paar Tage fort
und ich bin wieder bei dir.
Wir essen Äpfel und
küssen uns unter Apfelbäumen.

Jeder sieht uns die Liebe an.
Wir haben Schlafgelegenheiten und
bewundern unser Gefühl.
Es ist nicht nur Spaß es ist Liebe.
Solange wir uns erkennen ist das Wetter
in deiner Wohnung schön.

Wir krönen diese Tage mit Leistungen
denken nicht daran daß wir leben werden
mit Büchern und Leuten.

Ältere Liebe

Wir haben uns nicht vergessen
nachts wenn der Schlaf spricht
durch offene Fenster, tagsüber
mit Zeitungen unterm Arm
auf Treppen Korridoren.
   Wir erwarten
was uns nicht zukommt
immer das Unerreichbare
was wir vermuten
munter und leicht erworben von
launigen Leuten in der Straßenbahn.
   Entfernungen sind Kilometer
ohne die Spuren von uns. Entfernt
bist du wieder ein Geheimnis
maßvoll im Unmaß der Augenblicke
sagst, du kämest
bald.

GÜNTER GUBEN

So leicht wie Wolken – so schwer

wenn ich sage
        ich mag dich
dann hat das vielleicht mit liebe zu tun

und ich hole dir
                    tausend sterne vom himmel
wenn wir nachts liegen
                    wange auf wange
und unsere ungeheure hitze spüren
denke ich
        oft sentimental
daran
    wie schrecklich es sein muß
    wenn einer des anderen kälte wahrnimmt
    tot wie er sein wird
    denn nach den regeln der zeiten
    wird einer zuerst gehn
wie schön das ist   einander wärmen
und rundherum steht alles still
und dennoch
            vergänglichkeit

wenn jemand sagt
                ich liebe dich
bin ich mißtrauisch und schrecke auf
allzu leichtfertig
                setzt man worte wie diese
in einer welt aus die ganz ohr ist
und viel überhört

solange wir zusammen sind
                        laß uns erfinden
was neu ist wie liebe
und alles alte
            nicht vergessen
wenn wir uns wiederholen
erinnern wir uns
wir sind nicht allein
wie tausend sterne am himmel

RAINER MALKOWSKI

an eine die nicht gemeint ist

du bist schön
du bist hochbeinig
glatthäutig im blauen Tuch
ich bin
zu jeder Vokabel bereit
hilf
meiner ermatteten Sehnsucht
hilf ihr weit
über dich hinaus
zu mir

Traumkorrespondenz

Mir träumte,
du schriebst mir vom Rande des Pols
einen Brief.

Und ich war bei dir
mit zwei Schritten –

so fraglos
fand ich mich erwartet.

Zuletzt

Vielleicht ist es möglich,
denke ich,
noch eine Weile zu zweit

(die Gesichter ruhig
einander zugewandt)
unterwegs zu sein an beschiedenen
Orten –
mit verläßlichem Anstand,
mit der gelegentlichen
Empfindung von Wärme,
die aus einer Hand in die andere
übergeht –,
wissend, daß wir zerfallen,
staubfein allmählich
zu Staub,
die Schultern, die Haare,
zuletzt
das Gedächtnis
besserer Tage,
dieses,
unerbittlich,
zuletzt.

KARIN KIWUS

Fragile

Wenn ich jetzt sage
ich liebe dich
übergebe ich nur
vorsichtig das Geschenk
zu einem Fest das wir beide
noch nie gefeiert haben

Und wenn du gleich
wieder allein

deinen Geburtstag
vor Augen hast
und dieses Päckchen
ungeduldig an dich reißt
dann nimmst du schon
die scheppernden Scherben darin
gar nicht mehr wahr

Sonny-Boy

Wie du mir entgegenkommst *funny that way*
ein Cordsamtteddy federnd auf lautlosen Sohlen
balzfarbenfroh die Krawatten ungeheuer lila
oder quietschgrün wie ein Gigolo im Frühling
wie du aufhüpfst vor mir grinsend
und mich dann umarmst
die Nasenflügel schnuppernd an meinem Hals

Und natürlich bist du wieder groggy
gestern irgendwo versackt diese Zufälle
eine ganz alte Geschichte von früher
damals im zweiten Semester ich weiß ja
die Welt ist klein und was sollst du machen
wenn sie hier gastiert in der Komödie am Zoo
rothaarig und immer noch ein irres Temperament
wenn sie dir hinreißende Vorstellungen macht
sollst du da lange fragen und nicht
alles mitgehen lassen von der Werbefläche
dieses bunten Abends *especially for you*

Aber schön bin ich heute und ich rieche gut
das willst du jetzt nur mal gesagt haben
galant wie ein Honigkuchenpferd ob es mir paßt
oder nicht da habe ich wohl herausgefunden
aus dem Muspott meiner letzten angeknacksten Tage
da habe ich doch glatt dein blödes Rezept befolgt

und mir die Haare gewaschen mich sorgfältig
gekleidet und eine Stunde lang geschminkt
da mußt du schon zufrieden sein und ich dankbar
denn das Ergebnis gibt dir offensichtlich recht

Und dann stellst du wieder dich selbst
und deine Küche auf den Kopf
kommentierst nicht zum erstenmal langatmig
und liebevoll die Zubereitung deiner berühmten
bei allen Frauen berühmten Spaghetti
die *al dente* werden müssen auf die Sekunde
al dente also was das heißt wörtlich
weißt du auch nicht aber du machst
eine fast typisch italienische
Handbewegung dabei und fletschst die Zähne
wie Umberto aus dem Piccolo Giardino
und auch das Hackfleisch könnte heute
wieder nicht besser sein aber die Zwiebeln
kriegst du nie ganz fein geschnitten
das verstehst du nicht denn dies rostige Messer grade
schafft spielend eigentlich jede Fingerkuppe
und von den Tomaten sind einige verschimmelt
die wirst du aber reklamieren morgen
im Supermarkt wenn man Feinschmecker ist
läßt man sich das nicht gefallen

Aber ich werde nicht ungeduldig wohl ist mir
wenn ich zuschaue und zwischendurch erst mal
ein Hasenbrot essen muß rheinisch schwarz
mit Käse und einem halben Brötchen drauf
wenn ich dasitze ausgestreckt auf dem blauen Stuhl
auf Omma ihrem niedrigen Gartenstuhl
den du selbst gestrichen hast vor zwanzig Jahren
ach Omma mein Gott bald wird sie dir
Himbeergelee mitgeben und einen Sack Augustäpfel

Und dann endlich kommt die Pracht auf den Tisch
und der Wein steht in gepreßten Gläsern

wir knien uns hinein in den dampfenden Berg
und ich freue mich daß du dich freust wenn ich
immer noch weiteressen kann nach einer Pause
wenn wir reden über das Leben in dieser Stadt
über die Jahreszeiten in den Straßen
über gemischte Gefühle jenseits von Politik
und ich frage nach deinen New Yorker Fotos
die immer noch nicht entwickelt sind
und du fragst nach meinen Freunden
die du einfach nicht leiden kannst
und wir hören dann friedlich beisammen
den alten Miles Davis und Harry James
den unverwüstlichen Paul Whiteman
those dear dead days beyond any recall
und wieder ziehst du Mae West aus der Tasche
mit ihrer männermordenden Philosophie
find him fool him and forget him
und wieder ziehe ich mein Gesicht
ich mit meinen Bedenken und du
willst das so genau alles nicht nehmen

Aber wir lösen uns auf allmählich müde
nach einem langen Tag und weich vor Vertrautheit
die Haare kriechen aus deiner Brust
und die Augen kippen um mit der Zeit
wir liegen auf dem braunen Teppich
und der Motor des Plattenspielers summt
in der Stille und später bringe ich dich ins Bett
ich rufe ein Taxi und du läßt mich gehen
du weißt selber ja zu gut
daß ich noch nie
neben dir aufwachen wollte am Morgen
daß ich mir nie
eine Zukunft vorstellen konnte mit dir
weil du zum Glück
zu deinem Glück und zu meinem
immer nur in der Gegenwart lebst

Lösung

Im Traum
nicht einmal mehr
suche ich
mein verlorenes Paradies
bei dir

ich erfinde es
besser allein
für mich

In Wirklichkeit
will ich
einfach nur leben
mit dir so gut
es geht

ULLA HAHN

Bildlich gesprochen

Wär ich ein Baum ich wüchse
dir in die hohle Hand
und wärst du das Meer ich baute
dir weiße Burgen aus Sand.

Wärst du eine Blume ich grübe
dich mit allen Wurzeln aus
wär ich ein Feuer ich legte
in sanfte Asche dein Haus.

Wär ich eine Nixe ich saugte
dich auf den Grund hinab
und wärst du ein Stern ich knallte
dich vom Himmel ab.

URSULA KRECHEL

Nachtrag

In den alten Büchern
sind die Liebenden vor Liebe
oft wahnsinnig geworden.
Ihr Haar wurde grau
ihr Kopf leer
ihre Haut fahl
vor Liebe, lese ich.

Aber nie ist jemand
wahnsinnig geworden
aus Mangel an Liebe
die er nicht empfand.
Auch das steht
in den alten Büchern.

So hätte denn der Mangel
einmal sein Gutes.

Liebe am Horizont

Der Mann hat eine schreckliche
Unordnung in ihr Leben gebracht. Plötzlich

waren die Aschenbecher voller Asche
die Laken zweifach benutzt, verschwitzt
und alle Uhren gingen anders.
Einige Wochen lang schwebte sie
über den Wolken und küßte den Mond.
Erst im Tageslicht wurde ihre Liebe
kleiner und kleiner. Achtlos
warf er das Handtuch, blaukariert
mit dem kreuzgestichelten Monogramm
(wenn das die Mutter wüßte)
über die Schreibmaschine. Bald
konnte sie ihre Liebe schon
in einer Schublade verschließen.
Eingesperrt zwischen Plunder
geriet sie in Vergessenheit.
Später, als der Mann sie rief
wünschte sie, stumm zu sein.
Als er wieder rief, war sie schon taub.

Frühmärz

Sprech ich in diesem Frühjahr noch
von meiner arbeitslosen Liebe?
Die liegt danieder, krankt
im Zwielicht
Zugvögel haben sie entführt
die wehrt sich nie.
Hol ich sie ein im Flug?

Rockzipfel flattern
ich häng mich dran.
Komm! Die Luft ist rein
ich lock dich lock dich
tief in die Haselbüsche.

DIETER LEISEGANG

Du

Wenn Du mich wirklich
Lieben solltest –

(Eine Melodie, die
Man mitsummt)

Du sagtest

Du sagtest: Ich liebe
Aber lieben heißt

Die Angst erraten
Die Krankheit kennen

Du sagtest: Dich
Aber Dich, das ist

Ein Leib voller Schmerzen
Ein Leben aus Haß und Neid

Juli 1969

Schöne Worte

Für Dich
Trag ich die
Schönsten Worte zusammen
Und leg sie

Unter Dein Kissen
Aber morgens erzählst
Du von
Bösen Träumen

MICHAEL KRÜGER

Liebesgedicht 3

Wir sehen uns
das Treppenhaus hinuntergehn,
du zählst die graden,
ich die andern Stufen.
Nach Wachs riecht's hier,
leicht geht es sich nach unten,
der Tee wird schal,
die Öfen kühlen aus.
Die Leere hier zieht an,
das Licht verlöscht
mit einem dumpfen Plop,
geht wieder an:
Die letzte Schicht der Fremdheit
ist wie weggeblasen,
die Spur des Denkens führt
geradenwegs ins Herz.

Im Freien wächst
der Seele ein Gefieder;
und aus der Traum,
der Kopf, er hat uns wieder.

THOMAS BRASCH

Liebeserklärung

Anders als der Staat das will (dieser jener jeder)
leben wir (du ich) unzufrieden in der kleinsten Zelle
die er uns bereitstellt und Familie nennt Anders
als der Staat das braucht lieben wir einander hastig
und betrügen eins das andere wie
der Staat das tut mit uns sagen wir einander Worte
unverständlich eins dem anderen wie Gesetze die der
              Staat
(dieser jener jeder) ausruft Anders
als der Staat das gern sieht leben wir (du ich) nicht in
             Frieden
miteinander und befriedigen einander ungleichzeitig
wenn wir zueinander fallen in der Abend-Dämmerung
            der Geldzeit Anders
als der Staat das tut (dieser jener) spielen wir
in jeder Nacht das Spiel
Vereinigung Wieder und Wieder
hastig aufgerüstet schwer behängt mit Waffen
wie der Staat der uns doch ganz anders will wehrlos
             nämlich aber
der uns lehrt Mißtraun blankes So
lieben wir einander weggeduckt unterm Blick wie
unter ausgeschriebner Fahndung Feinde (dieses jenes
             jedes) Staats
aber ähnlich ihm in der kleinsten Zelle angefressen
              schon
Krebs die Krankheit ist der Staat
(meiner nicht nicht deiner) anders als ers will
sterben wir ihm weg
aus seinem
großen kalten Bett

LUDWIG FELS

Annäherungsversuch

(nochmal für Rosy)

Im Süden steht dir dein Blond.
Dort bleicht es die Sonne
hier färbt es der Schnee grau.

Am Strand und im Wasser
schmiegt sich der Wind an deine nackte Haut.
Daheim bin es nur ich.

Vor fremden Tellern
und unbekanntem Essen
erscheinst du ausgeruht und
sprichst von allem
was du in der Fabrik verschweigen mußt.

Im ungetrübten Licht
erhitzt du dich rasch
und ich vergesse den Platz
an dem wir uns sonst befinden.

Ein paar Tage im Jahr
denkst du an die Ewigkeit
und schwankst zwischen Glück und Trauer.

Wir bezahlen und sind trotzdem noch dankbar.
Das ist der Unterschied
zwischen hier und dort.

In jeder Muschel und
unter jedem Sandkorn
entdeckst du die Liebe.

Nachts versteckt sich der Mond.

Ich möcht so gern mit dir zusammen atmen

Ich möcht so gern mit dir zusammen atmen
zuvor den Wind aus den Bäumen schütteln
daß jeder Schnaufer klingt nach einem Satz.
Komm, laß uns atmen
die Luft so kühl wie alte Milch, den Staub.
Ich möcht so gern
mit dir zusammen ruhig liegen, warten
Spiegel und Fenster, wir blasen sie blind.
Atme wie eine Orgel, wenns geht, ich wie ein
Blasebalg, bis deine Brüste schweben
pfeif auf die Zukunft, ganz leis
ich schnarch an gegen den Tod. Laß uns
zusammen atmen, einsaugen
die Tränen, atmen wie eine verrückte Uhr.

ANGELA SOMMER

Liebe

warum klagst du
dir blieb doch
die Füchsin

von der du
nicht lassen wolltest

nun, mit ihr allein
reut es dich

und zu mir
sprichst du von Liebe

Rundgang durch die Wohnung

hier, wirst du rufen
an diese Wand hätte
mein Schreibtisch gepaßt
und in den Winkel
mein Bett

und überhaupt
verglichen mit mir
bewohnst du ein Schloß

ja, werde ich sagen
die Sessel betrachtend am Fenster
in denen ich abends

gern gesessen hätte
mit dir

DAGMAR SCHERF-DESKAU

*Gedanken einer Vierzigjährigen
in der S-Bahn*

Wie die versunken sind
ineinander –
den alten Mann dort am Fenster
sehen sie gar nicht.
Und mich?
Ein kurzer, fragender Blick,
dann legt er
(achtzehn vielleicht, höchstens zwanzig)
den Arm noch fester um sie
(siebzehn? Älter kaum) –

Warum tut das so weh?
Es war einmal – ist es das?

Wende den Blick nicht ab,
in zehn Minuten bist du zu Hause.
Vielleicht kannst du ihm
tiefer in die Augen sehen
als sonst bei der Begrüßung.

Aber wie ist das mit fünfzig,
sechzig,
siebzig?

Muß das denn enden,
Und: Warum?

HUGO DITTBERNER

Straßenbahngedicht

Als ich von dir kam,
schrieb ich dies Gedicht auf.
Von meiner Fahrt in der Straßenbahn,
wo ich neben einem Mädchen stand
in einem Lodenmantel,
das warm roch und nach Liebe.
Sie sah müde aus, genau wie ich.
Zufrieden sahen wir unser Bild
in den spiegelnden Scheiben,
während wir von Station zu Station
fuhren. Die Straßenbahn wurde immer leerer,
aber wir
blieben dicht beieinander stehen.

Wir gehörten zusammen, wie wir da
gleich groß und ruhig in der Scheibe standen;
und die Fahrt endlos dauern konnte.

JÜRGEN THEOBALDY

Zwischen dir und mir

Wieder sitze ich im Zug. Das Hin und Her
der Gefühle. Morgens in Heidelberg
begann der Frühling mit weißen Wolken
über den Hängen. Ich weiß nicht, was
Angst um den Arbeitsplatz ist. Ich weiß, was Angst
aus Liebe ist. Du in deinem weißen Mantel, wie du
dich allmählich entfernst. Die Luft im Abteil
die schwer in meine Lunge sinkt. Die
vertrocknete Zeitung auf dem Sitz
gegenüber. Da ist immer noch Sonne auf den Hängen
und ist Liebe ein Luxus für schönere Zeiten?
Dieses Gedicht kommt nicht zu Ende, wenn
der Zug ankommt. Es begleitet uns
durch die Geschichte unsrer ungelösten Situationen
und ständig hält es etwas zurück, das wir
nicht erklären können. Zum Beispiel gibt es
Menschen, die wir hassen und solche, die wir
lieben. Den Haß auf jemanden wie Flick
kann ich erklären; doch meine Liebe zu dir
ist wie die Fahrt durch diesen Tunnel mit
Frühling vorm Eingang und dunklen Wolken
hinter dem Berg.

Gedicht

Ich möchte gern ein kurzes Gedicht schreiben
eins mit vier fünf Zeilen
nicht länger
ein ganz einfaches
eins das alles sagt über uns beide
und doch nichts verrät
von dir und mir

Nachwort

Die Geschichte des deutschen Liebesgedichts ist fast identisch mit der Geschichte der deutschen Lyrik, gibt es doch kaum ein anderes Thema, das ein ähnliches Gewicht gewonnen und das so viele und verschiedene Dichter inspiriert hätte. Dennoch ist bei aller durch die kulturhistorischen Epochen vorgegebenen spezifischen Gestaltungsweise des Themas Liebe die individuelle Abweichung des einzelnen Dichters von Zeitströmung oder vorgegebener Norm erstaunlich, wobei zu konzedieren ist, daß die Verbindlichkeit von poetologischen Regeln und zeitgebundenen emotionalen Verhaltensnormen in den letzten zweihundert Jahren weniger stark war als in den vorangehenden sechshundert Jahren. In diesem Spannungsfeld zwischen Subjektivität des Dichters und zeitbedingter Norm bewegt sich die Liebeslyrik, die oft wie kein anderes lyrisches Genre bis an die Grenzen des jeweils Akzeptierten vorstößt und neue Normen setzt. In der folgenden kurz skizzierten Geschichte der deutschen Liebeslyrik wird deshalb immer wieder dieses Spannungsverhältnis zwischen epochenbedingter Norm und Subjektivität des Dichters zu beobachten sein. Neben dem literaturhistorischen und individuellen mag auch ein dokumentarisches Moment in der Liebeslyrik Aufmerksamkeit verdienen: der historische Wandel in den Geschlechterbeziehungen ist an ihr ablesbar. Zwar sind gerade Liebesgedichte nicht immer Ausdruck von Wirklichkeit; aber ihre Projektion von Wunschdenken, Idealen, Utopien bezeugen in ihrer Subjektivität das Selbstverständnis einer historischen Epoche oft eindeutiger als viele, scheinbar objektivere Dokumente.

Die deutsche Liebesdichtung des Mittelalters ist die sogenannte Minnedichtung, strophische Lyrik, die im späten 12. und im 13. Jahrhundert, vor allem zur Zeit der Staufer, ihren Höhepunkt erreichte. Während es im 11./12. Jahrhundert fast nur Dichtung gab, die das Verhältnis des Menschen zu Gott reflektierte, wird hier zum erstenmal in volkssprachlicher Ich-Dichtung das Verhältnis des Menschen zum anderen Menschen thematisiert. Gesellschaftliche Voraussetzung für die Entstehung und die Blüte des Minnesangs (wie auch des höfischen Epos) war eine ritterliche Standeskultur, in deren Zentren – den Burgen und Schlössern – der Minnesang durch mündlichen Vortrag die höfischen Ideale artikulierte. Wie diese Gesellschaft in Form einer Lehnspyramide hierarchisch gegliedert war, so spiegelt auch die Minnedichtung sozusagen das Verhältnis von Lehnsherr und Vasall wider: Der in der Ich-Form sprechende Dichter verehrt die angebetete *frouwe* als unerreichbare Herrin. Er ist ihr *man,* der ihr einen *dienest* leistet, für den er einen *lôn* erhofft – dennoch immer im Bewußtsein der Unerfüllbarkeit seiner Sehnsucht.

Daß die weltliche Liebe nun zum Thema geworden war, bezeugt ein neues Menschenbild, das, fern der mönchisch-asketischen Stimmung des frühen Mittelalters, sich durch Weltfreude auszeichnet. Minne wird bald unter provenzalischem Einfluß nicht nur erlebt, sondern zugleich reflektiert. Sie schafft im Dienst des Ritters an der Herrin dessen *hôhen muot,* ein Glücksgefühl, das den Ritter sittlich erhebt und tugendhaft macht, ihm *zuht* gibt. Bei Heinrich von Morungen wird Minne sogar zur religiösen Macht, zum mystischen Erlebnis, während Reinmar die hohe Minne in psychologisch differenzierten Liedern feiert. Die hohe Minne kennt keine sinnliche Erfüllung. Dies wird nur im sogenannten Tagelied, z. B. bei Dietmar von Eist oder Wolfram von Eschenbach, besungen, wenn sich die heimlich Liebenden nach der Liebesnacht trennen müssen. Auch Walther von der Vogelweide schrieb zunächst Lieder der hohen Minne, pries dann die Liebe der einfachen Mägde in seinen Mädchenliedern, in denen er nun die Liebeserfüllung, oft verschämt aus der Sicht des Mädchens, thematisiert (z. B. in »Under den linden«), um in einer dritten Stufe (*ebene minne*), sozusagen an den Hof zurückkehrend, maßvoll die Begegnung mit einer höfischen Dame zu suchen, die zugleich *friundin unde frouwe* sein konnte (z. B. in »Nemt, frowe, disen kranz«). Auch in nachwaltherscher Zeit halten sich beide Traditionen, die »hohe« und die »niedere« Minne.

Minnesang gibt sich als reine Formkunst. Die individualisierte Beschreibung seiner Dame war selbst einem Walther nicht möglich. Zweifellos hatten jedoch die Gedichte des Minnesangs oft reale Hintergründe, auch wenn es nicht angebracht wäre, aus den Texten spezifische Seelenbiographien der Dichter zu rekonstruieren. In der Spannung zwischen Innerlichkeit und Öffentlichkeit, persönlicher Erfahrung und vorgegebener, formalisierter Situation entfaltete sich eine frühe deutsche Liebesdichtung von höchstem Rang.

Mit dem Niedergang des Rittertums im Spätmittelalter bei gleichzeitiger Heraufkunft der städtischen Kultur fand der Minnesang keine direkte Nachfolge. Einerseits verknöcherte er formal im von städtischen Zünften gepflegten Meistersang, dessen Thema nicht die Liebe war, zum anderen sind uns aus dem 15. und 16. Jahrhundert mit seiner überwiegend lateinisch-humanistischen Dichtung deutsche Liebesgedichte als Volkslieder überliefert, in denen zwar manchmal noch die Situation der hohen Minne anklingt, vor allem aber Liebesfreude und -leid der Menschen niederer Stände ihren Ausdruck findet. Gefühl und Innigkeit lösen hier die Rigorosität vorgegebenen Systemzwangs.

Zusammen mit der durch Martin Opitz initiierten Reform und Aufwertung der deutschen Sprache und Dichtung im Barock kam wieder ein neuer Ton in die Liebesdichtung: Opitz war mit seinem *Buch von der Deutschen Poeterey* (1624) bekanntlich *der* Gesetzgeber der deutschen Literatur des 17. Jahrhunderts. Er kommt in dieser Poetik auch auf Liebesdichtung zu sprechen: das Thema Liebe sei für den Dichter »wetzstein« des Verstands.[1] Der Petrarkismus, von Opitz mit eigenen Beispielen (z. B. im »Sonnet von der Liebsten Augen«) in die deutsche Literatur eingeführt, wird

---

1 Martin Opitz, *Buch von der Deutschen Poeterey (1624)*, hrsg. von Cornelius Sommer, Stuttgart: Reclam, 1970 [u. ö.] (Reclams Universal-Bibliothek, Nr. 8397 [2]), S. 19.

in den nächsten fünfzig Jahren die literarische Szene beherrschen. Dabei bringt die Nachfolge des Italieners Petrarca nicht nur die Form des Sonetts, sondern ein ganzes Arsenal von Motiven, Metaphern und anderen rhetorischen Mitteln mit sich. Auch die Rolle der Liebenden ist vorgegeben: Mann und Frau sind weit voneinander entfernt; zur sexuellen Begegnung kommt es nicht. Der Mann ist durch seine Liebe versklavt, gequält, krank, dem Tode nahe. Er wird zwischen Furcht und Hoffnung, Melancholie und Optimismus hin- und hergerissen, seufzt, weint und denkt ans Sterben. Liebe ist so gleichzeitig Leiden und Freude. Die Schönheit der Dame wird in immer wiederholten Metaphern und Vergleichen, oft aus der unbelebten Welt, etwa kostbarer Edelsteine, beschrieben, oder es werden angesichts der Allmacht der Liebe das Universum und die antike Mythologie (Cupido und Venus vor allem) bemüht. Mit dieser Normierung von Stil und Liebessituation war der Petrarkismus nach dem Minnesang das zweite große europäische ›Liebessystem‹, das die deutsche Literatur bis zum Ende des 17. Jahrhunderts beherrschte.

Als größter deutscher Petrarkist wird immer wieder Paul Fleming genannt, aber zumindest beim älteren Fleming wird deutlich, daß die reale Erfahrung seiner unglücklichen Liebe zu den Schwestern Elsabe (Elsgen) und Anna (Anemone) Niehus seine Liebeslyrik zur Bekenntnisdichtung werden ließ, in der er seine Liebe, seine Leiden und seine Hoffnungen ausspricht. Hinzu kommt das Motiv der Treue, das den Gedichten einen einfachen, gefühlvollen und unmittelbaren Ton verleiht, wie er den konventionellen petrarkistischen Gedichten fremd ist. Erst Johann Christian Günther, ebenfalls von Enttäuschungen und immer neuer Hoffnung zerrissen, sollte in einem ähnlich persönlichen Ton schreiben, obwohl auch bei ihm noch petrarkistische Elemente unverkennbar vorhanden sind. Nur wenige Dichter des 17. Jahrhunderts waren imstande, sich dieser Rollenkonvention zu entziehen. Dazu gehören nicht nur die bürgerlichen Dichter Danzigs (Simon Dach und Heinrich Albert), sondern auch der Beamte Johann Thomas, der in seinem Schäferroman *Damon und Lisille* (1663), aus dem hier zwei Gedichte abgedruckt sind, die Liebe zu seiner im Kindbett verstorbenen Frau Elisabeth besingt. Hoffmannswaldau verwendet zwar den traditionellen petrarkistischen Formelschatz, stellt aber in hochgetriebener Metaphernsprache die Geschlechtlichkeit selbst in den Mittelpunkt. Intellektualität und Musikalität machen seine Gedichte zu artistischen Kunstwerken. Psychologisch zu erklären sein mag solcher Eskapismus gegenüber einer restriktiven Kultur als Ausdruck sexueller Phantasien von Männern, die in der Realität ein allzu biederes Beamtenleben führten, gleichzeitig auch als Ausdruck einer gesellschaftlichen Konvention, die die Frau als sexuelles Genußobjekt des Mannes sieht. Die verdinglichende Beschreibung der Frau ist jedenfalls typisch für die entindividualisierte Sehweise der Mehrzahl der Dichter.

Der Kontrast zwischen der schmerzhaften Liebesklage Günthers jenseits allen Normenzwangs und den Anakreontikern des 18. Jahrhunderts ist wieder groß. In der Rokokowelt herrschen Satire und Tändelei vor, die witzige Pointe geht bewußt der Emotion aus dem Wege. Liebe ist Sinnengenuß, kokettes Spiel oder vorgeblich unwiderstehlicher Trieb, dem man allzu gern nachgibt. Echtes Gefühl zieht sich auf Freundschaft zwischen Männern zurück, die Frau ist Objekt bukolisch verbrämter Lüsternheit, die am ehesten im Traume – fast – ihr Ziel erreicht. Gedichte von Gleim, Uz (»Ein Traum«), Götz, Hagedorns »Der Jüngling«, Ewald von Kleists »Amint« und »Galathee« und Weißes »Der Kuß« sind hierfür exemplarisch.

Am ehesten demonstrieren Gedichte wie Albrecht von Hallers Klage über den Tod seiner Gemahlin, wie in dieser Epoche das Gefühl des Schmerzes die Tändelei hinwegfegen konnte. Ergriffenheit, unmittelbar sich aussprechendes Gefühl, Ehrlichkeit ohne Pomp und Ziererei zeichnen diese Verse aus. Klopstock, der in einigen Gedichten noch der Anakreontik verhaftet ist, gelang es dann unter dem Einfluß des Pietismus, in seinen Fanny- und Cidli-Oden religiöse und weltliche Liebesempfindung miteinander zu vereinen. Die Liebe in Klopstocks Oden ist weder übersinnlich noch unsinnlich, und sie meint durchaus eine bestimmte Geliebte. Damit war das Jahrhundert der Liebesdichtung eingeleitet, das den Triumph individueller Liebe vollenden sollte, auch wenn immer wieder die persönliche Liebeserfahrung der Zugang zu einem höheren Reich der Geister vermitteln sollte. So sah Schiller, der in seiner Jugend die Rechte der Sinne verteidigt hatte, in seinen Laura-Oden die Liebe als menschliche Parallele zu den allgemeinen Gravitationsgesetzen des Weltalls, als eine Reflexion von Urkräften und Ausdruck göttlicher Harmonie auf Erden.

Goethes Gedichtschaffen umfaßt von 1768 an die großen Strömungen und literarischen Bewegungen von mehr als einem halben Jahrhundert. Angefangen mit anakreontischen Spielereien, die nur knapp über die geistvolle Pointe hinausgehen, läßt sich seine Biographie aus seinen Gedichten schreiben. Um nur einige Stationen zu nennen: leidenschaftliche Erlebnislyrik, wie sie die Begegnung mit der Sesenheimer Pfarrerstochter Friederike Brion inspiriert hat (»Willkommen und Abschied«), Sturm-und-Drang-Lyrik (»Maifest«), Lieder, die die Beziehung zu Lili Schönemann reflektieren, Reifung in der Freundschaft zu Charlotte von Stein (»Warum gabst du uns die tiefen Blicke«), Entdeckung antiker Sinnlichkeit auf der ersten italienischen Reise und in der Verbindung mit Christiane Vulpius (»Römische Elegien«), die Liebe zu Minna Herzlieb (»Sonette«), emotionaler Gleichklang mit Marianne von Willemer im »West-östlichen Divan« bei gleichzeitiger Adaption orientalischer Formen, schließlich schmerzvolle Entsagung nach der Begegnung des Greises mit der jungen Ulrike von Levetzow in Karlsbad (»Marienbader Elegie«) – durch jede Geliebte lernt Goethe eine je eigene Sprache sprechen.

Was sich in Goethes Gedichten des öfteren andeutet, wird in Hölderlins Liebe zu Diotima zum Postulat: daß durch den Bund mit der Geliebten eine vergangene, bessere Zeit wiedererstehe, ein »neues Reich« vergegenwärtigt und der

Umwelt vermittelt werde. Es geht Hölderlin um die Verwirklichung von Ganzheit und Einheit, um einen Weg aus der Zerrissenheit und Kulturlosigkeit der Zeit. Einswerden mit der Natur und Hingabe an das All und die Liebe sind ein Ziel, das ihn auch mit Schiller verbindet.

In dem Bestreben, das Leben vom Ideal her zu erneuern, ist Hölderlin auch Romantiker. Für die romantischen Dichter war die Frau das zentrale Erlebnis ihres Lebens; in der Ehe, egal oder nicht, wird sie zum gleichberechtigten Partner (was sich z. B. auch in der Stellung einiger Frauen im Literaturbetrieb der Zeit widerspiegelt). Über die Liebe erlebt der romantische Dichter das Weltganze, die Unendlichkeit; die Frau ist Mittlerin, Liebe und Religion werden eins. Liebesbeseligung und Liebestod sind oft miteinander verschmolzen.[2] Brentanos Gedicht »Alles lieben oder Eins lieben. All-Eins« ist ein Beispiel für diesen universalen Aspekt der Liebe für den romantischen Dichter. Eichendorffs »Der Blick«, in dem »des Himmels Quelle« aus »dem reinsten Augenpaar« bricht, demonstriert mit solcher Metaphorik selbst im kleinsten Rahmen, wie die romantische Liebeserfahrung von religiösen Analogien bestimmt ist.

Das Volkslied, von den Romantikern wiederentdeckt und gesammelt in Arnims und Brentanos *Des Knaben Wunderhorn*, beeinflußt die romantischen Liebesgedichte formal; ihre Vertonungen sind vielfach zu Volksliedern geworden. In Brentanos »Die Abendwinde wehen« z. B. sind Ich-Lyrik und Volksliedrefrain die engste Verbindung eingegangen. Das Volksliedhafte ist auch in den Gedichten Mörikes erhalten. Mit Themen wie Abschied und Treulosigkeit (»Ein Stündlein wohl vor Tag«, »Das verlassene Mägdlein« und »Agnes«) scheint ein resignativer Dichter des literarischen Biedermeier sich auszusprechen, doch zeigen das »Peregrina«-Gedicht aus dem *Maler Nolten* und andere Strophen, daß er für das Zauberhafte, Seltsame, Dämonische, Wild-Wahnsinnige der Romantik genauso offen ist.

[2] Vgl. Eberhard Horst, »Wandlungen der Liebeslyrik«, in: *Neue deutsche Hefte* 86 (1962) S. 111.

Heinrich Heine ist auch in seinen Liebesgedichten gleichzei
tig Erbe und Überwinder der Romantik: Der Zauber wird be
ihm immer wieder entzaubert, die Gefühlsseligkeit un
Stimmungsbegeisterung parodiert und ins Spöttische ode
Banale verzerrt. Volksliedhaft-naive Strophen wie die de
»Lyrischen Intermezzo« aus dem *Buch der Lieder* oder da
sentimentale »Du bist wie eine Blume« wechseln mit bewuß
klappernden Versen wie »Als ich, auf der Reise, zufällig«, i
denen das Thema des nach langer Zeit heimkehrende
Liebhabers zunächst parodiert wird – die Geliebte ist »In de
Wochen«, das »kleine Hündchen / Mit seinem sanften Belln
[...] / Ist groß und toll geworden / Und ward ertränkt,
Rhein« –, um in der Schlußpointe im tiefsten Schmerz z
enden – eine sonst in der deutschen Lyrik nie erreicht
Balance zwischen sentimentaler Innerlichkeit und ironische
Distanz. Die schmerzlichsten Gedichte Heines finden sicl
wohl in dem späten Zyklus »Für die Mouche«, geschriebe
»aus der Matratzengruft« von einem todkranken Dichter, den
es nun nicht mehr gelingt, die eigene Situation sarkastisch z
verspotten.

Der Versuch, die in der Romantik mit Absolutheitsanspruch
überbeanspruchte Liebe durch Spott zu relativieren und di
bedrängenden Emotionen zu verfremden, wird in der Reak
tion der poetischen Realisten des 19. Jahrhunderts wiede
aufgegeben, z. T. zugunsten einer neuen Feierlichkeit, für di
Conrad Ferdinand Meyers »Stapfen« eins der besten Bei
spiele ist. Zeichenhaft wird die Fußspur der Geliebten in
feuchten Waldboden zum Anlaß, ihre Gestalt noch einma
heraufzubeschwören, während in »Zwei Segel« Liebe bereit
mit rein symbolistischen Mitteln gestaltet wird. Wehmut
Liebe als Vergangenes, Trennung beherrschen nicht nur di
resignative Lyrik Lenaus (»Erinnerung«), sondern in noch
stärkerem Maße das lyrische Werk Theodor Storms, in desse
»Dämmerstunde« die Liebenden sich nur anschauen, wäh
rend sie in »Hyazinthen« gar getrennt sind. Das »Lied de
Harfenmädchens« stammt aus der Novelle *Immensee,* in de
die Liebe unerfüllt bleibt, weil der »Held« nicht den Mut hat

ie zu offenbaren. »Trost« ist alles, was Storm angesichts des Verzichts zu bieten hat. Die Hinnahme gesellschaftlicher und persönlicher Realitäten bestimmt die lyrische Aussage, nicht mehr ein Absolutheitsanspruch.

Eine neue, positivere Haltung gegenüber der Chance einer Liebeserfüllung gewinnt in der Lyrik um 1900 Raum. Zu reden ist vor allem von den Gedichten Hofmannsthals, Rilkes und Georges oder einer Ricarda Huch. Den ganzen Menschen beherrschende Liebesleidenschaft (»Die Beiden«) ist bei Hofmannsthal mit der Heiterkeit des Lebensgenusses und dem Gespür für den anderen gepaart (»Im Grünen zu singen«). In den Gedichten Ricarda Huchs wird Liebe sogar zur göttlichen Gewalt, die zum Geliebten hinbannt, obwohl Einsamkeit und Sehnsucht nicht mehr als »stürmisches Verlangen«, sondern als »tragischer Zustand« erfahren werden.[3] Rilke erscheint vom inneren Empfinden eines Gleichklangs bewegt (»Liebes-Lied«). Georges Preisgedicht des vergöttlichten Geliebten (»Du schlank und rein wie eine Flamme«) repräsentiert etwas von dem Ideal des schönen Lebens und von der Formkultur der Jahrhundertwende.

Diese Welt der Form, der Schönheit des Gefühls wird zerschmettert durch den Ersten Weltkrieg. Mit den Bildern expressionistischer Lyrik fallen Schatten über das Glück der Liebe, die bei Georg Heym nur noch kurz währt, umrahmt vom »schwarzen Schrei« des Vogels und »dunkler Qual«, während bei Georg Trakl das Gesicht der Geliebten nur mit Mühe in der Erinnerung zu halten ist. Mit den Expressionisten, vor allem dann mit Gottfried Benn, kündigt sich die Vereinsamung des Menschen an. Marie Luise Kaschnitz urteilt: »Das Schweigen, das in Benns ›Blauer Stunde‹ sich selbst zudeckt, wächst und scheint immer mehr an Raum zu gewinnen. Damit ist der Boden schon vorbereitet für das Gedicht der Jahrhundertmitte.«[4] Bertolt Brecht, der oft altbewährte Motive, so die Tagelied-Situation und das

Vgl. ebd.
Marie Luise Kaschnitz, »Liebeslyrik heute«, in: *Universitas* 18 (1963) S. 1271.

barocke Vergänglichkeitsmotiv (z. B. in »Entdeckung an einer jungen Frau«) wieder aufgreift, erfährt gerade in der Liebe die Entfremdung. So wird in »Erinnerung an die Maria A.« die weiße Wolke wichtiger als das Mädchen. Dem Absolutheitsanspruch (»Er hat gesagt, ohne dich kann er nicht leben«) in »Allem, was du empfindest« wird die Unverbindlichkeit der Realität gegenübergestellt (»Rechn also damit, wenn du ihn wieder triffst / Erkennt er dich wieder«). In »Die Liebenden« steht die Harmonie der Liebenden unter dem Zeichen kommender Trennung.

Anthologien zeitgenössischer Liebesgedichte versuchen mitunter einen Gegenbeweis anzutreten gegen eine angeblich herrschende Ansicht, es würden von neueren Lyrikern keine Liebesgedichte mehr geschrieben. Titel wie der fragende *Keine Zeit für die Liebe?* sind bezeichnend, aber gleich in der Einleitung wird der darin implizierten Behauptung widersprochen: »Es kann nach der Sichtung und Prüfung der vorliegenden Auswahl zeitgenössischer Liebeslyrik eine ausgesprochene ›Konjunktur‹ dieser Thematik festgestellt werden.«[5] In einer anderen Anthologie mit dem forschen Titel *Aber besoffen bin ich von dir* steht die skeptische Aussage »Ich bin mir gar nicht sicher, ob das, was ich schreibe tatsächlich Liebesgedichte sind.«[6] In den Gedichten selbst wird das Thema Liebe oft nur angedeutet. Die Reduktion der Gefühls ist fortgeschritten, Sensibilität wird kaschiert. Zweifel am Selbst und am Gegenüber und Mut zur Individualität spielt sich gerade im heutigen Liebesgedicht als innere Auseinandersetzung ab.[7] Liebe wird angedeutet in einer Geste der Angst, überhaupt etwas über Liebe zu sagen. So schreibt Jürgen Theobaldy in seinem »Gedicht«, er wolle ein kurzes Gedicht schreiben, »eins das alles sagt über uns beide

---

5 Peter Jokostra (Hrsg.), *Keine Zeit für die Liebe? Moderne deutsche Liebeslyrik,* Wiesbaden: Limes, 1964, S. 7.
6 Jan Hans (Hrsg.), *Aber besoffen bin ich von dir. Liebesgedichte,* Reinbek bei Hamburg: Rowohlt, 1979 (rororo 4456), S. 11.
7 Vgl. Karl Krolow, »Die Beschaffenheit des modernen Liebesgedichts«, in K. K., *Aspekte zeitgenössischer Lyrik,* Gütersloh: Gerd Mohn, 1961, S. 57.

und doch nichts verrät von dir und mir«. Und Hugo Dittberner gesteht: »Wichtig fand ich immer, die Menschen, die man liebt oder einmal geliebt hat, die Erfahrungen, die man mit ihnen gemacht hat, nicht in den Liebesgedichten zu verraten.«[8] Vielen ist Liebe so privat geworden, daß sie sie als dichterischen Gegenstand verneinen. Wie bescheiden der heutige Mensch in seinen Liebeserwartungen und -ansprüchen geworden ist, formuliert Karin Kiwus: »einfach leben mit dir so gut es geht« erscheint als einzig realistisches Verlangen. Unter diesem Motto stehen auch einige Ehegedichte, die gerade in jüngster Zeit publiziert wurden. Man denke kurz zurück zum Barock, zur Anakreontik, zu Goethe und den Romantikern, um den Kontrast nachzuvollziehen. Auch Günter Kunert erkennt in seinen Gedichten an M(arianne) das einfache Miteinandersein als Glück an. Doch das Sehnen nach Liebe und dem Partner ist sicher dasselbe wie zu allen Zeiten. Christoph Meckel schlußfolgert in »Speisewagen«: »ich habe / den Schnee memoriert und die Liebe nocheinmal / für möglich gehalten, obwohl deine Handschuhe / nicht mehr dieselben sind und kein Wort mehr da ist / für Honigmonde, und Punt, und Sesam.« Solche Gedichte, die die Bezeichnung Liebeslyrik oft nicht mehr zu verdienen scheinen, sensibilisieren ihre Leser und machen sie vielleicht liebesfähiger.[9]

8 Zit. nach: Hans (Hrsg.), *Aber besoffen bin ich von dir*, S. 143.
9 Vgl. Emmy Hannover, »Moderne Liebeslyrik im Unterricht«, in: *Der Deutschunterricht* 17 (1965) H. 4, S. 74 f.

Literaturhinweise

Anthologien deutscher Liebesgedichte

Bobrowski, Johannes (Hrsg.): Wer mich und Ilse sieht im Grase. Deutsche Dichter des 18. Jahrhunderts über die Liebe und das Frauenzimmer. Hanau: Müller & Kiepenheuer, 1969.

Borchers, Elisabeth (Hrsg.): Das Buch der Liebe. Gedichte und Lieder. Frankfurt a. M.: Insel, 1974. ⁶1980. (Insel-Taschenbuch. 82.)

Brambach, Rainer: Moderne deutsche Liebesgedichte von Stefan George bis zur Gegenwart. Zürich: Diogenes, 1980. (Diogenes Taschenbuch. 216.)

Brandl, Bruno (Hrsg.): An dem kleinen Himmel meiner Liebe. Heiter-amouröse Dichtung. Berlin [Ost]: Verlag der Nation, 1979.

Brinkmann, Hennig (Hrsg.): Liebeslyrik der deutschen Frühe in zeitlicher Folge. Düsseldorf: Schwann, 1952.

Brückner, Christine (Hrsg.): Botschaften der Liebe. Deutsche Liebesgedichte des 20. Jahrhunderts. Frankfurt a. M.: Propyläen, 1960.

Deutsche Lyrik des Mittelalters. Ausw. und Übers. von Max Wehrli. Zürich: Manesse, 1955.

Die schönsten deutschen Liebesgedichte. Ges. und hrsg. von Andreas und Angelika Hopf. München: Heyne, 1981. (Heyne Ex Libris. 008[09].)

Hans, Jan (Hrsg.): Aber besoffen bin ich von dir. Liebesgedichte. Reinbek bei Hamburg: Rowohlt, 1979. (rororo-panther. 4456.)

Harnisch, Ingeborg (Hrsg.): Ich denke Dein. Deutsche Liebesgedichte. Berlin [Ost]: Verlag der Nation, ⁴1980.

Heiseler, Bernt von (Hrsg.): Anrede. Eine Auswahl deutscher Liebesgedichte. Stuttgart: Steinkopf, 1965.

Jokostra, Peter (Hrsg.): Keine Zeit für die Liebe? Moderne deutsche Liebeslyrik. Wiesbaden: Limes, 1964.

Kemp, Friedhelm (Hrsg.): Deutsche Liebesdichtung aus achthundert Jahren. München: Kösel, 1960.

Kindler, Nina (Hrsg.): Liebe. Liebesgedichte deutscher, österreichischer und schweizer Autoren vom 16. Jahrhundert bis zur Gegenwart. München: Kindler, 1980.

Kirsten, Wulf / Trampe, Wolfgang (Hrsg.): Don Juan überm Sund.

Liebesgedichte. Berlin/Weimar: Aufbau-Verlag, 1975. (Edition Neue Texte.)
Lewerenz, Walter/Preißler, Helmut (Hrsg.): Deutsche Liebesgedichte von Walther von der Vogelweide bis zur Gegenwart. Berlin [Ost]: Verlag Neues Leben, 1964.
Des Minnesangs Frühling. Nach Karl Lachmann, Moriz Haupt und Friedrich Vogt neu bearb. von Carl von Kraus. ³⁴1950. Unveränd. Nachdr. Stuttgart: Hirzel, 1967.
Strich, Christian (Hrsg.): Deutsche Liebesgedichte. Die hundert schönsten deutschen Liebesgedichte von Walther von der Vogelweide bis Gottfried Keller. Zürich: Diogenes, 1978. (Diogenes Mini-Taschenbuch. 8.)
Voß, Hartfrid (Hrsg.): Sprache der Liebenden. Liebesgedichte aus alter und neuer Zeit. Ebenhausen bei München: Langewiesche-Brandt, 1936. ⁷1944.
Voß, Hartfrid (Hrsg.): Lyrische Kardiogramme. Liebesgedichte von heute. Ebenhausen bei München: Voß, 1960.

Sekundärliteratur

Alker, Ernst: Das Problem der Liebe in der modernen deutschen Literatur. In: Anima (Olten) 12 (1958) S. 219–226.
Becher, Hubert: Liebe und Ehe in der modernen Literatur. Frankfurt a. M.: Knecht, 1959.
Berent, Eberhard Ferdinand: Die Auffassung der Liebe bei Opitz und Weckherlin und ihre geschichtlichen Vorstufen. The Hague: Mouton, 1970. (Studies in German Literature. 15.) Urspr. Diss. Cornell University, Ithaca/N. Y. 1960.
Dittberner, Hugo: Die amerikanische Spur. Versuch über den Zusammenhang einiger Liebesgedichte aus den letzten 20 Jahren. In: horen 23 (1978) H. 3. S. 13–30.
Dronke, Peter: Wandlungen der Liebeslyrik. In: P. D.: Die Lyrik des Mittelalters. Eine Einführung. München: Beck, 1973. S. 113–181.
Froehlich, Jürgen: Erscheinungen der Liebe in der frühexpressionistischen Lyrik. Diss. University of California, Riverside 1973.
Furstner, Hans: Studien zur Wesensbestimmung der höfischen Minne. Groningen: Wolters, 1956.
Gnüg, Hiltrud: Schlechte Zeit für Liebe – Zeit für bessere Liebe? Das Thema Partnerbeziehungen in der gegenwärtigen Lyrik. In: Michael Zeller (Hrsg.): Aufbrüche: Abschiede. Studien zur

deutschen Literatur seit 1968. Stuttgart: Klett, 1979. (Literaturwissenschaft – Gesellschaftswissenschaft. 43.)

Götte, Rudolf: Liebesleben und Liebesdienst in der Liebesdichtung des deutschen Mittelalters. In: Zeitschrift für Kulturgeschichte 4. F. 1 (1894) S. 426–466.

Hannöver, Emmy: Moderne Liebeslyrik im Unterricht. In: Der Deutschunterricht 17 (1965) H. 4. S. 54–75.

Hartlaub, Geno: Der zerschnittene Himmel. Deutsche Liebeslyrik der Gegenwart. In: Eckart-Jahrbuch 1964/65. S. 165–174.

Helm, Fritz Walter: »Morgen schon ist hier das Schweigen«. Bemerkungen zu Liebesgedichten. In: Zeitwende. Die neue Furche 43 (1972) H. 1. S. 54–58.

Henkel, Peter Martin: Untersuchungen zur Topik der Liebesdichtung. Diss. Innsbruck 1956.

Hoffmeister, Gerhart: Barocker Petrarkismus: Wandlungen und Möglichkeiten der Liebessprache in der Lyrik des 17. Jahrhunderts. In: G. H. (Hrsg.): Europäische Tradition und deutscher Literaturbarock. Internationale Beiträge zum Problem von Überlieferung und Umgestaltung. Bern/München: Francke, 1973.

Hoffmeister, Gerhart: Petrarkistische Lyrik. Stuttgart: Metzler, 1973. (Sammlung Metzler. 119.)

Horst, Eberhard: Wandlungen der Liebeslyrik. In: Neue deutsche Hefte 86 (1962) S. 110–115.

Kaschnitz, Marie Luise: Liebeslyrik heute. In: Universitas 18 (1963) S. 1271–82.

Kluckhohn, Paul: Die Auffassung der Liebe in der Literatur des 18. Jahrhunderts und in der deutschen Romantik. Halle a. S.: Niemeyer, 1922. ²1931. Nachdr. Tübingen: Niemeyer, 1966.

Krolow, Karl: »Wo bist du, wenn du neben mir gehst?« Zur Liebeslyrik in diesen Jahren. In: Zeitwende. Die neue Furche 28 (1957) H. 7. S. 663–678.

Krolow, Karl: Die Beschaffenheit des modernen Liebesgedichts. In: K. K.: Aspekte zeitgenössischer deutscher Lyrik. Gütersloh: Mohn, 1961. S. 55–81.

Kubitz, Emilie Ida W.: Die Auffassung der Liebe im poetischen Realismus. Diss. University of Illinois, Urbana/Ill. 1932.

Lingelbach, Helene: Zum Thema Liebesheiligung in neuerer deutscher Lyrik. In: Die Frau 35 (1927/28) S. 85–94, 156–162.

Mittner, Ladislao: Freundschaft und Liebe in der deutschen Literatur des 18. Jahrhunderts. In: Albert Fuchs / Helmut Motekat (Hrsg.): Stoffe, Formen, Strukturen. Studien zur deutschen Literatur. Hans

Heinrich Borcherdt zum 75. Geburtstag. München: Hueber, 1962. S. 97–138.

Pomaßl, Gerhard: Die Reaktionen der Frau auf Minnesang und Minnedienst in der deutschen Lyrik des 12. und 13. Jahrhunderts. Diss. Jena 1960.

Richey, Margaret Fitzgerald: Essays on the Mediæval German Love Lyric. Oxford: Blackwell, 1943. ²1969 u. d. T.: Essays on Mediæval German Poetry.

Rockenbach, Martin: Liebesdichtung der jungen Generation. In: Die Horen 5 (1930) S. 1049–56.

Roß, Werner: Chiffren der Liebe. Über die Sprache der Liebenden in der Lyrik. In: Zeitwende. Die neue Furche 34 (1963) H. 10. S. 679–687.

Royen, Eduard: Die Auffassung der Liebe im jungen Deutschland. Diss. Münster 1928.

Schier, Alfred: Die Liebe in der Frühromantik mit besonderer Berücksichtigung des Romans. Marburg: Elwert, 1913. (Beiträge zur deutschen Literaturwissenschaft. 20.)

Schlaffer, Heinz: Musa iocosa. Gattungspoetik und Gattungsgeschichte der erotischen Dichtung in Deutschland. Stuttgart: Metzler, 1971. (Germanistische Abhandlungen. 37.)

Schmid, Peter: Die Entwicklung der Begriffe »minne« und »liebe« im deutschen Minnesang bis Walther. In: Zeitschrift für deutsche Philologie 66 (1941) S. 137–163.

Schwarz, Georg: Abschied von der Geliebten. Vergleichende Betrachtung von Gedichten. In: Welt und Wort 3 (1948) S. 286–288.

Seim, Jürgen: Das Thema »Liebe« in der Lyrik unserer Zeit. Wuppertal-Barmen: Jugenddienst-Verlag, 1969. (Das Gespräch. 81.)

Stahl, August: Die Liebe im Schlager und in der modernen Lyrik. In: Der Deutschunterricht 29 (1977) H. 5. S. 66–78.

Walzel, Oskar: Die Liebe in der Dichtung der Gegenwart. In: Der Kleine Bund 13 (1932) S. 301–303, 308–310.

Walzel, Oskar: Neue Wege deutscher Liebesdichtung. In: Orplid 1 (1924) H. 3/4. S. 13–21.

Warnke, Frank J.: Das Spielelement in der Liebeslyrik des Barock. In: Arcadia 4 (1969) S. 225–237.

Verzeichnis der Autoren, Gedichte und Quellen

Abgekürzt zitierte Literatur

Gedichte des Barock	Gedichte des Barock. Hrsg. von Ulrich Maché und Volker Meid. Stuttgart: Reclam, 1980. (Reclams Universal-Bibliothek. 9975 [5].)
Jan Hans	Jan Hans (Hrsg.): Aber besoffen bin ich von dir. Liebesgedichte. Reinbek bei Hamburg: Rowohlt, 1979. (rororo-panther. 4456.)
Lateinische Gedichte deutscher Humanisten	Lateinische Gedichte deutscher Humanisten. Lateinisch und deutsch. Ausgew., übers. und erl. von Harry C. Schnur. Stuttgart: Reclam, ²1978. (Reclams Universal-Bibliothek. 8739 [7].)
Minnesangs Frühling	Des Minnesangs Frühling. Nach Karl Lachmann, Moriz Haupt und Friedrich Vogt neu bearb. von Carl von Kraus. ³⁴1950. Unveränd. Nachdr. Stuttgart: Hirzel, 1967.
Wehrli	Deutsche Lyrik des Mittelalters. Ausw. und Übers. von Max Wehrli. Zürich: Manesse, 1955.

HEINRICH ALBERT (8. 7. 1604 Lobenstein, Thüringen – 6. 10. 1651 Königsberg)

Trewe Lieb' ist jederzeit Zu gehorsamen bereit 63

Gedichte des Barock. Übers.: Johann Gottfried Herder: »Stimmen der Völker in Liedern«. Volkslieder. Zwei Teile. 1778/79. Hrsg. von Heinz Rölleke. Stuttgart: Reclam, 1975. (Reclams Universal-Bibliothek. 1371 [6].)

ANONYM

1. *Dû bist mîn, ich bin dîn* 5
2. *Wær diu werlt alliu mîn* 5
3. *Chume, chume, geselle mîn* 33

4. *Ich wil truren varen lan* 33
5. *Tempus adest floridum* 34
6. *De pollicito* 35
7. *Komm braune nacht / umhülle mich mit schatten* [Als Verfasser wurde früher Hans Aßmann von Abschatz (1646 bis 1699) vermutet] 81
8. Willst du dein Herz mir schenken 87

Minnesangs Frühling. Übers.: Wehrli. (1, 2)
Carmina Burana. Die Gedichte des Codex Buranus. Lat. und dt. Übertr. von Carl Fischer. Übers. der mhd. Texte von Hugo Kuhn. Anm. und Nachw. von Günter Bernt. Zürich/München: Artemis, 1974. (3–6)
Gedichte des Barock. (7)
Rudolf Borchardt (Hrsg.): Ewiger Vorrat deutscher Poesie. Stuttgart: Klett, ⁴1956. (8)

ACHIM VON ARNIM (26. 1. 1781 Berlin – 21. 1. 1831 Wiepersdorf in der Mark)

1. Nachtgruß 165
2. Mir ist zu licht zum Schlafen 167

Werke. Bd. 22: Gedichte. Bd. 1. Weimar: L. F. A. Kühn, 1856.

H(ANS) C(ARL) ARTMANN (geb. 12. 6. 1921 Wien)

1. *Vom morgenstern laß uns träume keltern und trinken* ... 301
2. *Antonia, du kannibalin* 302

Gedichte über die Liebe und über die Lasterhaftigkeit. Ausgew. von Elisabeth Borchers. Frankfurt a. M.: Suhrkamp, 1975. (bibliothek suhrkamp. 473.)
© Suhrkamp Verlag, Frankfurt a. M.

INGEBORG BACHMANN (25. 6. 1926 Klagenfurt, Kärnten – 17. 10. 1973 Rom)

1. Nebelland 303
2. Erklär mir, Liebe 304

Die gestundete Zeit. Anrufung des Großen Bären. München: R. Piper, 1974. (Serie Piper.)
© R. Piper & Co Verlag, München, 1974.

JÜRGEN BECKER (geb. 10. 7. 1932 Köln)

Korrespondenzen 330

In der verbleibenden Zeit. Gedichte. Frankfurt a. M.: Suhrkamp, 1979.
© Suhrkamp Verlag, Frankfurt a. M.

GOTTFRIED BENN (2. 5. 1886 Mansfeld, Westpriegnitz – 7. 7. 1956 Berlin)

1. D-Zug 258
2. Untergrundbahn 259
3. Dir auch –: 260
4. Liebe 260
5. Du liegst und schweigst – 261
6. Blaue Stunde 262

Gesammelte Werke. 4 Bde. Hrsg. von Dieter Wellershoff. Bd. 3: Gedichte. Wiesbaden: Limes, 1960. ³1966. (1–3, 5, 6)
© Klett-Cotta, Stuttgart.
Statische Gedichte. Zürich: Arche, 1948.
© 1948 by Peter Schifferli, Verlags AG »Die Arche«, Zürich.

OTTO JULIUS BIERBAUM (28. 6. 1865 Grünberg, Schlesien – 1. 2. 1910 Kötzschenbroda, Schlesien)

Traum durch die Dämmerung 231

Der neubestellte Irrgarten der Liebe. Leipzig: Insel, 1913.

WOLF BIERMANN (geb. 15. 11. 1936 Hamburg)

Brigitte 327

Nachlaß 1. Köln: Kiepenheuer & Witsch, 1977.
© 1977 by Verlag Kiepenheuer & Witsch, Köln.

JOHANNES BOBROWSKI (9. 4. 1917 Tilsit – 2. 9. 1965 Berlin)

1. Liebesgedicht 321
2. Einmal haben 322

Sarmatische Zeit. Schattenland Ströme. Gedichte. Stuttgart: Deutsche Verlags-Anstalt, 1961/62.
© Deutsche Verlags-Anstalt, Stuttgart.

NICOLAS BORN (31. 12. 1937 Duisburg – 7. 12. 1979 Berlin)

1. Liebesgedicht 337
2. Ältere Liebe 338

Marktlage. Gedichte. Köln/Berlin: Kiepenheuer & Witsch, 1967. (1)
Gedichte 1967–1978. Reinbek bei Hamburg: Rowohlt, 1978. (2)
© Rowohlt Verlag GmbH, Reinbek bei Hamburg, 1978.

THOMAS BRASCH (geb. 19. 2. 1945 Westow/Yorkshire, England)

Liebeserklärung 350

Der schöne 27. September. Gedichte. Frankfurt a. M.: Suhrkamp, 1980.
© Suhrkamp Verlag, Frankfurt a. M.

VOLKER BRAUN (geb. 7. 5. 1939 Dresden)

Du liegst so still 326

Gegen die symmetrische Welt. Gedichte. Frankfurt a. M.: Suhrkamp, 1974.
© Suhrkamp Verlag, Frankfurt a. M.

BERTOLT BRECHT (10. 2. 1898 Augsburg – 14. 8. 1956 Berlin)

1. Gesang von einer Geliebten 263
2. Entdeckung an einer jungen Frau 264
3. Erinnerung an die Marie A. 265
4. Das erste Sonett 266
5. Liebeslied aus einer schlechten Zeit 266
6. Allem, was du empfindest 267

7. Sonett Nr. 19 267
8. Die Liebenden 268

Gesammelte Gedichte. 4 Bde. Frankfurt a. M.: Suhrkamp, 1976. (edition suhrkamp. 835–838.) Bd. 1. (1–3) Bd. 2. (4–7) Bd. 4. (8)
© Suhrkamp Verlag, Frankfurt a. M.

CLEMENS BRENTANO (8. 9. 1778 Ehrenbreitstein – 28. 7. 1842 Aschaffenburg

1. *Von den Mauern Widerklang* 158
2. *Als ich in tiefen Leiden* 159
3. Alles lieben oder Eins lieben. All–Eins 159
4. 14. Juli 1834 161
5. *Ich weiß wohl, was du liebst in mir* 162
6. *Die Abendwinde wehen* 162

Werke. Bd. 1: Gedichte. Romanzen vom Rosenkranz. Hrsg. von Wolfgang Frühwald, Bernhard Gajek und Friedhelm Kemp. München: Carl Hanser, 1968.

ROSEMARIE BRONIKOWSKI (d. i. Rosemarie von Oppeln-B., geb. 2. 5. 1922 Sande, Friesland)

Als er ein Alter erreichte 318

Sicherungsversuche in einer Schießbude. Rastatt: fox produktionen Traude Aubeck, 1980.
© Rosemarie Bronikowski, Ebringen.

GOTTFRIED AUGUST BÜRGER (31. 12. 1747 Molmerswende, Harz – 8. 6. 1794 Göttingen)

Die Umarmung 116

Gedichte. Ausgew. und mit einem Nachw. von Jost Hermand. Stuttgart: Reclam, 1961 [u. ö.]. (Reclams Universal-Bibliothek. 227.)

HANS CAROSSA (15. 12. 1878 Bad Tölz, Oberbayern – 12. 9. 1956 Rittsteig bei Passau)

Heimweg 271

Sämtliche Werke. 2 Bde. Frankfurt a. M.: Insel, 1962. Bd. 1.
© Insel Verlag, Frankfurt a. M.

PAUL CELAN (d. i. Paul Antschel, 23. 11. 1920 Czernowitz, Bukowina – Ende April 1970 Paris)

1. Chanson einer Dame im Schatten 298
2. Die Jahre von Dir zu mir 299
3. Corona 299
4. *Der Tauben weißeste flog auf* 300
5. Im Spätrot 300

Mohn und Gedächtnis. Gedichte. Stuttgart: Deutsche Verlags-Anstalt, 1952. ^{10}1974. (1–4)
Von Schwelle zu Schwelle. Gedichte. Stuttgart: Deutsche Verlags-Anstalt, 1955. ^{3}1961. (5)
© Deutsche Verlags-Anstalt, Stuttgart.

CONRAD CELTIS (d. i. Conrad Bickel oder Pickel, 1. 2. 1459 Wippelfeld bei Schweinfurt – 4. 1. 1508 Wien)

De nocte et osculo Hasilinae, erotice 51

Lateinische Gedichte deutscher Humanisten.

ADELBERT VON CHAMISSO (d. i. Louis Charles Adelaide de Ch., 30.(?) 1. 1781 Schloß Boncourt, Champagne – 21. 8. 1838 Berlin)

1. Frauen-Liebe und Leben 1 176
2. Frauen-Liebe und Leben 3 177
3. Adelbert an seine Braut 177

Gedichte und Versgeschichten. Ausw. und Nachw. von Peter von Matt. Stuttgart: Reclam, 1971 [u. ö.]. (Reclams Universal-Bibliothek. 313 [2].)

MATTHIAS CLAUDIUS (15. 8. 1740 Reinfeld, Holstein – 21. 1. 1815 Hamburg)

An Frau Rebekka, bei der silbernen Hochzeit, den
   15. März 1797 115

Werke. Asmus omnia sua secum portans oder Sämtliche Werke des Wandsbecker Boten. Hrsg. von Urban Roedl. Stuttgart: Cotta, ^{6}1965.

SIMON DACH (29. 7. 1605 Memel – 15. 4. 1659 Königsberg)

Braut-Tanz 66

Simon Dach. Hrsg. von Hermann Österley. Tübingen 1876. (Bibliothek des Litterarischen Vereins in Stuttgart. 130.)

RICHARD DEHMEL (18. 11. 1863 Wendisch-Hermsdorf, Spreewald – 8. 2. 1920 Blankenese bei Hamburg)

1. An die Ersehnte 228
2. Anders 228

Dichtungen. Briefe. Dokumente. Hrsg. und mit einem Nachw. vers. von Paul Johannes Schindler. Hamburg: Hoffmann und Campe, 1963.
© Hoffmann und Campe Verlag, Hamburg, 1963.

DIETMAR VON EIST (urkundl. bezeugt 1139–1171, Österreicher)

1. *Ez stuont ein frouwe alleine* 7
2. *Slâfst du, friedel ziere?* 8

Minnesangs Frühling. Übers.: Wehrli.

HUGO DITTBERNER (geb. 16. 11. 1944 Gieboldehausen, Niedersachsen)

Straßenbahngedicht 354

Ruhe hinter Gardinen. Gedichte 1971–1980. Reinbek bei Hamburg: Rowohlt, 1980. (das neue buch. 140.)
© Rowohlt Taschenbuch Verlag GmbH, Reinbek bei Hamburg, 1980.

HILDE DOMIN (geb. 27. 7. 1912 Köln)

1. Winter 287
2. Magere Kost 287

Rückkehr der Schiffe. Frankfurt a. M.: S. Fischer, 1962.
© S. Fischer Verlag GmbH, Frankfurt a. M.

ANNETTE VON DROSTE-HÜLSHOFF (10. 1. 1797 Schloß Hülshoff bei Münster, Westfalen – 24. 5. 1848 Meersburg, Bodensee)

1. An Levin Schücking *(O frage nicht)* 211
2. An Levin Schücking *(Kein Wort)* 212
3. Brennende Liebe 213

Sämtliche Werke. Hrsg., in zeitlicher Folge geordnet und mit Nachw. und Erl. vers. von Clemens Heselhaus. München: Carl Hanser, 1956.

GÜNTER EICH (1. 2. 1907 Lebus a. d. Oder – 20. 12. 1972 Salzburg)

1. Dezembermorgen 290
2. Gegenwart 290
3. Westwind 292

Gesammelte Werke. 4 Bde. Hrsg. von Susanne Müller-Hanpft, Horst Ohde, Heinz Schafroth und Heinz Schwitzke. Bd. 1: Sämtliche Gedichte. Maulwürfe. Frankfurt a. M.: Suhrkamp, 1973.
© Suhrkamp Verlag, Frankfurt a. M.

JOSEPH VON EICHENDORFF (10. 3. 1788 Schloß Lubowitz, Oberschlesien – 26. 11. 1857 Neiße)

1. Wahl 178
2. Der Gärtner 179
3. Der letzte Gruß 180
4. Neue Liebe 181
5. Frühlingsnacht 182
6. Der Blick 182
7. An Luise 183

Werke. Hrsg. von Wolfdietrich Rasch. München: Carl Hanser, 1966. ⁴1971.

HANS MAGNUS ENZENSBERGER (geb. 11. 11. 1929 Kaufbeuren, Allgäu)

1. larisa 308
2. warn lied 310
3. befragung zur mitternacht 311
4. nänie auf die Liebe 311

verteidigung der wölfe. Frankfurt a. M.: Suhrkamp, 1963. (1-3)
Blindenschrift. Frankfurt a. M.: Suhrkamp, 1964. ³1969. (edition suhrkamp. 217.) (4)
© Suhrkamp Verlag, Frankfurt a. M.

LUDWIG FELS (geb. 27. 11. 1946 Treuchtlingen)

1. Annäherungsversuch 351
2. Ich möcht so gern mit dir zusammen atmen 352

Vom Gesang der Bäuche. Ausgewählte Gedichte 1973–1980. Darmstadt/Neuwied: Hermann Luchterhand, 1980. (Sammlung Luchterhand. 314.)

PAUL FLEMING (5. 10. 1609 Hartenstein, Erzgebirge – 2. 4. 1640 Hamburg)

1. Auf ihr Abwesen 68
2. Wie er wolle geküsset sein 68
3. Elsgens treues Herz 69
4. An Elsabe 70
5. Anemone 72
6. An Anemonen, nachdem er von ihr gereiset war 73
7. An Dulcamaren 74
8. Er verwundert sich seiner Glückseligkeit 74

Paul Flemings Liebesgedichte. Hrsg. von J. M. Lappenberg. Bd. 1. Darmstadt: Wissenschaftliche Buchgesellschaft, 1965. Reprogr. Nachdr. der Ausg. Stuttgart 1865. (Bibliothek des Litterarischen Vereins in Stuttgart. 82.)

THEODOR FONTANE (30. 12. 1819 Neuruppin – 20. 9. 1898 Berlin)

Im Garten 225

Sämtliche Werke. Hrsg. von Walter Keitel. Bd. 6. München: Carl Hanser, 1964.

ERICH FRIED (geb. 6. 5. 1921 Wien)

Nähe 318

Liebesgedichte. Berlin: Klaus Wagenbach, 1979. (Quartheft 103.)

FRIEDRICH VON HAUSEN (um 1150 wohl Hausen bei Kreuznach – 6. 5. 1190 Philomelium, Kleinasien)

1. *Deich von der guoten schiet* 10
2. *Mîn herze und mîn lîp diu wellent scheiden* 11

Minnesangs Frühling. Übers.: Wehrli.

WALTER HELMUT FRITZ (geb. 26. 8. 1929 Karlsruhe)

1. *Weil du die Tage* 328
2. *Jetzt wo ich die Teekanne* 328

Aus der Nähe. Gedichte 1967–1971. Hamburg: Hoffmann und Campe, 1972.
© Hoffmann und Campe Verlag, Hamburg, 1972.

STEFAN GEORGE (12. 7. 1868 Büdesheim, Hessen – 4. 12. 1933 Minusio bei Locarno, Schweiz)

1. *Ich darf so lange nicht am tore lehnen* 233
2. *Wenn ich heut nicht deinen leib berühre* 234
3. *Als wir hinter dem beblümten tore* 234
4. *Vorklang* 234
5. *Im windes-weben* 235
6. *Wenn meine lippen sich an deine drängen* 235
7. *Was kann ich mehr wenn ich dir dies vergönne?* 235
8. *Was ist geschehn dass ich mich kaum noch kenne* .. 236
9. *Du schlank und rein wie eine flamme* 236

Werke. Ausg. in 2 Bdn. Bd. 1. Düsseldorf/München: Helmut Küpper, 1968.
© Klett-Cotta, Stuttgart.

JOHANN WILHELM LUDWIG GLEIM (2. 4. 1719 Ermsleben bei Halberstadt – 18. 2. 1803 Halberstadt)

1. *Abschied von Chloris* 104
2. *Belinde* 105

Versuch in Scherzhaften Liedern und Lieder. Hrsg. von Alfred Anger. Tübingen: Max Niemeyer, 1964. (Neudrucke deutscher Literaturwerke. N. F. 13.)

JOHANN WOLFGANG GOETHE (28. 8. 1749 Frankfurt a. M. – 22. 3. 1832 Weimar)

1. *Ob ich dich liebe, weiß ich nicht* 125
2. Mit einem gemalten Band (Spätere Fassung) 126
3. Willkommen und Abschied (Spätere Fassung) 126
4. Maifest 127
5. Neue Liebe, neues Leben 129
6. Vom Berge (Spätere Fassung) 129
7. *Warum gabst du uns die tiefen Blicke* 130
8. Rastlose Liebe 131
9. *Ach, wie bist du mir, wie bin ich dir geblieben!* 132
10. Römische Elegien III 132
11. Römische Elegien V 133
12. Römische Elegien IX 134
13. Römische Elegien XVIII 135
14. Nähe des Geliebten 136
15. Freundliches Begegnen 136
16. Die Liebende schreibt 137
17. Sie kann nicht enden 137
18. Blick um Blick 138
19. Trilogie der Leidenschaft: Elegie 138
20. Der Bräutigam 143
21. *Ja, die Augen waren's, ja, der Mund* 143
22. Hatem 144
23. Suleika *(Hochbeglückt in deiner Liebe)* 144
24. Suleika *(Ach, um deine feuchten Schwingen)* [eigentlich von Marianne von Willemer] 145
25. Wiederfinden 146
26. Vollmondnacht 147
27. *In tausend Formen magst du dich verstecken* 148

Goethes Werke. Hamburger Ausgabe. Textkritisch durchges. und mit Anm. vers. von Erich Trunz. Bd. 1: Gedichte und Epen. Hamburg: Christian Wegner, 1949. ⁶1962. (1–20) Bd. 2: Gedichte und Epen. Ebd. 1949. ⁷1966. (21–27)

JOHANN NIKOLAUS GÖTZ (9. 7. 1721 Worms – 4. 11. 1781 Winterburg bei Kreuznach)

1. Abbitte und Bitte 107
2. Über eine Verleumdung 108

Vermischte Gedichte. Hrsg. von Karl Wilhelm Ramler. T. 1. Mannheim: Schwanische Hofbuchhandlung, 1785.

YVAN GOLL (29. 3. 1891 Saint-Dié, Frankreich – 14. 3. 1950 Paris)

1. Ivan an Claire 254
2. Ungreifbarer Als Wasser 254
3. In Dir Enden Die Unendlichen Ufer Des Nachtmeers . . . 255
4. Liane, Meine Verzauberte Landschaft 255

Ivan und Claire Goll: Zehntausend Morgenröten. Gedichte einer Liebe. Wiesbaden: Limes, 1954. (1)
Abendgesang (Neila). Heidelberg: Wolfgang Rothe, 1954. (2–4)
Abdruck mit freundlicher Genehmigung der Fondation Goll, Saint-Dié, 1982.

GÜNTER GRASS (geb. 16. 10. 1927 Danzig)

Ehe 312

Gesammelte Gedichte. Mit einem Vorw. von Heinrich Vormweg. Darmstadt/Neuwied: Hermann Luchterhand, 1971. (Sammlung Luchterhand. 34.)

ANDREAS GRYPHIUS (d. i. Andreas Greif, 2. 10. 1616 Glogau, Schlesien – 16. 7. 1664 Glogau)

1. An Eugenien 75
2. An eben selbige 76
3. Neujahrs-Wunsch an Eugenien 76

Gesamtausgabe der deutschsprachigen Werke. Hrsg. von Marian Szyrocki und Hugh Powell. Bd. 1: Sonette. Hrsg. von Marian Szyrocki. Tübingen: Max Niemeyer, 1963.

GÜNTER GUBEN (d. i. Günther Hoffmann-G., geb. 5. 7. 1938 Guben, Niederlausitz)

So leicht wie Wolken – so schwer 338

Jan Hans.
© Günter Guben, Esslingen.

JOHANN CHRISTIAN GÜNTHER (8. 4. 1695 Striegau, Schlesien – 15. 3. 1723 Jena)

1. An Leonoren *(Ich nehm in Brust und Armen)* 91
2. An Leonoren bey dem andern Abschiede 92
3. An Leonoren *(Mein Kummer weint allein um dich)* 94
4. Leonorens Antwort 96

Sämtliche Werke. Hrsg. von Wilhelm Krämer. Bd. 1. Darmstadt: Wissenschaftliche Buchgesellschaft, 1964. Fotomech. Nachdr. der Ausg. Leipzig 1930. (Bibliothek des Litterarischen Vereins in Stuttgart. 275.)

PETER HÄRTLING (geb. 13. 11. 1933 Chemnitz)

1. Vor deinen Segeln 331
2. Anrede 331

Ausgewählte Gedichte 1953–1979. Nachw. von Karl Krolow. Darmstadt/Neuwied: Luchterhand, 1979. (Sammlung Luchterhand. 290.)

FRIEDRICH VON HAGEDORN (23. 4. 1708 Hamburg – 28. 10. 1754 Hamburg)

Der Jüngling 102

Gedichte. Hrsg. von Alfred Anger. Stuttgart: Reclam, 1968. (Reclams Universal-Bibliothek. 1321–23.)

ULLA HAHN (geb. 1946 Brachthausen)

Bildlich gesprochen 345

Herz über Kopf. Gedichte. Stuttgart: Deutsche Verlags-Anstalt, 1981.
© Deutsche Verlags-Anstalt, Stuttgart.

ALBRECHT VON HALLER (16. 10. 1708 Bern – 12. 12. 1777 Bern)

Über den Tod seiner zweiten Gemahlin, Elisabeth Bucher . .   99

Haller und Salis-Seewis. Auswahl. Hrsg. von Prof. Dr. A. Frey. Berlin/Stuttgart: W. Spemann, [o. J.]. (Deutsche National-Litteratur. Hrsg. von Joseph Kürschner. Bd. 41. Abt. 2.)

HARTMANN VON AUE (um 1165 – um 1215, alemannischer Herkunft)

Ich var mit iuwern hulden, herren unde mâge   14

Minnesangs Frühling. Übers.: Wehrli.

FRIEDRICH HEBBEL (18. 3. 1813 Wesselburen, Dithmarschen – 13. 12. 1863 Wien)

1. Sie sehn sich nicht wieder 215
2. Ich und du 216

Gedichte. Eine Auswahl. Mit einem Nachw. von U. Henry Gerlach. Stuttgart: Reclam, 1977 [u. ö.]. (Reclams Universal-Bibliothek. 3231.)

HEINRICH HEINE (13. 12. 1797 Düsseldorf – 17. 2. 1856 Paris)

1. *Im wunderschönen Monat Mai* 190
2. *Wenn ich in deine Augen seh* 191
3. *Auf Flügeln des Gesanges* 191
4. *Als ich, auf der Reise, zufällig* 192
5. *Du bist wie eine Blume* 193
6. *Wenn ich auf dem Lager liege* 193
7. *Über die Berge steigt schon die Sonne* 194
8. *Wieder ist das Herz bezwungen* 194
9. *Es haben unsre Herzen* 195
10. *Es war ein alter König* 195
11. *In der Fremde* 195
12. Der Asra 196
13. *Es kommt der Tod – jetzt will ich sagen* 196
14. Lotosblume 197
15. *Worte! Worte! keine Taten!* 197

Sämtliche Schriften. Hrsg. von Klaus Briegleb. Darmstadt: Wissenschaftliche Buchgesellschaft, 1968. Bd. 1. (1–7) Bd. 4. (8–11) Bd. 6,1. (12–15)

JOHANNES HEERMANN (11. 10. 1585 Raudten, Schlesien – 17. 2. 1647 Lissa)

Ad Charibellam 58

Lateinische Gedichte deutscher Humanisten.

KAISER HEINRICH (Heinrich VI. von Hohenstaufen, 1165 Nymwegen – 28. 9. 1197 Messina, Sizilien)

Rîtest du nu hinnen, der aller liebste man 9

Minnesangs Frühling. Übers.: Wehrli.

HEINRICH VON MORUNGEN (um 1150 Burg Morungen bei Sangerhausen, Thüringen – 1222 Leipzig)

1. *Owê, – Sol aber mir iemer mê* 18
2. *Vil süeziu senftiu toeterinne* 20

Lieder. Mittelhochdeutsch und neuhochdeutsch. Text, Übers., Komm. von Helmut Tervooren. Stuttgart: Reclam, 1975 [u. ö.]. (Reclams Universal-Bibliothek. 9797 [4].) Übers.: Wehrli.

HEINRICH VON VELDEKE (Mitte 12. – Anfang 13. Jh., niederländischer Herkunft)

Tristrant mûste âne sinen danc 12

Minnesangs Frühling. Übers.: Wehrli.

HANS-JÜRGEN HEISE (geb. 6. 7. 1930 Bublitz, Pommern)

1. Tagebuchnotiz 329
2. Weil du 329

Ein bewohnbares Haus. Gedichte. Frankfurt a. M.: S. Fischer, 1968. © S. Fischer Verlag GmbH, Frankfurt a. M.

GÜNTER HERBURGER (geb. 6. 4. 1932 Isny, Allgäu)

Ehegedicht 317

Ziele. Gedichte. Reinbek bei Hamburg: Rowohlt, 1977. (das neue buch. 82.)
© Rowohlt Taschenbuch Verlag GmbH, Reinbek bei Hamburg, 1977.

MAX HERRMANN-NEISSE (d. i. Max Herrmann, 23. 5. 1886 Neiße, Schlesien – 8. 4. 1941 London)

Dein Haar hat Lieder, die ich liebe 251

Lied der Einsamkeit. Gedichte von 1914–1941. Ausgew. und hrsg. von Friedrich Grieger. München: Albert Langen – Georg Müller, 1961.
© Albert Langen – Georg Müller Verlag, München.

HERMANN HESSE (2. 7. 1877 Calw, Württemberg – 9. 8. 1962 Montagnola, Schweiz)

1. Wie der stöhnende Wind – 242
2. Liebeslied 242
3. Der Liebende 242

Gesammelte Dichtungen. 7 Bde. Bd. 5. Frankfurt a. M.: Suhrkamp, 1958.
© Suhrkamp Verlag, Frankfurt a. M.

GEORG HEYM (30. 10. 1887 Hirschberg, Schlesien – 16. 1. 1912 Berlin)

1. Anna-Maria 249
2. Deine Wimpern, die langen 250

Dichtungen und Schriften. Gesamtausg. Hrsg. von Karl Ludwig Schneider. Bd. 1: Lyrik. Hamburg/München: Heinrich Ellermann, 1964.

FRIEDRICH HÖLDERLIN (20. 3. 1770 Lauffen a. Neckar – 7. 6. 1843 Tübingen)

1. Diotima (Mittlere Fassung) 151
2. Abbitte 155
3. Geh unter, schöne Sonne 156

Sämtliche Gedichte. Studienausg. in 2 Bdn. Hrsg. und komm. von Detlev Lüders. Bd. 1. Bad Homburg v. d. H.: Athenäum, 1970.

CHRISTIAN HOFFMANN VON HOFFMANNSWALDAU (25. 12. 1616 Breslau – 18. 4. 1679 Breslau)

1. Sonnet. Vergänglichkeit der schönheit 77
2. *Albanie* 78
3. Sonnet. Beschreibung vollkommener schönheit 79
4. *Wo sind die stunden* 79
5. Auff ihre schultern 81

Gedichte des Barock.

HUGO VON HOFMANNSTHAL (1. 2. 1874 Wien – 15. 7. 1929 Rodaun bei Wien)

1. Die Beiden 237
2. Drei kleine Lieder 237

Gedichte. Frankfurt a. M.: Insel, 1970. (Insel Bücherei. 461.)
© Insel Verlag, Frankfurt a. M.

RICARDA HUCH (18. 7. 1864 Braunschweig – 17. 11. 1947 Schönberg, Taunus)

1. *Was für ein Feuer* 229
2. *Du kamst zu mir* 229
3. *Wie wenn Gott winkt* 229
4. *Ich bin dein Schatten* 230
5. *Du warst in dieser götterlosen Zeit* 230

Gesammelte Werke. Hrsg. von Wilhelm Emrich. Bd. 5: Gedichte, Dramen, Reden, Aufsätze und andere Schriften. Köln/Berlin: Kiepenheuer & Witsch, 1971.
© Alexander Böhm, Hockenberg.

KARL IMMERMANN (24. 4. 1796 Magdeburg – 25. 8. 1840 Düsseldorf)

1. Wenn ich dies und das wäre 189
2. Tödliche Ahnung 189

Werke. 5 Bde. Unter Mitarb. von Hans Asbeck, Helga-Maleen Gerresheim, Helmut J. Schneider, Hartmut Steinecke hrsg. von Benno von Wiese. Bd. 1: Gedichte. Erzählungen. Tulifäntchen. Kritische Schriften. Frankfurt a. M.: Athenäum, 1971.

JOHANN GEORG JACOBI (2. 9. 1740 Düsseldorf – 4. 1. 1814 Freiburg i. Br.)

Der erste Kuß 114

J. G. Jacobi's sämmtliche Werke. Bd. 2. Zürich: Orell, Füßli und Compagnie, 1825.

ERNST JANDL (geb. 1. 8. 1925 Wien)

1. du warst zu mir ein gutes mädchen 307
2. paar, über 50 308

Laut und Luise. Mit einem Nachw. von Helmut Heißenbüttel. Stuttgart: Reclam, 1976. (Reclams Universal-Bibliothek. 9823 [2].) (1)
© Ernst Jandl, Wien.
die bearbeitung der mütze. gedichte. Darmstadt/Neuwied: Hermann Luchterhand, 1978. (2)

ERICH KÄSTNER (23. 2. 1899 Dresden – 29. 7. 1974 München)

Sachliche Romanze 271

Lärm im Spiegel. Stuttgart: Deutsche Verlags-Anstalt, 1932.
© Atrium Verlag, Zürich.

MARIE LUISE KASCHNITZ (d. i. Marie Luise Freifrau von K.-Weinberg, 31. 1. 1901 Karlsruhe – 10. 10. 1974 Rom)

1. Einer von zweien 284
2. Dein Schweigen 285
3. Du sollst nicht 286
4. Am Strande 286

Dein Schweigen – meine Stimme. Gedichte 1958–1961. Düsseldorf: Claassen, 1962. (1, 2)
© Claassen Verlag GmbH, Düsseldorf.
Gedichte. Ausgew. von Peter Huchel. Frankfurt a. M.: Suhrkamp, 1975. (3, 4)
© Suhrkamp Verlag, Frankfurt a. M.

GOTTFRIED KELLER (19. 7. 1819 Zürich – 16. 7. 1890 Zürich)

1. In eines Armen Gärtchen 220
2. *Es bricht aus mir ein bunter Faschingszug* 221
3. *Weil ich den schwarzen untreu ward* 221
4. *Ich fühlte wohl, warum ich dich* 222

Sämtliche Werke und ausgewählte Briefe. Hrsg. von Clemens Heselhaus. Bd. 3. München: Carl Hanser, 1958. ²1963.

SARAH KIRSCH (geb. 16. 4. 1935 Limlingerode, Harz)

Die Luft riecht schon nach Schnee 324

Rückenwind. Gedichte. Ebenhausen bei München: Langewiesche-Brandt, 1977.

KARIN KIWUS (geb. 9. 11. 1942 Berlin)

1. Fragile 341
2. Sonny-Boy 342
3. Lösung 345

Angenommen später. Gedichte. Frankfurt a. M.: Suhrkamp, 1979.
© Suhrkamp Verlag, Frankfurt a. M.

KLABUND (d. i. Alfred Henschke, 4. 11. 1890 Crossen a. d. Oder – 14. 8. 1928 Davos)

O wenn mein Mund an deinem Munde brennt 253

Die Himmelsleiter. Neue Gedichte von Klabund. Berlin: Erich Reiss, [1916].

EWALD CHRISTIAN VON KLEIST (7. 3. 1715 Gut Zeblin bei Köslin Pommern – 24. 8. 1759 Frankfurt a. d. Oder)

1. Amint 103
2. Galathee 104

Sämtliche Werke. Hrsg. von Jürgen Stenzel. Stuttgart: Reclam, 1971 [u. ö.]. (Reclams Universal-Bibliothek. 211 [4].)

FRIEDRICH GOTTLIEB KLOPSTOCK (2. 7. 1724 Quedlinburg – 14. 3 1803 Hamburg)

1. An Fanny 111
2. An Cidli 113
3. Das Rosenband 114

Oden. Ausw. und Nachw. von Karl Ludwig Schneider. Stuttgart Reclam, 1966 [u. ö.]. (Reclams Universal-Bibliothek. 1391 [2].)

GERTRUD KOLMAR (d. i. Gertrud Chodziesner, 10. 12. 1894 Berlin – 1943 deportiert, Todesdatum unbekannt)

1. Nächte 279
2. Die Verlassene 281
3. Sehnsucht 282

Das lyrische Werk. München: Kösel, 1960.

KARL KRAUS (28. 4. 1874 Gitschin, Böhmen – 12. 6. 1936 Wien)

Verwandlung 231

Werke. Bd. 7: Worte in Versen. Hrsg. von Heinrich Fischer München: Kösel, 1959.

URSULA KRECHEL (geb. 4. 12. 1947 Trier)

1. Nachtrag 346
2. Liebe am Horizont 346
3. Frühmärz 347

Verwundbar wie in den besten Zeiten. Darmstadt/Neuwied: Hermann Luchterhand, 1979. (1, 2)
Nach Mainz! Gedichte. Darmstadt/Neuwied: Hermann Luchterhand, 1977. (3)

KARL KROLOW (geb. 11. 3. 1915 Hannover)

1. Gedicht für J. S. 293
2. Tausend Jahre 293
3. Liebesgedicht 294

Gesammelte Gedichte. Bd. 1. Frankfurt a. M.: Suhrkamp, 1965. (1, 2)
© Suhrkamp Verlag, Frankfurt a. M.
Deutsche Lyrik der Gegenwart. Eine Anthologie. Hrsg. und eingel. von Willi Fehse. Stuttgart: Reclam, 1960. ⁷1980. (Reclams Universal-Bibliothek. 7884 [3].) (3)
© Karl Krolow, Darmstadt.

MICHAEL KRÜGER (geb. 9. 12. 1943 Wittgendorf, Kr. Zeitz)

Liebesgedicht 3 349

Diderots Katze. Gedichte. München/Wien: Carl Hanser, 1978.
© 1978 Carl Hanser Verlag, München.

DER VON KÜRENBERG (Mitte 12. Jh., Österreich)

1. *Ich zôch mir einen valken* 6
2. *Wip unde vederspil diu werdent lihte zam* 6
3. *Der tunkele sterne sam der birget sich* 7

Minnesangs Frühling. Übers.: Wehrli.

GÜNTER KUNERT (geb. 6. 3. 1929 Berlin)

1. Was ist denn in dir 322
2. Widmung für M. 323
3. Unterwegs mit M. 323
4. Fantasus (Für Marianne) 324

Unruhiger Schlaf. Gedichte. München: Deutscher Taschenbuch Verlag, 1979. (dtv Sonderreihe. 5462.) (1)

Warnung vor Spiegeln. Gedichte. München: Carl Hanser, 1970 (Reihe Hanser. 33.) (2, 3)
© 1970 Carl Hanser Verlag, München.
Im weiteren Fortgang. Gedichte. München: Carl Hanser, 1974 (Reihe Hanser. 163.) (4)
© 1974 Carl Hanser Verlag, München.

ELSE LASKER-SCHÜLER (11. 2. 1869 Elberfeld – 22. 1. 1945 Jerusalem)

1. Ein alter Tibetteppich 243
2. Siehst du mich 244
3. Ein Liebeslied *(Aus goldenem Odem)* 244
4. Abschied 245
5. Es kommt der Abend 245
6. Ein Liebeslied *(Komm zu mir in der Nacht)* 246

Sämtliche Gedichte. Hrsg. von Friedhelm Kemp. München: Kösel 1966.

CHRISTINE LAVANT (d. i. Christine Habernig, geb. Thonhauser, 4. 7. 1915 Groß-Edling bei St. Stefan, Kärnten – 8. 6. 1973 Wolfsberg, Kärnten)

1. Ob du es weißt? 288
2. *Ach schreien, schreien! – Eine Füchsin sein* 289

Die unvollendete Liebe. Stuttgart: Brentano, 1949. (1)
Die Bettlerschale. Gedichte. Salzburg: Otto Müller, 1956. (2)

WILHELM LEHMANN (4. 5. 1882 Puerto Cabello, Venezuela – 17. 11. 1968 Eckernförde)

Fahrt über den Plöner See 273

Sämtliche Werke. 3 Bde. Bd. 3. Gütersloh: Sigbert Mohn, 1962.
© Klett-Cotta, Stuttgart.

DIETER LEISEGANG (25. 11. 1942 Wiesbaden – 21. 3. 1973 Offenbach a. M.)

1. Du 348
2. Du sagtest 348
3. Schöne Worte 348

Lauter letzte Worte. Gedichte und Miniaturen. Hrsg. von Karl Corino. Frankfurt a. M.: Suhrkamp, 1980. (edition suhrkamp. 1021. N.F. 21.)
© Suhrkamp Verlag, Frankfurt a. M.

NIKOLAUS LENAU (d. i. Nikolaus Franz Niembsch, Edler von Strehlenau, 13. 8. 1802 Csatád, Ungarn – 22. 8. 1850 Oberdöbling bei Wien)

1. Erinnerung	198
2. Zueignung	199
3. Zweifelnder Wunsch	200

Werke in einem Band. Ausw. und Nachw. von Egbert Hoehl. Hamburg: Hoffmann und Campe, 1966.

JAKOB MICHAEL REINHOLD LENZ (12. 1. 1751 Seßwegen, Livland – 4. 5. 1792 Moskau)

1. Auf ein Papillote welches sie mir im Konzert zuwarf	119
2. *An ihrem Blicke nur zu hangen*	121
3. *Ach du um die die Blumen sich*	121

Werke und Schriften. Hrsg. von Britta Titel und Hellmut Haug. Bd. 1. Stuttgart: Henry Goverts, 1966.

GOTTHOLD EPHRAIM LESSING (22. 1. 1729 Kamenz, Oberlausitz – 15. 2. 1781 Braunschweig)

1. Die Vorspiele der Versöhnung	109
2. Die schlafende Laura	110

Gesammelte Werke. Hrsg. von Wolfgang Stammler. Bd. 1. München: Carl Hanser, 1959.

DETLEV VON LILIENCRON (d. i. Friedrich Adolf Axel Freiherr von L., 3. 6. 1844 Kiel – 22. 7. 1909 Alt-Rahlstedt bei Hamburg)

1. Liebesnacht	226
2. Glückes genug	226
3. Letzter Gruß	227

Gesammelte Werke. 8 Bde. Hrsg. von Richard Dehmel. Bd. 2. Berlin: Schuster & Loeffler, 1917.

OSKAR LOERKE (13. 3. 1884 Jungen, Westpreußen – 24. 2. 1941 Berlin Frohnau)

1. Überall 27
2. Lied 27

Gedichte und Prosa. Hrsg. von Peter Suhrkamp. Bd. 1: Die Gedichte Frankfurt a. M.: Suhrkamp, 1958.
© Suhrkamp Verlag, Frankfurt a. M.

RAINER MALKOWSKI (geb. 26. 12. 1939 Berlin)

1. an eine die nicht gemeint ist 34
2. Traumkorrespondenz 34
3. Zuletzt 34

Was für ein Morgen. Gedichte. Frankfurt a. M.: Suhrkamp, 1975. (1)
Vom Rätsel ein Stück. Gedichte. Frankfurt a. M.: Suhrkamp, 1980. (2, 3)
© Suhrkamp Verlag, Frankfurt a. M.

FRIEDERIKE MAYRÖCKER (geb. 20. 12. 1924 Wien)

1. Todes- und Liebeslied 30
2. *Wo du auch hingehst* 30

Ausgewählte Gedichte 1944–1978. Frankfurt a. M.: Suhrkamp, 1979
© Suhrkamp Verlag, Frankfurt a. M.

CHRISTOPH MECKEL (geb. 12. 6. 1935 Berlin)

1. Liebesgedicht 33
2. Speisewagen 33
3. *Alles wie immer* 33
4. *Mal ist es das Ja, mal ist es das Nein* 33

Bei Lebzeiten zu singen. Gedichte. Berlin: Klaus Wagenbach, 1967. (1)
© Verlag Klaus Wagenbach, Berlin.
Wen es angeht. Gedichte. Düsseldorf: Eremiten-Presse, 1974. (Broschur. 53.) (2)
© Christoph Meckel, Berlin.

äure. Gedichte. Mit einer Grafik des Autors. Düsseldorf: Claassen, 1979. (3, 4)
© Claassen Verlag GmbH, Düsseldorf.

CONRAD FERDINAND MEYER (11. 10. 1825 Zürich – 28. 11. 1898 Kilchberg bei Zürich)

1. Zwei Segel 223
2. Stapfen 224
3. Liebesjahr 225

Sämtliche Gedichte. Mit einem Nachw. von Sjaak Onderdelinden. Stuttgart: Reclam, 1978. (Reclams Universal-Bibliothek. 9885 [3].)

KARL MICKEL (geb. 12. 8. 1935 Dresden)

1. Maischnee 325
2. Korrektes Haar 325

Vita nova mea. Gedichte. Reinbek bei Hamburg: Rowohlt, 1967.
© Rowohlt Verlag GmbH, Reinbek bei Hamburg, 1967.

EDUARD MÖRIKE (8. 9. 1804 Ludwigsburg – 4. 6. 1875 Stuttgart)

1. Ein Stündlein wohl vor Tag 201
2. Erstes Liebeslied eines Mädchens 202
3. Frage und Antwort 202
4. Nimmersatte Liebe 203
5. Der Gärtner 204
6. Das verlassene Mägdlein 204
7. Agnes 205
8. Peregrina 206
9. Liebesglück 209
10. Zu viel 210
11. An die Geliebte 210

Sämtliche Werke. Auf Grund der Originaldrucke hrsg. von Herbert G. Göpfert. Nachw. von Georg Britting. München: Carl Hanser, 1964.

DAGMAR NICK (d. i. Dagmar Braun, geb. 30. 5. 1926 Breslau)

Liebe 31

Jahrbuch für Lyrik 1. Hrsg. von Karl Otto Conrady. Königstein/Ts.: Athenäum, 1979. (Das Gedicht. 1.)
© Dagmar Nick, München.

HELGA M. NOVAK (d. i. Maria Karlsdottir, geb. 8. 9. 1935 Berlin)

1. Resignation 33
2. Liebe 33
3. Abstoß 33

Colloquium mit vier Häuten. Gedichte und Balladen. Neuwied/Berlin: Hermann Luchterhand, 1967.
© Helga M. Novak, Frankfurt a. M.

NOVALIS (d. i. Friedrich von Hardenberg, 2. 5. 1772 Gut Oberwiederstedt bei Mansfeld – 25. 3. 1801 Weißenfels)

1. *Hinüber wall ich* 15
2. An Julien 15

Schriften. Hrsg. von Paul Kluckhohn (†) und Richard Samuel. Bd. 1: Das dichterische Werk. Stuttgart: W. Kohlhammer, 1960.

MARTIN OPITZ VON BOBERFELD (23. 12. 1597 Bunzlau, Schlesien – 20. 8. 1639 Danzig)

1. Epigramma an die Asterien 6
2. Sonnet von der Liebsten Augen 6
3. Elegie an seine newe Liebe 6
4. *Jetzund kömpt die Nacht herbey* 6
5. *Ach Liebste / laß uns eilen* 6

Teutsche Poemata. Abdr. der Ausg. von 1624 mit den Varianten der Einzeldrucke und der späteren Ausgaben. Hrsg. von Georg Witkowski. Halle a. S.: Max Niemeyer, 1902. (Neudrucke deutscher Literaturwerke des XVI. und XVII. Jahrhunderts. 189–192.) (1–3)
Gedichte des Barock. (4, 5)

OSWALD VON WOLKENSTEIN (1376/78 Tirol – 2. 8. 1445 Meran)

1. *Frölich, zärtlich, lieplich und klärlich* 37
2. *Ain anefank* 39

Lieder. Mittelhochdeutsch und neuhochdeutsch. Auswahl. Hrsg.,
übers. und erl. von Burghart Wachinger. Stuttgart: Reclam, 1980.
(Reclams Universal-Bibliothek. 2839 [2].)
© Langewiesche-Brandt KG Verlag, Ebenhausen bei München.

AUGUST GRAF VON PLATEN (d. i. August Graf von P.-Hallermünde,
24. 10. 1796 Ansbach – 5. 12. 1835 Syrakus, Sizilien)

1. *Nach lieblicher'm Geschicke sehn' ich mich* 187
2. *Wenn ich deine Hand liebkose, zittert sie* 187
3. Tristan 188
4. *Wem Leben Leiden ist und Leiden Leben* 188

Sämtliche Werke. 12. Bde. Hist.-krit. Ausg. mit Einschluß des
handschriftlichen Nachlasses. Hrsg. von Max Koch und Erich Petzet.
Leipzig: Hesse & Becker, 1910. Repr. Hildesheim/New York:
Georg Olms, 1969. Bd. 2. (3) Bd. 3. (1, 2, 4)

ROBERT PRUTZ (30. 5. 1816 Stettin – 21. 6. 1872 Stettin)

Liebeskalender 214

Buch der Liebe. Leipzig: Ernst Keil, 1869.

RENATE RASP (d. i. Renate R.-Budzinski, geb. 3. 1. 1935 Berlin)

1. Abschied von Pierre oder: Warum so erstaunt 335
2. *Bleib mir* 336

Junges Deutschland. Gedichte. München: Carl Hanser, 1978.
© 1978 Carl Hanser Verlag, München.

REINMAR VON HAGENAU (gest. vor 1210, aus dem Elsaß oder Ober-
österreich)

Waz ich nu niuwer mære sage 15

Minnesangs Frühling. Übers.: Wehrli.

RAINER MARIA RILKE (4. 12. 1875 Prag – 29. 12. 1926 Val Mont be
Montreux, Schweiz)

1. Die Liebende 239
2. Liebes-Lied 239
3. *An der sonngewohnten Straße* 240
4. *Leise hör ich dich rufen* 240
5. *Du, Gütige in deiner Größe Glanz* 241
6. *Du Liebe, sag du mir erst wer ich bin* 241

Sämtliche Werke. Hrsg. vom Rilke-Archiv. In Verb. mit Ruth Sieber-Rilke bes. durch Ernst Zinn. Frankfurt a. M.: Insel, 1955–66. Bd. 1
1955. (1, 2) Bd. 2. 1957. (3) Bd. 3. 1959. (4–6)
© Insel Verlag, Frankfurt a. M.

JOACHIM RINGELNATZ (d. i. Hans Bötticher, 7. 8. 1883 Wurzen be
Leipzig – 16. 11. 1934 Berlin)

Ich habe dich so lieb 269

und auf einmal steht es neben dir. Gesammelte Gedichte. Berlin: Kar
Heinz Henssel, 1954.

FRIEDRICH RÜCKERT (16. 5. 1788 Schweinfurt – 31. 1. 1866 Neuseß be
Coburg)

1. Du bist mein Mond 185
2. Du meine Seele 186
3. Eh' es dich fand 186

Ausgewählte Werke in einem Band. Hrsg. und eingel. von Juliu
Kühn. Leipzig: Reclam, [1929].

PETER RÜHMKORF (geb. 25. 10. 1929 Dortmund)

Gemeines Liebeslied 315

Gesammelte Gedichte. Reinbek bei Hamburg: Rowohlt, 1976.
© Rowohlt Verlag GmbH, Reinbek bei Hamburg, 1976.

400

NELLY SACHS (10. 12. 1891 Berlin – 12. 5. 1970 Stockholm)

1. *Linie wie lebendiges Haar* 278
2. *Abgewandt warte ich auf dich* 278

Fahrt ins Staublose. Die Gedichte der Nelly Sachs. Frankfurt a. M.: Suhrkamp, 1961.
© Suhrkamp Verlag, Frankfurt a. M.

JOHANN GAUDENZ VON SALIS-SEEWIS (26. 12. 1762 Schloß Bothmar bei Malans, Schweiz – 29. 1. 1834 Schloß Bothmar)

1. Berenice 123
2. Lied 125

Haller und Salis-Seewis. Auswahl. Hrsg. von Prof. Dr. A. Frey. Berlin/Stuttgart: W. Spemann, [o. J.]. (Deutsche National-Litteratur. Hrsg. von Joseph Kürschner. Bd. 41. Abt. 2.)

JOHANN HERMANN SCHEIN (20. 1. 1586 Grünhain bei Zwickau – 19. 11. 1630 Leipzig)

Gleich wie ein armes Hirschelein 59

Gedichte des Barock.

DAGMAR SCHERF-DESKAU (geb. 21. 6. 1942 Danzig)

Gedanken einer Vierzigjährigen in der S-Bahn 353

Jan Hans.
© Dagmar Scherf-Deskau, Friedrichsdorf.

FRIEDRICH SCHILLER (20. 11. 1759 Marbach, Württemberg – 9. 5. 1805 Weimar)

Phantasie an Laura 149

Sämtliche Werke. Auf Grund der Originaldrucke hrsg. von Gerhard Fricke und Herbert G. Göpfert in Verb. mit Herbert Stubenrauch. Bd. 1: Gedichte. Dramen I. München: Carl Hanser, ⁴1965.

WOLFDIETRICH SCHNURRE (geb. 22. 8. 1920 Frankfurt a. M.)

1. Gedenken 295
2. Glück 296
3. Messungen 297
4. Unterwerfung 297

Kassiber und neue Gedichte. München: Paul List, 1979.

KURT SCHWITTERS (20. 6. 1887 Hannover – 8. 1. 1948 Ambleside/Westmoreland, England)

An Anna Blume 257

Das literarische Werk. 4 Bde. Hrsg. von Friedhelm Lach. Bd. 1: Lyrik. Köln: DuMont Schauberg, 1973.
© DuMont Buchverlag, Köln, 1973.

JOHANNES SECUNDUS (d. i. Jan Nicolai Everaerts, 24. 11. 1511 Den Haag – 8. 10. 1536 Tournay)

1. Basia VIII 53
2. Basia X 55

Lateinische Gedichte deutscher Humanisten.

DOROTHEE SÖLLE (d. i. Dorothee Steffensky-S., geb. 30. 9. 1929 Köln)

Love careless love 320

fliegen lernen. gedichte. Berlin: Wolfgang Fietkau, 1979.

ANGELA SOMMER (d. i. Angela S.-Bodenburg, geb. 18. 12. 1948 Reinbek bei Hamburg)

1. Liebe 352
2. Rundgang durch die Wohnung 353

Sarah bei den Wölfen. Gedichte. Frankfurt a. M.: Suhrkamp, 1979.
© Suhrkamp Verlag, Frankfurt a. M.

ERNST STADLER (11. 8. 1883 Colmar, Elsaß – 30. 10. 1914 bei Zandvoorde bei Ypern)

Lover's Seat 246

Der Aufbruch und ausgewählte Gedichte. Ausw. und Nachw. von Heinz Rölleke. Stuttgart: Reclam, 1967 [u. ö.]. (Reclams Universal-Bibliothek. 8528.)

KASPAR STIELER (2. 8. 1632 Erfurt – 24. 6. 1707 Erfurt)

1. Ein jeder / was ihm gefällt 88
2. Nacht-Glükke 90

Die geharnschte Venus. Hrsg. von Ferdinand van Ingen. Stuttgart: Reclam, 1970. (Reclams Universal-Bibliothek. 7932–34.)

THEODOR STORM (14. 9. 1817 Husum, Schleswig – 4. 7. 1888 Hademarschen, Holstein)

1. Dämmerstunde 217
2. Hyazinthen 217
3. Auf Wiedersehen 218
4. *Wir haben nicht das Glück genossen* 218
5. Lied des Harfenmädchens 219
6. Trost 219

Sämtliche Werke. 2 Bde. Nach dem Text der ersten Gesamtausg. 1868/69. Mit einem Nachw. von Johannes Klein. Bd. 2. München: Winkler, 1967.

AUGUST STRAMM (29. 7. 1874 München – 2. 9. 1915 bei Horodec, Rußland)

Blüte 256

Dein Lächeln weint. Gesammelte Gedichte. Wiesbaden: Limes, 1956.

JÜRGEN THEOBALDY (geb. 7. 3. 1944 Straßburg)

1. Zwischen dir und mir 355
2. Gedicht 356

Blaue Flecken. Gedichte. Reinbek bei Hamburg: Rowohlt, 1974. (das neue buch. 51.)
© Rowohlt Taschenbuch Verlag GmbH, Reinbek bei Hamburg, 1974.

JOHANN THOMAS (28. 8. 1624 Leipzig – 2. 3. 1679 Altenburg, Sachsen)

1. *In grosser Stille seh ich / Lisille* 85
2. *Wiewol ist mir in deinen Armen* 86

Klaus Kaczerowsky (Hrsg.): Schäferromane des Barock. Reinbek bei Hamburg: Rowohlt, 1970. (rororo Klassiker. 530/531.)

GEORG TRAKL (3. 2. 1887 Salzburg – 4. 11. 1914 Krakau)

1. Abendlied 247
2. Traumwandler 248

Dichtungen und Briefe. Hist.-krit. Ausg. Hrsg. von Walther Killy und Hans Szklenar. Bd. 1. Salzburg: Otto Müller, 1969.

KURT TUCHOLSKY (9. 1. 1890 Berlin – 21. 12. 1935 Hindås, Schweden)

Sie, zu ihm 270

Gesammelte Werke. Bd. 3. Reinbek bei Hamburg: Rowohlt, 1960.
© Rowohlt Verlag GmbH, Reinbek bei Hamburg, 1960.

LUDWIG UHLAND (26. 4. 1787 Tübingen – 13. 11. 1862 Tübingen)

1. Seliger Tod 183
2. Die Zufriedenen 184
3. Der Ungenannten 184

Dichtungen, Briefe, Reden. Eine Auswahl. Hrsg. von Walter P. H. Scheffler. Stuttgart: J. F. Steinkopf, 1963.

JOHANN PETER UZ (3. 10. 1720 Ansbach – 12. 5. 1796 Ansbach)

1. An Chloen 106
2. Ein Traum 106

Sämtliche Poetische Werke. Hrsg. von August Sauer. Darmstadt: Wissenschaftliche Buchgesellschaft, 1964. Reprogr. Nachdr. der Ausg. Stuttgart 1890. (Deutsche Literaturdenkmale des 18. und 19. Jahrhunderts. 33–38.)

VOLKSLIEDER

1. *All mein Gedanken, die ich hab* 46
2. *Wie schön blüht uns der Maien* 47
3. *Es wollt ein Mägdlein früh aufstan* 48
4. *Lieblich hat sich gesellet* 49
5. *Innsbruck, ich muß dich lassen* 49
6. *Ach herzigs Herz, mein Schmerz* 50
7. *Ich hort ein Sichellin rauschen* 51
8. Der Flug der Liebe 118
9. *Ach wie ists möglich dann* 168
10. Abschied für immer 169
11. Feuerelement 170
12. 1. Epistel 170
13. 2. Epistel 172
14. Edelkönigs-Kinder 173
15. Abendstern 175

Ludwig Erk/Franz M. Böhme (Hrsg.): Deutscher Liederhort. Auswahl der vorzüglicheren Deutschen Volkslieder. Leipzig: Breitkopf und Härtel, 1893/94. Repr. Hildesheim: Georg Olms, 1963. Bd. 2. (2–5, 7, 9) Bd. 3. (1, 6)
Johann Gottfried Herder: »Stimmen der Völker in Liedern«. Volkslieder. Zwei Teile. 1778/79. Hrsg. von Heinz Rölleke. Stuttgart: Reclam, 1975. (Reclams Universal-Bibliothek. 1371 [6].) (8)
Des Knaben Wunderhorn. Alte deutsche Lieder gesammelt von Achim von Arnim und Clemens Brentano. Darmstadt: Wissenschaftliche Buchgesellschaft, 1963. (10–15)

JOHANN HEINRICH VOSS (20. 2. 1751 Sommersdorf bei Waren, Mecklenburg – 29. 3. 1826 Heidelberg)

Frühlingsliebe 122

Sämtliche Gedichte. Bd. 4. Königsberg 1802. Bern: Herbert Lang, 1969.

GEORG VON DER VRING (30. 12. 1889 Brake, Oldenburg – 1. 3. 1968 München)

1. Liebeslied eines Mädchens 275
2. Gehab dich wohl 276

Die Lieder des Georg von der Vring. München: Albert Langen – Georg Müller, 1956.
© Wilma von der Vring, München.

WALTHER VON DER VOGELWEIDE (um 1170 vermutlich Niederösterreich – um 1230 bei Würzburg [?])

1. *Under der linden an der heide* 24
2. *Herzeliebez frouwelin* 26
3. *Bin ich dir unmaere* 28
4. *Nemt, frowe, disen kranz* 29
5. *Wol mich der stunde* 32

Die Lieder Walthers von der Vogelweide. Hrsg. von Friedrich Maurer. Bd. 2. Tübingen: Max Niemeyer, ³1969. (Altdeutsche Textbibliothek. 47.) (1–5) Übers.: Wehrli. (1, 2, 4, 5) Deutscher Minnesang (1150–1300). Einf. sowie Ausw. und Ausg. der mittelhochdeutschen Texte von Friedrich Neumann. Nachdichtung von Kurt Erich Meurer. Stuttgart: Reclam, 1978 [u. ö.]. (Reclams Universal-Bibliothek. 7857 [2].) (3)

GEORG RODOLF WECKHERLIN (14. 9. 1584 Stuttgart – 13. 2. 1653 London)

Die Lieb ist Leben und Tod 57

Gedichte des Barock.

CHRISTIAN FELIX WEISSE (28. 1. 1726 Annaberg – 16. 12. 1804 Leipzig)

1. Der Zauberer 108
2. Der Kuss 109

Kleine lyrische Gedichte von C. F. Weisse. Th. 1. Wien: F. A. Schrämbl, 1793.

DIETER WELLERSHOFF (geb. 3. 11. 1925 Neuß a. Rhein)

Deine Lippen waren trocken 316

Doppelt belichtetes Seestück und andere Texte. Köln: Kiepenheuer & Witsch, 1974.
© 1974 by Verlag Kiepenheuer & Witsch, Köln.

FRANZ WERFEL (10. 9. 1890 Prag – 26. 8. 1945 Beverly Hills, Kalifornien)

Ein Liebeslied 252

Gesammelte Werke. Hrsg. von Adolf D. Klarmann. Bd. 10: Das lyrische Werk. Frankfurt a. M.: S. Fischer, 1967.
© S. Fischer Verlag GmbH, Frankfurt a. M.

WOLFGANG WEYRAUCH (15. 10. 1907 Königsberg – 7. 11. 1980 Darmstadt)

1. Signale 313
2. Zum letzten Mal 314

Gesang um nicht zu sterben. Neue Gedichte. Reinbek bei Hamburg: Rowohlt, 1956.
© Margot Weyrauch, Darmstadt.

WOLFRAM VON ESCHENBACH (um 1170 Eschenbach [jetzt Wolframs-eschenbach] bei Ansbach, Mittelfranken – nach 1220 Eschenbach)

Sîne klâwen durh die wolken sint geslagen 21

Wolfram von Eschenbach. 6. Ausg. von Karl Lachmann. Berlin/Leipzig: Walter de Gruyter, 1926. Photomech. Nachdr. 1965.
Übers.: Wehrli.

PHILIPP VON ZESEN (8. 10. 1619 Priorau bei Dessau – 13. 11. 1689 Hamburg)

Salomons Des Hebräischen Königs Geistliche Wollust / oder Hohes Lied. Die Siebende Abtheilung 82

Gedichte des Barock.

ALBIN ZOLLINGER (24. 1. 1895 Zürich – 7. 11. 1941 Zürich)

1. Glücklich 276
2. Jählings 277

Gesammelte Werke. Bd. 4: Gedichte. Zürich: Atlantis, 1962.
© Artemis Verlags-Aktiengesellschaft, Zürich.

CARL ZUCKMAYER (27. 12. 1896 Nackenheim a. Rhein – 18. 1. 1977 Visp, Schweiz)

Vergängliche Liebe 277

Werkausgabe. 10 Bde. Bd. 3: Gedichte. Frankfurt a. M.: S. Fischer, 1976.
© S. Fischer Verlag GmbH, Frankfurt a. M.

Verzeichnis der Überschriften und Anfänge

Abbitte (Hölderlin)	155
Abbitte und Bitte (Götz)	107
Abend gießt Rotspon ein (Rühmkorf)	315
Abendlied (Trakl)	247
Abendstern (Volkslied)	175
Abgewandt warte ich auf dich (Sachs)	278
Abschied (Lasker-Schüler)	245
Abschied für immer (Volkslied)	169
Abschied von Chloris (Gleim)	104
Abschied von Pierre oder: Warum so erstaunt? (Rasp)	335
Abstoß (Novak)	335
Ach du um die die Blumen sich (Lenz)	121
Ach einig diß war übrig noch (Fleming)	73
Ach herzigs Herz, mein Schmerz (Volkslied)	50
Ach Liebste / laß uns eilen (Opitz)	62
Ach, liebster Schaz, verdient mein Herz (Günther)	96
Ach schreien, schreien! – Eine Füchsin sein (Lavant)	289
Ach, um deine feuchten Schwingen (Goethe/Willemer)	145
Ach, wie bist du mir, wie bin ich dir geblieben! (Goethe)	132
Ach wie ists möglich dann (Volkslied)	168
Ad Charibellam (Heermann)	58
Adelbert an seine Braut (Chamisso)	177
Ältere Liebe (Born)	338
Agnes (Mörike)	205
Ain anefank (Oswald von Wolkenstein)	39
Albanie (Hoffmannswaldau)	78
Allem, was du empfindest (Brecht)	267
Alles lieben oder Eins lieben, All – Eins (Brentano)	159
Alles, was von uns kommt (Werfel)	252
Alles wie immer (Meckel)	333
All mein Gedanken, die ich hab (Volkslied)	46
Als er ein Alter erreichte (Bronikowski)	318
Als ich, auf der Reise, zufällig (Heine)	192
Als ich in tiefen Leiden (Brentano)	159
Als ich von dir kam (Dittberner)	354
Als sie einander acht Jahre kannten (Kästner)	271
Als wir hinter dem beblümten tore (George)	234
Als wir zerfielen einst in DU und ICH (Brecht)	266
Am Abend, wenn wir auf dunklen Pfaden gehn (Trakl)	247
Amint (Kleist)	103
Am Strande (Kaschnitz)	286
An Anemonen, nachdem er von ihr gereiset war (Fleming)	73
An Anna Blume (Schwitters)	257
An Chloen (Uz)	106

409

An Cidli (Klopstock)	113
Anders (Dehmel)	228
Anders als der Staat das will (Brasch)	350
An der sonngewohnten Straße (Rilke)	240
An die Ersehnte (Dehmel)	228
An die Geliebte (Mörike)	210
An Dulcamaren (Fleming)	74
An eben selbige (Gryphius)	76
an eine die nicht gemeint ist (Malkowski)	340
An Elsabe (Fleming)	70
Anemone (Fleming)	72
An Eugenien (Gryphius)	75
An Fanny (Klopstock)	111
An Frau Rebekka, bei der silbernen Hochzeit, den 15. März 1797 (Claudius)	115
An ihrem Blicke nur zu hangen (Lenz)	121
An jenem Tag im blauen Mond September (Brecht)	265
An Julien (Novalis)	157
Anke van Tharaw öß / de my geföllt (Albert)	63
An Leonoren (Günther)	91, 94
An Leonoren bey dem andern Abschiede (Günther)	92
An Levin Schücking (Droste-Hülshoff)	211, 212
An Luise (Eichendorff)	183
Annäherungsversuch (Fels)	351
Anna-Maria (Heym)	249
Anrede (Härtling)	331
Antonia, du kannibalin (Artmann)	302
An verschiedenen Tagen gesehen (Eich)	290
Auf dem Dezember-Bahnsteig (Krolow)	293
auf dem großen pferdemarkt (Enzensberger)	308
Auf einmal duftest du mich an mit Schnee (Zollinger)	277
Auf ein Papillote welches sie mir im Konzert zuwarf (Lenz)	119
Auff ihre schultern (Hoffmannswaldau)	81
Auf Flügeln des Gesanges (Heine)	191
Aufgeschmückt ist der Freudensaal (Mörike)	206
Auf ihr Abwesen (Fleming)	68
Auf ihrem Leibrößlein (Mörike)	204
Auf Wiedersehen (Storm)	218
Auf Wiedersehn! Das ist ein trüglich Wort! (Storm)	218
Aus der Hand frißt der Herbst mir sein Blatt (Celan)	299
Auserwählte nach der einen (Fleming)	72
Aus goldenem Odem (Lasker-Schüler)	244
Basia (Johannes Secundus)	53
befragung zur mitternacht (Enzensberger)	311
Beglückter Schmerz, der in den Hain mich führte! (Kleist)	104
Belinde (Gleim)	105

Berenice (Salis-Seewis)	123
Bildlich gesprochen (Hahn)	345
Bin ich dir unmaere (Walther von der Vogelweide)	28
Bis gestern wußte ich nicht (Sölle)	320
Blätternd in einem wiedergefundenen Buch (Becker)	330
Blaue Stunde (Benn)	262
Bleib mir (Rasp)	336
Blick um Blick (Goethe)	138
Blüte (Stramm)	256
Braun wie Kognak (Benn)	258
Braut-Tanz (Dach)	66
Brennende Liebe (Droste-Hülshoff)	213
Brigitte (Biermann)	327
Chanson einer Dame im Schatten (Celan)	298
Chume, chume, geselle min (Anonym)	33
Corona (Celan)	299
Dämmerstunde (Storm)	217
Dämmert mein Garten? (Carossa)	271
Dann atmen wir zum letzten Mal (Weyrauch)	314
Das erste Sonett (Brecht)	266
Das kleine Mal in deiner Schenkelbeuge (Zuckmayer)	277
Das Leben so ich führ ist wie der wahre Tod (Weckherlin)	57
Das Rosenband (Klopstock)	114
Daß ich mit namenloser Freude (Novalis)	157
daß nur noch eines von beiden (Jandl)	308
Das verlassene Mägdlein (Mörike)	204
Deich von der guoten schiet (Friedrich von Hausen)	10
Deine Hände keimen in Finsternissen (Kolmar)	279
Deine Lippen waren trocken (Wellershoff)	316
Deine Seele, die die meine liebet (Lasker-Schüler)	243
Deine Wimpern, die langen (Heym)	250
Dein Haar hat Lieder, die ich liebe (Herrmann-Neiße)	251
Dein Haupt verfließt (Benn)	262
Dein Hut lüftet sich leis (Bachmann)	304
Dein Schweigen (Kaschnitz)	285
Dem Schnee, dem Regen, dem Wind entgegen (Goethe)	131
Den Anker aus dem Grund des Traums gerissen! (Meckel)	332
De nocte et osculo Hasilinae, erotice (Celtis)	51
De pollicito (Anonym)	35
Der Asra (Heine)	196
Der Blick (Eichendorff)	182
Der Bräutigam (Goethe)	143
Der erste Kuß (Jacobi)	114
Der Flug der Liebe (Volkslied)	118
Der Gärtner (Eichendorff)	179

411

Der Gärtner (Mörike)	204
Der Himmel glänzt vom reinsten Frühlingslichte (Mörike)	210
Der Jüngling (Hagedorn)	102
Der Kuckuck lügt (Schnurre)	297
Der Kuss (Weiße)	109
Der letzte Gruß (Eichendorff)	180
Der Liebende (Hesse)	242
Der Mann hat eine schreckliche Unordnung in ihr Leben gebracht (Krechel)	346
Der Spiegel dieser treuen, braunen Augen (Mörike)	206
Der Tanz, der ist zerstoben (Eichendorff)	178
Der Tauben weißeste flog auf (Celan)	300
Der tunkele sterne sam der birget sich (Kürenberg)	7
Der Ungenannten (Uhland)	184
Derweil ich schlafend lag (Mörike)	201
Der Zauberer (Weiße)	108
Des Morgens nüchterner Abschied (Brecht)	264
Dezembermorgen (Eich)	290
Diamanten wandern übers Wasser! (Stramm)	256
Die Abendwinde wehen (Brentano)	162
Die Beiden (Hofmannsthal)	237
Die Heiterkeit deines Nasenrückens (Schnurre)	295
Die hohen Himbeerwände (Fontane)	225
Die Jahre von Dir zu mir (Celan)	299
Die Lerche sang, die Sonne schien (Voß)	122
Die Liebende (Rilke)	239
Die Liebenden (Brecht)	268
Die Liebende schreibt (Goethe)	137
Die Liebe, sagt man, steht am Pfahl gebunden (Mörike)	209
Die Lieb ist Leben und Tod (Weckherlin)	57
Die Liebste sprach (Hofmannsthal)	238
Die Luft riecht schon nach Schnee (Kirsch)	324
die narbe auf meiner stirn (Enzensberger)	310
Die schlafende Laura (Lessing)	110
dies haarige zeichen (Enzensberger)	311
Die Umarmung (Bürger)	116
Die Verlassene (Kolmar)	281
Die Vögel, schwarze Früchte (Domin)	287
Die Vorspiele der Versöhnung (Lessing)	109
Die weichen Schauer. Blütenfrühe (Benn)	259
Die Zufriedenen (Uhland)	184
Diotima (Hölderlin)	151
Dir auch –: (Benn)	260
Diß wunderliche Werck, das Gott hat auffgericht (Opitz)	60
Drei kleine Lieder (Hofmannsthal)	237
Du (Leisegang)	348
Du bist mein Mond (Rückert)	185

Du bist mîn, ich bin dîn (Anonym) 5
Du bist mir nur von weitem noch (Kraus) 231
Du bist nicht mehr hier (Born) 337
du bist schön (Malkowski) 340
Du bist ungreifbar (Goll) 254
Du bist wie eine Blume (Heine) 193
Du daurest mich, du allerliebstes Kind (Günther) 92
Du entferntest dich so schnell (Kaschnitz) 285
Du, es ist alles vorbei (Härtling) 331
Du gehst von mir (Loerke) 274
Du, Gütige in deiner Größe Glanz (Rilke) 241
Du hast mir wundervoll beschrieben (Dehmel) 228
Du irrst dich (Kolmar) 281
Du kamst zu mir (Huch) 229
Du kannst mir glauben, liebes Herz (Volkslied) 170
Du Liebe, sag du mir erst wer ich bin (Rilke) 241
Du liegst so still (Braun) 326
Du liegst und schweigt – (Benn) 261
Du meine Seele (Rückert) 186
Du sagtest (Leisegang) 348
Du schlank und rein wie eine flamme (George) 236
Du sollst mir nicht zusehen (Kaschnitz) 286
Du sollst nicht (Kaschnitz) 286
Du warst in dieser götterlosen Zeit (Huch) 230
du warst zu mir ein gutes mädchen (Jandl) 307
D-Zug (Benn) 258

Edelkönigs-Kinder (Volkslied) 173
Ehe (Grass) 312
Ehegedicht (Herburger) 317
Eh' es dich fand (Rückert) 186
Ein alter Tibetteppich (Lasker-Schüler) 243
Ein Blick von deinen Augen in die meinen (Goethe) 137
Eine, die ist wie Seidelbast rauh (Schnurre) 297
Einen freundlichen Gruß (Volkslied) 172
Einer von zweien (Kaschnitz) 284
Eines ist mir verdrießlich vor allen Dingen (Goethe) 135
Ein getreues Herze wissen (Fleming) 69
Ein haar so kühnlich trotz der Berenice spricht (Hoffmannswaldau) ... 79
Ein Irrsal kam in die Mondscheingärten (Mörike) 207
Ein jeder / was ihm gefället (Stieler) 88
Ein Liebeslied (Lasker-Schüler) 244, 246
Ein Liebeslied (Werfel) 252
Einmal haben (Bobrowski) 322
Ein Stündlein wohl vor Tag (Mörike) 201
Ein Traum (Uz) 106
Elegie an seine newe Liebe (Opitz) 61

413

Elsgens treues Herz (Fleming)	69
Entdeckung an einer jungen Frau (Brecht)	264
Epigramma an die Asterien (Opitz)	60
Erinnerung (Lenau)	198
Erinnerung an die Marie A. (Brecht)	265
Erinnrungsvoller Baum, du stehst in Trauer (Lenau)	198
Eripuisti oculos (Heermann)	58
Erklär mir, Liebe (Bachmann)	304
1. Epistel (Volkslied)	170
Erstes Liebeslied eines Mädchens (Mörike)	202
Er verwundert sich seiner Gückseligkeit (Fleming)	74
Es bricht aus mir ein bunter Faschingszug (Keller)	221
Es haben unsre Herzen (Heine)	195
Es ist umsonst das Klagen (Fleming)	70
Es kommt der Abend (Lasker-Schüler)	245
Es kommt der Tod – jetzt will ich sagen (Heine)	196
Es sank hinab das flatternde Gewand (Gleim)	105
Es schieben sich wie Traumkulissen (Lehmann)	273
Es schlug mein Herz, geschwind zu Pferde! (Goethe)	126
Es war ein alter König (Heine)	195
Es waren zwei Edelkönigs-Kinder (Volkslied)	173
Es wird der bleiche todt mit seiner kalten hand (Hoffmannswaldau)	77
Es wollt ein Mägdlein früh aufstan (Volkslied)	48
Ez stuont ein frouwe alleine (Dietmar von Eist)	7
Fahrt über den Plöner See (Lehmann)	273
Fantasus (Für Marianne) (Kunert)	324
Fern hallt Musik (Storm)	217
Feuerelement (Volkslied)	170
Frage und Antwort (Mörike)	202
Fragile (Kiwus)	341
Fragst du mich, woher die bange (Mörike)	202
Frauen-Liebe und Leben (Chamisso)	176
Freundliches Begegnen (Goethe)	136
Frölich, zärtlich, lieplich und klärlich (Oswald von Wolkenstein)	37
Froh empfind' ich mich nun auf klassischem Boden begeistert (Goethe)	133
Frühlingsliebe (Voß)	122
Frühlingsnacht (Eichendorff)	182
Frühmärz (Krechel)	347
Früh, wann die Hähne krähn (Mörike)	204
Für Dich trag ich (Leisegang)	348
Galathee (Kleist)	104
Gedanken einer Vierzigjährigen in der S-Bahn (Scherf-Deskau)	353
Gedenken (Schnurre)	295
Gedicht (Theobaldy)	356
Gedicht für J. S. (Krolow)	293

Gegenwart (Eich)	290
Gehab dich wohl (Vring)	276
Geh unter, schöne Sonne (Hölderlin)	156
Geliebt haben wir uns (Herburger)	317
Gemeines Liebeslied (Rühmkorf)	315
Gesang von einer Geliebten (Brecht)	263
Gestorben war ich (Uhland)	183
Gleich wie ein armes Hirschelein (Schein)	59
Glück (Schnurre)	296
Glückes genug (Liliencron)	226
Glücklich (Zollinger)	276
Hatem (Goethe)	144
Hat sich die Kelter gedreht? (Meyer)	225
Heilig Wesen! (Hölderlin)	155
Heimweg (Carossa)	271
Herbstlich leuchtet die Flamme vom ländlich geselligen Herde (Goethe)	134
Herbsttag, und doch wie weiches Frühlingswetter (Liliencron)	227
Herrin, sag', was heißt das Flüstern? (Goethe)	147
Herzeliebez frouwelin (Walther von der Vogelweide)	26
Herz, mein Herz, warum so fröhlich (Eichendorff)	181
Herz, mein Herz, was soll das geben (Goethe)	129
Heute marschieren wir (Volkslied)	169
Heute, nur heute bin ich so schön (Storm)	219
Heute sah ich wieder dich am Strand (Kaschnitz)	286
hier, wirst du rufen (Sommer)	353
Hinüber wall ich (Novalis)	156
Hochbeglückt in deiner Liebe (Goethe)	144
Hörtest du denn nicht hinein (Hofmannsthal)	237
Hyazinthen (Storm)	217
Ich bin dein Schatten (Huch)	230
Ich bin der Hirsch und du das Reh (Hesse)	242
Ich brauche immer lange, eh ich anbeiß (Mickel)	325
Ich darf so lange nicht am tore lehnen (George)	233
Ich denke dein, immer denke ich dein (Kolmar)	282
Ich denke dein, wenn mir der Sonne Schimmer (Goethe)	136
Ich: Echo deiner Rufe (Heise)	329
Ich frage dich, du bist doch eines andern (Benn)	263
Ich fühlte wohl, warum ich dich (Keller)	222
Ich ging zu dir (Biermann)	327
Ich hab dir alles hingegeben (Tucholsky)	270
Ich habe Dich geliebet und ich will Dich lieben (Claudius)	115
Ich habe dich Gerte getauft (Dehmel)	228
Ich habe dich so lieb (Ringelnatz)	269
Ich habe mein Herz in deines hineingeschlossen (Volkslied)	170
Ich hort ein Sichellin rauschen (Volkslied)	51

415

Ich irrte hin und her (Fleming)	68
Ich kam vom Walde hernieder (Eichendorff)	180
Ich kann's nicht fassen, nicht glauben (Chamisso)	177
Ich lege mich hin (Domin)	287
Ich merke, wann sich Chloe zeiget (Uz)	106
Ich möchte gern ein kurzes Gedicht schreiben (Theobaldy)	356
Ich möcht so gern mit dir zusammen atmen (Fels)	352
Ich nehm in Brust und Armen (Günther)	91
Ich sah dich, und ich sah dich nicht (Weyrauch)	313
Ich saß bei jener Linde (Uhland)	184
Ich saß im dunkeln Buchenhain (Salis-Seewis)	125
Ich schlich so blöd für mich allein (Chamisso)	177
Ich trete in die dunkelblaue Stunde (Benn)	262
Ich und du (Hebbel)	216
Ich var mit iuwern hulden, herren unde mâge (Hartmann von Aue)	14
Ich war bey Chloen ganz allein (Weiße)	109
Ich weiß es, Geliebte (Brecht)	263
Ich weiß wohl, was dich bannt in mir (Brentano)	161
Ich wil truren varen lan (Anonym)	33
Ich wollte dir immerzu viele Liebesworte sagen (Lasker-Schüler)	245
Ich wollt in Liedern oft dich preisen (Eichendorff)	183
Ich zôch mir einen valken (Kürenberg)	6
Ihr Mädchen, flieht Damöten ja! (Weiße)	108
Ihr Schönen zittert gar zu leicht (Gleim)	104
Illa quam fueram beatus hora (Celtis)	51
Im Abend sind wir steile grünbebuschte Dünenwege hingeschritten (Stadler)	246
Im Auto gemeinsam (Kunert)	323
Im Frühlingsschatten fand ich Sie (Klopstock)	114
Im Garten (Fontane)	225
Im Grünen zu singen (Hofmannsthal)	238
Im Nebenzimmer saßen ich und du (Storm)	217
Im Spätrot (Celan)	300
Im Süden steht dir dein Blond (Fels)	351
Im Traum nicht einmal mehr (Kiwus)	345
Im weiten Mantel bis ans Kinn verhüllet (Goethe)	136
Im windes-weben (George)	235
Im Winter ist meine Geliebte unter den Tieren des Waldes (Bachmann)	303
Im wunderschönen Monat Mai (Heine)	190
In deinem Saale belauscht' ich dich jüngst (Immermann)	189
In den alten Büchern (Krechel)	346
In den Winternächten wächst (Kunert)	324
In der Fremde (Heine)	195
In der Sonne liegst du, Füchsin (Schnurre)	296
In Dir Enden Die Unendlichen Ufer Des Nachtmeers (Goll)	255
In eines Armen Gärtchen (Keller)	220
In grosser Stille seh ich / Lisille (Thomas)	85

In jungen Jahren war's (Meyer)	224
In meinem Gedächtnis wohnst Du (Kaschnitz)	284
Innsbruck, ich muß dich lassen (Volkslied)	49
In tausend Formen magst du dich verstecken (Goethe)	148
Ist dieses schnee? nein / nein (Hoffmannswaldau)	81
Ist es möglich! Stern der Sterne (Goethe)	146
Ivan an Claire (Goll)	254
Ja, die Augen waren's, ja, der Mund (Goethe)	143
Jählings (Zollinger)	277
Ja ich sehne mich nach dir (Rilke)	239
Jetzt wo ich die Teekanne (Fritz)	328
Jetzund kömpt die Nacht herbey (Opitz)	62
Kein Wort, und wär es scharf wie Stahles Klinge (Droste-Hülshoff)	212
Kleine Blumen, kleine Blätter (Goethe)	126
Komm braune nacht / umhülle mich mit schatten (Anonym)	81
Komm ich führe dich (Mayröcker)	305
Kommt vom Meer, aus abendlicher Helle (Heym)	249
Komm zu mir in der Nacht (Lasker-Schüler)	246
Korinne schwur, mich zu vergessen (Lessing)	109
Korrektes Haar (Mickel)	325
Korrespondenzen (Becker)	330
Lange tot und tiefverschlossen (Hölderlin)	151
larisa (Enzensberger)	308
Laß dich, Geliebte, nicht reun, daß du mir so schnell dich ergeben! (Goethe)	132
Laßt uns meiden (Dach)	66
Leise hör ich dich rufen (Rilke)	240
Leiser nannt' ich deinen Namen (Jacobi)	114
Leonorens Antwort (Günther)	96
Letzter Gruß (Liliencron)	227
Liane, Meine Verzauberte Landschaft (Goll)	255
Liebe (Benn)	260
Liebe (Nick)	315
Liebe (Novak)	334
Liebe (Sommer)	352
Liebe am Horizont (Krechel)	346
Liebe – halten die Sterne (Benn)	260
Liebeserklärung (Brasch)	350
Liebesgedicht (Bobrowski)	321
Liebesgedicht (Born)	337
Liebesgedicht (Krolow)	294
Liebesgedicht (Meckel)	332
Liebesgedicht 3 (Krüger)	349
Liebesglück (Mörike)	209

Liebesjahr (Meyer)	225
Liebeskalender (Prutz)	214
Liebeslied (Hesse)	242
Liebes-Lied (Rilke)	239
Liebeslied aus einer schlechten Zeit (Brecht)	266
Liebeslied eines Mädchens (Vring)	275
Liebesnacht (Liliencron)	226
Lieblich hat sich gesellet (Volkslied)	49
Lied (Loerke)	275
Lied (Salis-Seewis)	125
Lied des Harfenmädchens (Storm)	219
Linie wie lebendiges Haar (Sachs)	278
Lösung (Kiwus)	345
Lotosblume (Heine)	197
Love careless love (Sölle)	320
Lover's Seat (Stadler)	246
Magere Kost (Domin)	287
Maifest (Goethe)	127
Maischnee (Mickel)	325
Mal ist es das Ja, mal ist es das Nein (Meckel)	333
Man fängt das Neue Jahr mit Wunsch und Gaben an (Gryphius)	76
Mehr als Gedichte wiegt (Kunert)	323
Meine Laura! Nenne mir den Wirbel (Schiller)	149
Mein Kummer weint allein um dich (Günther)	94
Mein Mädchen mit dem schwarzen Haare (Hagedorn)	102
Meinstu mit Zucker willst du meine Qual versüßen (Lenz)	119
Messungen (Schnurre)	297
Mîn herze und mîn lîp diu wellent scheiden (Friedrich von Hausen)	11
Mir ist zu licht zum Schlafen (Arnim)	167
Mir träumte, du schriebst mir vom Rande des Pols (Malkowski)	340
Mir träumte von einem schönen Kind (Heine)	195
Mit einem gemalten Band (Goethe)	126
Mit halber Stimme rede ich zu dir (Krolow)	294
Mit meiner Amsel im Herzen! (Zollinger)	276
Mond, Ölschwamm, Laterne (Bobrowski)	321
Nachlässig hingestreckt (Lessing)	110
Nach lieblicher'm Geschicke sehn' ich mich (Platen)	187
Nachtbeben (Nick)	315
Nacht-Glükke (Stieler)	90
Nachtgruß (Arnim)	165
Nachtrag (Krechel)	346
Nächte (Kolmar)	279
Nähe (Fried)	318
Nähe des Geliebten (Goethe)	136
nänie auf die liebe (Enzensberger)	311

418

Nebelland (Bachmann)	303
Nemt, frowe, disen kranz (Walther von der Vogelweide)	29
Neue Liebe (Eichendorff)	181
Neue Liebe, neues Leben (Goethe)	129
Neujahrs-Wunsch an Eugenien (Gryphius)	76
Nicht Gelegenheit macht Diebe (Goethe)	144
Nimmersatte Liebe (Mörike)	203
Nirgends hin als auf den Mund (Fleming)	68
noch sind die erstgebacknen fladen nicht kalt (Novak)	334
Non sunt certa (Johannes Secundus)	55
Nun liegt dein Freund wach in der milden Nacht (Hesse)	242
Nun lös ich sanft die lieben Hände (Liliencron)	226
Nur eines möcht ich nicht: daß du mich fliehst (Brecht)	267
Ob du es weißt? (Lavant)	288
Ob ich dich liebe, weiß ich nicht (Goethe)	125
Ob schon dein rother Mundt ist einer Rosen gleich (Opitz)	60
O deinem Atemzuge (Arnim)	165
O du Geliebte meiner 27 Sinne (Schwitters)	257
O frage nicht, was mich so tief bewegt (Droste-Hülshoff)	211
O Traum, der mich entzücket! (Uz)	106
O wenn mein Mund an deinem Munde brennt (Klabund)	253
Owê, – Sol aber mir iemer mê (Heinrich von Morungen)	18
paar, über 50 (Jandl)	308
Peregrina (Mörike)	206
Phantasie an Laura (Schiller)	149
Quis te furor, Neaera (Johannes Secundus)	53
Rastlose Liebe (Goethe)	131
Rauch, quellend über die Dächer (Eich)	290
Resignation (Novak)	334
Rîtest du nu hinnen, der aller liebste man (Kaiser Heinrich)	9
Römische Elegien (Goethe)	132
Rosenzeit! Wie schnell vorbei (Mörike)	205
Rundgang durch die Wohnung (Sommer)	353
Sachliche Romanze (Kästner)	271
Salomons Des Hebräischen Königs Geistliche Wollust / oder Hohes Lied (Zesen)	82
Schaust du mich aus deinen Augen (Eichendorff)	182
Schlaf nur ein, geliebtes Leben (Volkslied)	175
Schöne Worte (Leisegang)	348
Schön ist ein schöner leib! (Gryphius)	75
Sehnsucht (Kolmar)	282
Seit ich ihn gesehen, glaub ich blind zu sein (Chamisso)	176

Seliger Tod (Uhland)	183
Sie fliehet fort! Es ist um mich geschehen! (Kleist)	103
Sieh jene Kraniche in großem Bogen! (Brecht)	268
Siehst du mich (Lasker-Schüler)	244
Sie kann nicht enden (Goethe)	137
Sie sagte nichts, als ich ihr offen sagte (Mickel)	325
Sie sehn sich nicht wieder (Hebbel)	215
Sie tritt hervor (Salis-Seewis)	123
Sie trug den Becher in der Hand (Hofmannsthal)	237
Sie, zu ihm (Tucholsky)	270
Signale (Weyrauch)	313
Sîne klâwen durh die wolken sint geslagen (Wolfram von Eschenbach)	21
Slâfst du, friedel ziere? (Dietmar von Eist)	8
So ist die Lieb! So ist die Lieb! (Mörike)	203
So komme, was da kommen mag! (Storm)	219
So leicht wie Wolken – so schwer (Guben)	338
Sonett Nr. 19 (Brecht)	267
Sonnet. Beschreibung vollkommener schönheit (Hoffmannswaldau)	79
Sonnet. Vergänglichkeit der schönheit (Hoffmannswaldau)	77
Sonnet von der Liebsten Augen (Opitz)	60
Sonne, vereist über schlohweissen Ebenen (Meckel)	333
Sonny-Boy (Kiwus)	342
Speisewagen (Meckel)	333
Sprech ich in diesem Frühjahr noch (Krechel)	347
Stapfen (Meyer)	224
Sterne steigen dort (George)	234
Still folgt die Liebe deinen Schritten (Brentano)	159
Straßenbahngedicht (Dittberner)	354
Suleika (Goethe)	144
Suleika (Goethe/Willemer)	145
Täglich ging die wunderschöne Sultanstochter auf und nieder (Heine)	196
Tagebuchnotiz (Heise)	329
Tausend Jahre (Krolow)	293
Tempus adest floridum (Anonym)	34
Todes- und Liebeslied (Mayröcker)	305
Tödliche Ahnung (Immermann)	189
Traum durch die Dämmerung (Bierbaum)	231
Traumkorrespondenz (Malkowski)	340
Traumwandler (Trakl)	248
Trewe Lieb' ist jederzeit Zu gehorsamen bereit (Albert)	63
Trilogie der Leidenschaft: Elegie (Goethe)	138
Tristan (Platen)	188
Tristrant mûste âne sinen danc (Heinrich von Veldeke)	12
Trost (Storm)	219
Tu sie fort, tu immer sie fort (Vring)	276

420

Überall (Loerke) 274
Über den Tod seiner zweiten Gemahlin, Elisabeth Bucher (Haller) . . . 99
Über die Berge steigt schon die Sonne (Heine) 194
Über eine Verleumdung (Götz) 108
Übern Garten durch die Lüfte (Eichendorff) 182
Um Mitternacht, ich schlief, im Busen wachte (Goethe) 143
und die Haare in deinen Achselhöhlen (Novak) 334
Und du wirst auch bey meiner Buhlschafft stehen (Opitz) 61
Under der linden an der heide (Walther von der Vogelweide) 24
Und willst du wissen, warum so sinnend ich manche Zeit
  (Droste-Hülshoff) 213
Unerforschter, als sonst etwas den Forscher täuscht (Klopstock) . . . 113
Ungreifbarer Als Wasser (Goll) 254
Untergrundbahn (Benn) 259
Unterwegs mit M. (Kunert) 323
Unterwerfung (Schnurre) 297

Vergängliche Liebe (Zuckmayer) 277
Verwandlung (Kraus) 231
Vielleicht ist es möglich (Malkowski) 340
14. Juli 1834 (Brentano) 161
Vil süeziu senftiu toeterinne (Heinrich von Morungen) 20
Vollmondnacht (Goethe) 147
Vom Berge (Goethe) 129
Vom morgenstern laß uns träume keltern und trinken (Artmann) . . 301
Von allen, die den Sänger lieben (Lenau) 199
Von den Mauern Widerklang (Brentano) 158
Von dunkelnden Wogen hinuntergezogen (Hebbel) 215
Von jener Nacht, (noch denk' ich sie mit Beben) (Götz) 107
Vor deinen Segeln (Härtling) 331
Vorhergesagter Wind (Eich) 292
Vorklang (George) 234

Wær diu werlt alliu mîn (Anonym) 5
Wär ich ein Baum ich wüchse (Hahn) 345
Wahl (Eichendorff) 178
Wahrhaftig, wir beide bilden ein kurioses Paar (Heine) 197
Wann ist zum Lieben die beste Zeit? (Prutz) 214
War der Himmel trüb und schwer (Hofmannsthal) 238
warn lied (Enzensberger) 310
Warum gabst du uns die tiefen Blicke (Goethe) 130
Warum, Geliebte, denk ich dein (Mörike) 208
warum klagst du (Sommer) 352
Warum sind wir erstaunt (Rasp) 335
Was für ein Feuer (Huch) 229
Was hat des Fürsten Hof / was fand die weise Stadt (Gryphius) 76
Was im Netze? Schau einmal! (Mörike) 202

Was ist denn in dir (Kunert)	322
Was ist geschehn dass ich mich kaum noch kenne (George)	236
Was kann ich mehr wenn ich dir dies vergönne (George)	235
Was soll ich nun vom Wiedersehen hoffen (Goethe)	138
Waz ich nu niuwer mære sage (Reinmar von Hagenau)	15
Weil du (Heise)	329
Weil du die Tage (Fritz)	328
Weil ich den schwarzen untreu ward (Keller)	221
Weite Wiesen im Dämmergrau (Bierbaum)	231
Wem Leben Leiden ist und Leiden Leben (Platen)	188
Wenn Dichter oft in warmen Phantasien (Mörike)	209
Wenn die Schweigsame kommt und die Tulpen köpft (Celan)	298
Wenn du dich im Spiegel besiehst (Goethe)	138
Wenn Du mich wirklich lieben solltest (Leisegang)	348
Wenn einst ich todt bin (Klopstock)	111
Wenn ich auf dem Lager liege (Heine)	193
Wenn ich deine Hand liebkose, zittert sie (Platen)	187
Wenn ich der König wär' (Immermann)	189
Wenn ich dies und das wäre (Immermann)	189
Wenn ich ein Vöglein wär (Volkslied)	118
Wenn ich heut nicht deinen leib berühre (George)	234
Wenn ich in deine Augen seh (Heine)	191
Wenn ich jetzt sage ich liebe dich (Kiwus)	341
Wenn ich, liebe Lili, dich nicht liebte (Goethe)	129
Wenn ich nun gleich das weiße Blatt dir schickte (Goethe)	137
wenn ich sage ich mag dich (Guben)	338
Wenn ich, von deinem Anschaun tief gestillt (Mörike)	210
Wenn ich weit weg bin von dir (Fried)	318
Wenn meine lippen sich an deine drängen (George)	235
Wenn sanft du mir im Arme schliefst (Liliencron)	226
Wenn wir Mund auf Munde lagen in der Nacht (Vring)	275
Wenn Worte dir vom Rosenmunde wehen (Lenau)	200
Wer die Schönheit angeschaut mit Augen (Platen)	188
Wer vergeht sich mehr? (Götz)	108
Wer will / kan ein gekröntes Buch (Stieler)	88
West-östlicher Divan (Goethe)	143
Westwind (Eich)	292
Widmung für M. (Kunert)	323
Wiederfinden (Goethe)	146
Wieder ist das Herz bezwungen (Heine)	194
Wieder sitze ich im Zug (Theobaldy)	355
Wie der stöhnende Wind – (Hesse)	242
Wieder wellt sich dein Haar, wenn ich wein (Celan)	299
Wie die versunken sind (Scherf-Deskau)	353
Wie du mir entgegenkommst (Kiwus)	342
Wie er wolle geküsset sein (Fleming)	68
Wie herrlich leuchtet mir die Natur! (Goethe)	127

Wie ich dein Boot bin (Härtling)	331
Wie kan ich ohne Haß, dich, Dulcamara, lieben (Fleming)	74
Wie kanstu so zierlich / ô Fürsten-kind / gehen? (Zesen)	82
Wie mir es gestern ging (Fleming)	74
Wie schön blüht uns der Maien (Volkslied)	47
wie sich dir die Haare rechts und links (Novak)	335
Wie soll ich meine Seele halten (Rilke)	239
Wie um ihren Stab die Rebe (Bürger)	116
Wie wenn Gott winkt (Huch)	229
Wie wird mir meine Hand so jung (Loerke)	275
Wiewol ist mir in deinen Armen (Thomas)	86
Willkommen Fürstinn aller Nächte! (Stieler)	90
Willkommen und Abschied (Goethe)	126
Willst du dein Herz mir schenken (Anonym)	87
Winter (Domin)	287
Wip unde vederspil diu werdent lihte zam (Kürenberg)	6
Wir haben Kinder (Grass)	312
Wir haben nicht das Glück genossen (Storm)	218
Wir haben uns nicht vergessen (Born)	338
Wir sehen uns das Treppenhaus hinuntergehn (Krüger)	349
Wir träumten voneinander und sind davon erwacht (Hebbel)	216
Wir waren miteinander nicht befreundet (Brecht)	266
Wo bist du, die mir zur Seite ging (Trakl)	248
wo, die meine hand hält, gefährtin (Enzensberger)	311
Wo du auch hingehst (Mayröcker)	306
Wohin ich geh und schaue (Eichendorff)	179
Wol mich der stunde (Walther von der Vogelweide)	32
Worte! Worte! Keine Taten! (Heine)	197
Wo sind die stunden (Hoffmannswaldau)	79
Zueignung (Lenau)	199
Zu eines Tages Ruhme (Uhland)	184
Zu lang ist's schon, Elise, daß ich schweige (Haller)	99
Zuletzt (Malkowski)	340
Zum letzten Mal (Weyrauch)	314
Zu viel (Mörike)	210
Zweifelnder Wunsch (Lenau)	200
Zwei Segel (Meyer)	223
2. Epistel (Volkslied)	172
Zwischen dir und mir (Theobaldy)	355
Zwischen Erde und Himmel? (Lasker-Schüler)	244

Inhalt

Anonym	5
Der von Kürenberg	6
Dietmar von Eist	7
Kaiser Heinrich	9
Friedrich von Hausen	10
Heinrich von Veldeke	12
Hartmann von Aue	14
Reinmar von Hagenau	15
Heinrich von Morungen	18
Wolfram von Eschenbach	21
Walther von der Vogelweide	24
Anonym (Aus: »Carmina Burana«)	33
Oswald von Wolkenstein	37
Volkslieder (Aus Sammlungen des 15. und 16. Jahrhunderts)	46
Conrad Celtis	51
Johannes Secundus	53
Georg Rodolf Weckherlin	57
Johannes Heermann	58
Johann Hermann Schein	59
Martin Opitz	60
Heinrich Albert	63
Simon Dach	66
Paul Fleming	68
Andreas Gryphius	75
Christian Hoffmann von Hoffmannswaldau	77
Anonym (Aus: »Benjamin Neukirchs Anthologie«)	81
Philipp von Zesen	82
Johann Thomas	85
Anonym	87
Kaspar Stieler	88
Johann Christian Günther	91
Albrecht von Haller	99
Friedrich von Hagedorn	102

Ewald von Kleist	103
Johann Ludwig Gleim	104
Johann Peter Uz	106
Johann Nikolaus Götz	107
Christian Felix Weiße	108
Gotthold Ephraim Lessing	109
Friedrich Gottlieb Klopstock	111
Johann Georg Jacobi	114
Matthias Claudius	115
Gottfried August Bürger	116
Volkslied (Aus: »Stimmen der Völker in Liedern«)	118
Jakob Michael Reinhold Lenz	119
Johann Heinrich Voß	122
Johann Gaudenz von Salis-Seewis	123
Johann Wolfgang Goethe	125
Friedrich Schiller	149
Friedrich Hölderlin	151
Novalis	156
Clemens Brentano	158
Achim von Arnim	165
Volkslieder	168
Adelbert von Chamisso	176
Joseph von Eichendorff	178
Ludwig Uhland	183
Friedrich Rückert	185
August Graf von Platen	187
Karl Immermann	189
Heinrich Heine	190
Nikolaus Lenau	198
Eduard Mörike	201
Annette von Droste-Hülshoff	211
Robert Prutz	214
Friedrich Hebbel	215
Theodor Storm	217
Gottfried Keller	220
Conrad Ferdinand Meyer	223
Theodor Fontane	225

Detlev von Liliencron	226
Richard Dehmel	228
Ricarda Huch	229
Otto Julius Bierbaum	231
Karl Kraus	231
Stefan George	233
Hugo von Hofmannsthal	237
Rainer Maria Rilke	239
Hermann Hesse	242
Else Lasker-Schüler	243
Ernst Stadler	246
Georg Trakl	247
Georg Heym	249
Max Herrmann-Neiße	251
Franz Werfel	252
Klabund	253
Yvan Goll	254
August Stramm	256
Kurt Schwitters	257
Gottfried Benn	258
Bertolt Brecht	263
Joachim Ringelnatz	269
Kurt Tucholsky	270
Erich Kästner	271
Hans Carossa	271
Wilhelm Lehmann	273
Oskar Loerke	274
Georg von der Vring	275
Albin Zollinger	276
Carl Zuckmayer	277
Nelly Sachs	278
Gertrud Kolmar	279
Marie Luise Kaschnitz	284
Hilde Domin	287
Christine Lavant	288
Günter Eich	290
Karl Krolow	293

Wolfdietrich Schnurre	295
Paul Celan	298
Hans Carl Artmann	301
Ingeborg Bachmann	303
Friederike Mayröcker	305
Ernst Jandl	307
Hans Magnus Enzensberger	308
Günter Grass	312
Wolfgang Weyrauch	313
Dagmar Nick	315
Peter Rühmkorf	315
Dieter Wellershoff	316
Günter Herburger	317
Rosemarie Bronikowski	318
Erich Fried	318
Dorothee Sölle	320
Johannes Bobrowski	321
Günter Kunert	322
Sarah Kirsch	324
Karl Mickel	325
Volker Braun	326
Wolf Biermann	327
Walter Helmut Fritz	328
Hans-Jürgen Heise	329
Jürgen Becker	330
Peter Härtling	331
Christoph Meckel	332
Helga M. Novak	334
Renate Rasp	335
Nicolas Born	337
Günter Guben	338
Rainer Malkowski	340
Karin Kiwus	341
Ulla Hahn	345
Ursula Krechel	346
Dieter Leisegang	348
Michael Krüger	349

Thomas Brasch	350
Ludwig Fels	351
Angela Sommer	352
Dagmar Scherf-Deskau	353
Hugo Dittberner	354
Jürgen Theobaldy	355
Nachwort	357
Literaturhinweise	369
Verzeichnis der Autoren, Gedichte und Quellen	373
Verzeichnis der Überschriften und Anfänge	409

Anthologien

Deutsche Anekdoten. Herausgegeben von Jürgen Hein. 9825[5] – auch gebunden, Format 12×19 cm

Deutsche Aphorismen. Herausgegeben von Gerhard Fieguth. 9889[5] – auch gebunden, Format 10×16 cm

Deutsche Balladen. Herausgegeben von Konrad Nussbächer. 8501[7] – auch gebunden, Format 10×16 cm

Deutsche Epigramme. Herausgegeben von Gerhard Neumann. 8340[4] – auch gebunden, Format 10×16 cm

Kalendergeschichten. Mit 47 Abbildungen. Herausgegeben von Winfried Theiß. 9872[5] – auch gebunden, Format 12×19 cm

Deutsche Liebeslyrik. Herausgegeben von Hans Wagener. 7759[5] – auch gebunden, Format 10×16 cm

Deutsche Parabeln. Herausgegeben von Josef Billen. 7761[4]

Deutsches Rätselbuch. Herausgegeben von Volker Schupp. 9405[5]

Deutsche Reden. Herausgegeben von Walter Hinderer. Band 1 9672[7], Band 2 9679[7]

Deutsche Schwänke. Herausgegeben von Leander Petzoldt. 9954[5] – auch gebunden, Format 12×19 cm

Deutsche Sonette. Herausgegeben von Hartmut Kircher. 9934[6] – auch gebunden, Format 10×16 cm

Philipp Reclam jun. Stuttgart